U0856237

广视角·全方位·多品种

权威·前沿·原创

中国商业发展报告（2010~2011）

组织策划／中国社会科学院财政与贸易经济研究所
利丰研究中心

主　编／荆林波
副主编／林景华

ANNUAL REPORT ON CHINA'S
COMMERCIAL SECTOR (2010-2011)

社会科学文献出版社
SOCIAL SCIENCES ACADEMIC PRESS (CHINA)

法律声明

“皮书系列”（含蓝皮书、绿皮书、黄皮书）为社会科学文献出版社按年份出版的品牌图书。社会科学文献出版社拥有该系列图书的专有出版权和网络传播权，其LOGO（）与“经济蓝皮书”、“社会蓝皮书”等皮书名称已在中华人民共和国工商行政管理总局商标局登记注册，社会科学文献出版社合法拥有其商标专用权，任何复制、模仿或以其他方式侵害（）和“经济蓝皮书”、“社会蓝皮书”等皮书名称商标专有权及其外观设计的行为均属于侵权行为，社会科学文献出版社将采取法律手段追究其法律责任，维护合法权益。

欢迎社会各界人士对侵犯社会科学文献出版社上述权利的违法行为进行举报。电话：010－59367121。

社会科学文献出版社

法律顾问：北京市大成律师事务所

商业蓝皮书编委会

主编简介

荆林波　研究员，现为中国社会科学院财贸所副所长，兼任信息服务与电子商务研究室主任、服务经济与餐饮产业中心主任。享受国务院津贴专家，社会兼职包括：中国市场学会副会长、中国商业经济学会副秘书长、中国物流学会副会长、世烹联国际饮食文化研究会秘书长、中国烹饪协会专家委员会副主任、高等院校贸易经济教研会副秘书长、APEC电子商务联盟主任委员、中国连锁经营协会专家委员、中国商业地产联盟专家委员等。近年获奖情况包括：孙冶方经济科学奖、万典武商业经济学奖、中国商业联合会科技进步一等奖、商务部优秀成果二等奖、全国首届信息化优秀成果奖等，荣获“中国流通60年突出贡献人物”、“中国服务业科技创新人物”、“中国餐饮60年杰出人物”等称号。专著：《信息服务与经营模式》、《市场营销》、《第三只眼看网络经济》、《中国商品期货交割》等。主编：《现代流通业：资本与技术的融合》、《现代零售业战略与管理》、《中国流通理论前沿》（与郭冬乐、宋则联合）、《消费者心理学理论与实践》、《解读电子商务》、《中国企业大并购》、《阿里巴巴集团考察——阿里巴巴经营模式研究》、《阿里巴巴的网商帝国》、《中国商品市场发展报告》和《中国餐饮产业运行报告》（与杨柳联合）等多部著作。

摘　要

《中国商业发展报告》是中国社会科学院财贸所与利丰研究中心合作的成果，并且该书2010年同步在全球发行英文版。今年仍然继续全球同步中英文出版，当然，英文版考虑了读者的不同，内容做了相应的修改。本书的特点在于：从关注中国宏观经济出发，突出中国商业的宏观背景，详细分析了批发业、物流业、餐饮产业与电子商务等产业发展状况，剖析了商业地产、商业板块、零供关系、价格波动等状况，特别对中国奢侈品市场、出口转内销、外国商业的最新发展等进行了针对性研究，希望我们的研究给业界/学术界与政界带来更多的启示。

Abstract

The Institute of Finance and Trade Economics of the Chinese Academy of Social Sciences joined force with the Li & Fung Research Center for the third year to launch the *Bluebook of China's Commercial Sector* in 2011; Last year, the *Bluebook* was launched globally.

From the perspective of China boosting domestic consumption and fostering consumption upgrade, the *Bluebook* gives you an overview of developments of China's commercial sector. It provides you in-depth analyses of different industries including wholesale and distribution, logistics, catering and e-commerce, etc and will explore the current developments of commercial properties, retailer-supplier relationship, and pricing trends. This year, we also cover special topics such as luxury market, export-oriented enterprises selling domestically. Finally, we introduce to you key developments and trends of global retail and consumer markets. We hope that our work will shed new lights on China's commercial sector for enterprises, academia and the government.

目 录

𝔹Ⅰ 总报告

𝔹Ⅱ 产业分析

𝔹Ⅲ 产业要素分析

BⅣ 专题分析

皮书数据库阅读使用指南

CONTENTS

B I General Report

B II Industry Analyses

B III Business Factors Analyses

BⅣ Special Topics

总 报 告

General Report

B.1 中国商业回归主流

——中国经济从失衡增长到均衡发展

荆林波

一 中国经济的失衡增长

2009 年以来，面对全球金融危机和国内各种自然灾害等不利因素的影响，我国经济仍然保持了较快的增长，中国经济对世界经济作出了巨大的贡献。参见表 1。

表 1 世界经济总量、增长率及中国的贡献率

单位：亿美元，%

年 份	金 额	增长率	中国经济增长对世界经济增长的贡献率
1980	117709.3	2.0	—
1985	128833.2	3.6	-0.9
1990	228272.9	3.0	-2.7

续表

年 份	金 额	增长率	中国经济增长对世界经济增长的贡献率
1995	296489.0	3.3	5.8
2000	321135.0	4.8	12.3
2004	419982.2	4.9	6.2
2005	454309.8	4.5	8.9
2006	491546.3	5.1	11.3
2007	553924.8	5.2	11.6
2008	612209.6	3.0	19.5
2009	579374.6	-0.6	>100

资料来源：国际货币基金组织，《世界经济展望》数据库，2010年4月。

在2010年第二季度，我国的GDP超越日本，经济总量位居全球第二。参见表2。

表2 中国在相关年份GDP总量的全球位置

年份	中国GDP总量在全球位置	说 明
1980	7	前六位的国家：美、日、德、法、英、意
1990	10	前九位的国家：美、日、德、英、法、意、加拿大、西班牙、巴西
2000	6	超过了意大利、加拿大、西班牙、巴西
2005	5	超过了法国
2006	4	超过了英国
2007	3	超过了德国
2010	2	在第二季度超过日本

资料来源：荆林波根据统计年鉴数据整理，2010年11月。

数据说明：日本2010年8月公布了第二季度的经济数据，显示该国第二季度GDP为1.288万亿美元。此前，中国国家统计局公布的中国第二季度GDP约为1.34万亿美元。12月日本修正了第三季度GDP数据，根据修正后的数据，日本国内生产总值（GDP）至少在2010年前9个月仍保持对中国的领先优势，日本也因此保住了世界第二大经济体的地位。2011年2月14日，日本公布了2010年国内生产总值为54742亿美元，低于中国1月公布的58786亿美元，日本已经正式让出了世界第二经济大国的位置。

当然，换一个角度来看，我们同样可以发现：我国2010年的人均GDP为3800美元左右，而日本人均GDP达到40927美元，是我国的10倍之多。事实上，中国目前的人均 GDP 水平接近日本 1974 年的水平。① 另外，根据国际货币基金组织的统计，德国、法国、英国和意大利的人均 GDP 分别为 40874.6 美元、42747.2 美元、35334.3 美元和 35435.1 美元，即使 GDP 排位第八名的巴西，人均 GDP 也有 8220.4 美元，远远高于我国的人均 GDP 水平。② 也正如商务部新闻发言人姚坚所指出的，GDP 数据只是国家经济实力一方面的反映，相较 GDP 数据，更应关心人均数据。中国的人均 GDP 在全球排在第 105 位左右。而按照中国人均收入 1300 元的贫困标准线，全国还有 4000 多万人没有脱贫。③

如今，全国上下认真学习与领会十七届五中全会精神，着手编制各地的“十二五”经济社会发展规划。如果说，改革开放的 30 年，中国经济实现了第一次腾飞，那么，未来的 5 年乃至更长时期，中国经济将站在一个新的历史起点，面临如何攻坚克难、实现“二次腾飞”的问题。

我们认为，中国经济要实现“二次腾飞”，就必须告别失衡增长，逐步走向均衡发展，构建经济—政治—社会—文化“四位一体”的发展模式，即：以经济发展为主线，以政治体制改革为保障，以社会整体发展为目标，以先进文化为基础，以城镇化为载体，以现代产业体系为支撑，探索可持续的发展路径，构建新型的经济、政治、社会与生态文明。

过去 30 年的中国经济发展模式，我们认为可以用“失衡增长”加以概括。我们过去的发展更多地关注了“经济增长”，忽视了“经济发展”。而“经济增长”与“经济发展”既有联系，也有区别。经济增长关注的是物质财富的总量增长与人均增长，而经济发展关注的范围与内涵更为广泛，不仅仅要看经济增长，而且关注经济结构是否合理、经济效率是否改进、社会分配如何变化，乃至文化的变迁。总之，经济增长是经济发展的基础，只有经济增长了，才有可能考虑经济发展。经济发展是一个长期、动态的进化过程，当然，也有可能出现经济增长了但经济没有发展的情况，我们必须防止在我国出现这种恶劣现象。

---

① 张学庆：《二季度中国 GDP 赶德超日位居“世界第二”》，2010 年 8 月 23 日《理财周刊》。

② 数据来源：国际货币基金组织，《世界经济展望》数据库，2010 年 4 月。根据国际货币基金组织等国际组织数据，中国人均 GDP 世界排名 100 位左右。按照每人每天 1 美元的联合国标准，中国仍有 1.5 亿贫困人口。

③ 姚坚：《商务部答 GDP 超日本：中国尚有 4000 万人未脱贫》，新华网，2010 年 8 月 18 日。

经济增长在我国有目共睹，但是增长的失衡也日益凸显，失衡主要体现在如下八个方面：

第一，经济增长的动力失衡，经济增长单纯地与粗放地依赖外需。改革开放30年来，我国单纯地追求扩大出口，更多地依靠外需，尤其是30年后这种粗放式的出口模式问题日益凸显。到2009年，我国的贸易依存度高达50.8，货物贸易的依存度为45.0，其中：出口依存度为27.1，货物出口依存度为24.5。[①] 说明我国经济增长的动力失衡，对国际市场的依赖程度较高，因此受国际市场需求的影响也较大。在2007年以来的全球金融海啸冲击中，我国经济受损（尤其是沿海省份外向型经济导向地区）表现比较明显。

第二，经济结构的失衡。中国的三次产业结构中服务业的发展相对滞后，已经引起国家上下高度的重视。根据世界银行的统计，高收入国家与中等收入国家服务业增加值占GDP的比重在1995年分别达到了68%和52%，2008年分别提高到72%和53%。即使是中低收入国家的服务业增加值占GDP的比重在2008年也达到了53%，而我国在1995年该比重只有33%，到2008年也只有40%，比中低收入国家的水平要低13个百分点。[②] 更为严重的问题在于：像广东这样的经济大省甚至出现了服务业发展没有达到“十一五”规划提出的目标。

第三，发展方式失衡，追求外延式增长，忽视了内涵式增长，自主创新能力不强。尽管2009年我国参与研发活动的人员达到318万人，已经是世界上研发人力资源投入最多的国家；我国研发经费支出2009年突破了5800亿元，排在美国、日本和德国之后，位居世界第四。但是，研发投入强度不高、核心技术缺乏、高端人才匮乏等严重制约我国转变经济发展方式的进程。比如，2009年我国研发投入强度只有1.7%，与世界领先国家3%左右的水平相比仍有较大差距，同时，研发经费支出中基础研究和应用研究支出所占比重偏低，显示我国科技发展根基不够坚实，原始创新能力不足。[③] 再比如，我国研发人员密度相对偏低，2009年广东省每万名从业人员中的研发人员仅为43人，低于江苏的45人和上海的106人，不及韩国的一半和日本的1/3。总之，由于缺乏自主创新，从整体而

① 数据来源：IMF和WTO相关统计计算，2010年。

② 相关数据来源：World Development Indicators，2010. World Bank。

③ 新闻网：《我国研发投入居世界第四》，2010年12月1日。

言，我国的产业层次较低，尽管我国有成百个产品的产量位居全球第一，但是，产品附加值低，产业竞争力不强，缺乏对产业的话语权。正如当年时任商务部部长的薄熙来所言：我们出口8亿件衬衣才能换一架空客380飞机。

第四，城乡区域发展失衡，城乡之间发展不协调。20世纪90年代末以来，针对区域经济发展差距扩大带来的突出矛盾和问题，我国先后实施了“西部大开发”、“东北振兴”及“中部崛起”等战略，我国区域经济发展不平衡问题有所改善，十七届五中全会提出，要促进区域协调发展，积极稳妥推进城镇化，实施区域发展总体战略，实施主体功能区战略，完善城市化布局和形态，但是，城乡之间的发展不平衡问题仍然严重。

以我国经济发展较好的广东省为例，2009年，粤东西北地区的人均生产总值比全省平均水平低一半，仅为珠三角地区的1/4左右，其中人均生产总值最高的深圳市是最低的梅州市的7.5倍。全省城乡居民收入之比由1978年的2.1∶1扩大到2009年3.1∶1，明显高于江苏的2.57∶1和浙江的2.46∶1。[①] 因此，出现了所谓“城镇像农村、农村像城镇”的说法。

第五，增长与发展的失衡。资源与环境的约束日益趋紧，可持续发展的压力较大。根据国家发改委有关负责人提供的数据[②]：

2009年，我国生产粗钢5.68亿吨，水泥16.5亿吨，分别约占世界总产量的43%和52%；一次能源消耗达31亿吨标准煤，是世界能源消费总量的17.5%。而同期我国的GDP只有34万亿元，约合4.7万亿美元，占世界GDP 54万亿美元的比重仅为8.7%，这种依靠大量消耗资源支撑发展的方式是难以为继的。

此外，我们过去经济失衡增长赖以依靠的“廉价”资源近年来不断价格飞涨，甚至引起了国际上对中国的各种议论，比如：“中国需求催发了国际大宗商品价格暴涨”。同时，环境保护的压力也在不断增加。我国在获得众多“中国制造”第一的时候，也获得了化学需氧量（COD）和二氧化硫的排放量世界第一。城市缺水、水质性缺水问题较为突出；土地资源开发强度过高，供需矛盾日益尖锐；灰霾天气增多，城市酸雨污染严重，环境质量状况令人担忧。

---

① 广东省统计局：《广东省经济社会发展公报》，相关年份。

② 国家发改委能源局发展规划司司长江冰2010年10月30日出席国网能源研究院主办的论坛讲话。

第六，经济发展与社会发展的失衡。尽管我国政府近年来非常重视社会发展方面的投入，但是相对于较快的经济发展，社会事业发展和社会管理相对滞后。客观上我国目前约有 1.5 亿的流动人口，地方政府无力提供足够的基本公共服务，尤其是农村社会基础设施建设滞后，社会福利水平较低，区域间的基本公共服务和社会福利仍存在较大差距。2010 年全国大中城市都出现了不同程度的“入托难”的问题①，集中地反映出城市公共服务的配套相对欠缺，更不必提及广大的农村地区面临的教育、就医、养老等问题。

第七，经济增长的收益没有被共同分享，导致收入分配失衡，收入差距不断被拉大。表 3 说明了我国国民总收入及其初次分配的状况，表 4 说明了我国国民收入再分配后所形成的可支配总收入情况，无论是我国国民总收入初次分配还是我国国民总收入再次分配，其结果都大致相同，依然是企业、政府所得的比重上升，而居民所得的比重下降，而且三者分配的差距不断拉大。特别是，我国劳动份额大大低于新兴工业化国家水平，平均来看低 15 个百分点左右，甚至低于相似发展阶段的发达国家，平均来看相差 20 个百分点左右。②

表 3　我国国民总收入及其初次分配情况

年份	国民总收入		企业收入		政府收入		居民收入	
	总额（亿元）	比重（%）	总额（亿元）	比重（%）	总额（亿元）	比重（%）	总额（亿元）	比重（%）
1993	34560.5	100.0	7123.1	20.6	5815.0	16.8	21622.4	62.6
1998	76967.3	100.0	13489.3	17.5	12982.8	16.9	50495.2	65.6
2002	103936.0	100.0	17923.9	17.2	16705.1	17.5	67845.0	65.3
2003	116742.0	100.0	21969.9	18.8	20991.3	18.0	73780.8	63.2
2004	159587.1	100.0	39076.5	24.5	28465.0	17.8	92045.6	57.7
2005	184088.7	100.0	42220.1	22.9	32170.5	17.5	109698.1	59.6

资料来源：根据《中国统计年鉴》（1999 年、2001 年、2005 年、2006 年、2007 年、2008 年）中的资金流量表（实物交易部分）整理而来。我国自 1992 年开始编制该表，1998 年第一次向社会公布。2005 年以后的近 3 年的资料尚未正式公布。转引自杨圣明《关于我国国民总收入分配的几个问题》，2009 年经济学部会议。

① 作者注释：2007 年是“金猪”年，出现了生育高峰。三年后要进入托儿所，面临托儿所供不应求的问题。2008 年也是生育高峰，当年是北京奥运年，“奥运宝宝”未来的入托升学就业等都是问题。

② 中国劳动份额似乎陷入了“低水平陷阱”。引自中国社会科学院张车伟《中国初次分配问题研究——对中国劳动份额波动的考察》，2009 年 11 月专题报告。

表 4　我国国民总收入再分配后形成的可支配总收入情况

年份	国民总收入		企业收入		政府收入		居民收入	
	总额（亿元）	比重（%）	总额（亿元）	比重（%）	总额（亿元）	比重（%）	总额（亿元）	比重（%）
1993	34628.0	100.0	5593.4	16.2	6660.3	19.2	22374.2	64.6
1998	77321.8	100.0	11077.4	14.3	13555.9	17.5	52688.6	68.1
2002	105011.2	100.0	15042.2	14.3	21520.6	20.5	68448.3	65.2
2003	118201.6	100.0	18290.0	15.5	25823.3	21.8	74088.2	62.7
2004	161483.3	100.0	35180.3	21.8	32915.1	20.4	93387.9	57.8
2005	186168.2	100.0	37307.3	20.0	38251.3	20.6	110609.5	59.4

资料来源：根据《中国统计年鉴》（1999 年、2001 年、2005 年、2006 年、2007 年、2008 年）中的资金流量表（实物交易部分）整理而来。我国自 1992 年开始编制该表，1998 年第一次向社会公布。2005 年以后的近 3 年的资料尚未正式公布。转引自杨圣明《关于我国国民总收入分配的几个问题》，2009 年经济学部会议。

特别是，改革开放初期我国的基尼系数比较低，之后，我国的基尼系数有不断拉大的态势。到 2005 年，我国的基尼系数已经突破了比较合理的区间，达到了 0.42，显示收入差距比较大。2006 年、2007 年分别上升到 0.4725 和 0.496，2008 年达到了历史最高点 0.50，2009 年基尼系数有所下降，为 0.469，仍然远远高于绝大多数国家与地区，参照表 5 与表 6。①

表 5　部分国家/地区基尼系数

国家/地区	调查年度	基尼系数	国家/地区	调查年度	基尼系数
美国	2000	0.41	中国	2005	0.42
日本	1993	0.25	印度	2005	0.37
德国	2000	0.28	中国香港	1996	0.43
法国	1995	0.33	泰国	2004	0.42
意大利	2000	0.36	俄罗斯	2005	0.38
英国	1999	0.36	巴西	2007	0.55
加拿大	2000	0.33	墨西哥	2006	0.48
韩国	1998	0.32	南非	2000	0.58

资料来源：World Development Indicators，2010，World Bank。

① 中国的基尼系数的计算，作者参照国家统计局的统计计算所得。

表 6　2007～2008 年度世界主要国家/地区基尼系数

国家/地区	基尼系数	国家/地区	基尼系数
丹　麦	0.247	荷　兰	0.309
日　本	0.249	韩　国	0.316
瑞　典	0.250	美　国	0.408
捷　克	0.254	泰　国	0.420
挪　威	0.258	新加坡	0.425
匈牙利	0.269	中国香港	0.434
芬　兰	0.269	土耳其	0.436
乌克兰	0.281	菲律宾	0.445
德　国	0.283	墨西哥	0.461
奥地利	0.291		

资料来源：荆林波根据联合国《人类发展报告 2007/2008》整理，重新排序。

数据说明：基尼系数 0.2 以下表示绝对平均；0.2～0.3 表示比较平均；0.3～0.4 表示比较合理；0.4～0.5 表示差距较大；0.5 以上表示收入差距悬殊。

体制内外的收入差距、垄断行业与竞争行业之间的收入差距、城乡之间的收入差距，如果考虑城市与农村在公共服务与相关潜在的福利的差距，我国的基尼系数还会更大。全国总工会发布专项调研显示，国企高管与一线职工收入差距由 2006 年的 6.72 倍扩至 2008 年的 17.95 倍。而九三学社提供的数据显示：收入最高的 10% 群体和收入最低群体的收入差距从 1988 年的 7.3 倍上升到 2007 年的 23 倍。

在表 7 中我们计算了城镇人均可支配收入与农村人均收入之比，可以清楚地看到，改革开放之初，该比例为 2.57，到 1985 年受益于农村改革先行一步，该比例下降到最低点 1.859，之后，随着城市改革的不断推进与深化，城乡收入之比不断拉大，而且，城镇人均可支配收入的年度增长幅度都高于农村人均纯收入的增长幅度。

这也造成了一个奇特的现象：所有的人都得益于改革开放，都受惠于国民经济的快速增长，但是，共同经济增长的背后是日益失衡的收入格局，结果，似乎绝大多数人都对自己的收入状况不满意，对社会不公充满怨言，甚至出现了“仇富”的心结。这种“仇富”的根源在于：广大民众对我国目前的财富分配结果、垄断企业过度集聚财富（比如 2010 年中石油集团实现营业收入 1.73 万亿元，

表 7　农村人均纯收入与城镇人均可支配收入的对比

年份	农村人均纯收入		城镇人均可支配收入		城镇人均可支配收入与农村人均纯收入之比(%)
	金额(元)	增长(%)	金额(元)	增长(%)	
1978	133.6		343.4		257.0
1985	397.6	7.8	739.1	1.1	185.9
1990	686.3	1.8	1510.2	8.5	220.0
2000	2253.4	2.1	6280.0	6.4	278.7
2005	3254.9	6.2	10493.0	9.6	322.4
2006	3587.0	7.4	11759.5	10.4	327.8
2007	4140.4	9.5	13785.8	12.2	333.0
2008	4761.0	8.0	15781.0	8.4	331.5
2009	5153.0	8.5	17175.0	9.8	333.3

资料来源：原始数据来自国家统计局历年统计，荆林波计算相关比值。

税费3182亿元，利润1676亿元①）、对财富分配的规则（垄断企业应当上缴多少比例给国家）以及富人的过度显富行为存在不满。

第八，硬环境与软环境的失衡。除了上面提及的人才瓶颈与科研投入不足以外，我国在法律制度建设、体制创新等软环境建设方面也存在着一定的滞后，尤其是政府机构的职能转变严重滞后，导致软环境成为阻碍我国经济转型和升级的“短板”。

需要特别指出的是，以美国为代表的市场经济国家，经受了金融海啸的洗礼，导致自由市场经济理论及其体制受到重创。而我国在应对金融海啸过程中，采取了政府为主导的积极应对措施，较快地止住了经济下滑的趋势，为我国经济乃至全球经济的止跌企稳起到了至关重要的作用。也正因为如此，勾起了部分人对计划经济的美好回忆，“强政府”的意识有所抬头。这种倾向是未来中国经济能否均衡发展必须面对的一个核心问题。政府有所为、有所不为是我们必须坚持的大政方针，尤其是市场能够办的事情，一定要遵循市场经济规律。一句话：“乱世用重典”不能成为政府过多干预经济运营的借口。

综上所述，破解我国未来的科学发展战略转移，切实转变经济发展方式，实现我国经济的“二次腾飞”，必须跳出第一次腾飞所倚重的工业化路径，寻找新的发展路径，探索新的模式。我们认为，以城镇化为载体，以现代产业体系为支

① 中石油集团公司总经理蒋洁敏在该公司2011年工作会议上披露，中石油2010年净利润达1676亿元，日赚4.59亿元，参见2011年1月14日《新京报》。

撑，必须遵循均衡发展的可持续的发展模式。这里强调的均衡发展是指：经济增长的动力要内外需并重；优化经济结构，技术创新推动产业转型与升级，加快现代服务业的发展；加大研发投入，追求内涵式经济发展；以人为本，共享发展成果，逐步缩小地区之间的差距，推进城镇化建设，协调城乡发展；推进节能减排，强化绿色发展；深化政治体制改革，推动社会民主发展。只有在“均衡”上做足文章，在“全面发展”上加大力度，我国经济才能实现“二次腾飞”，增强发展的动力，提高发展的质量。

二 中国商业回归主流的巨大契机

如上所述，中国经济要告别失衡增长，逐步走向均衡发展。在这个经济发展方式转变的历史时期，给中国商业回归主流提供了巨大的契机。

（一）扩大内需给我国商业带来的巨大商机

诚然，在三驾马车中，消费并不是中国经济的核心动力，尤其是2009年为了保增长，我们更多地倚重于投资的拉动，尤其是“铁公机”① 等基础设施的投入。表8显示了我国消费率的变化情况。

表8 我国消费率变化

单位：%

	“六五”	“七五”	“八五”	“九五”	“十五”	“十一五”
消费率	66.4	63.88	60.1	60.24	56.78	49.2
居民消费率	51.8	50.2	45.5	45.8	41.6	35.7
农村居民消费率	31.7	26.9	14.6	14.5	12.2	9.2
城镇居民消费率	20.0	23.3	19.5	28.8	29.4	26.6
政府消费率	14.6	13.6	14.6	14.5	15.2	13.4

资料来源：原始数据来自国家统计局历年统计，荆林波计算相关比值。

我国的消费率已经从“六五”期间的66.4%一路下滑到“十一五”期间的49.2%。因此，中共十七届五中全会的公报和建议提出：坚持把经济结构战略性

① “铁公机”是指铁路、公路与机场。同时，与“铁公鸡”谐音。

调整作为加快转变经济发展方式的主攻方向，建立扩大消费需求的长效机制，调整优化投资结构，加快形成消费、投资、出口协调拉动经济增长的新局面。可以预见，我国国内消费会逐步成为经济发展的一个核心动力。表9展示了我国社会消费品零售总额的变化状况。

表9 我国社会消费品零售总额与增长率

单位：亿元，%

年份	社会消费品零售总额	增长率	年份	社会消费品零售总额	增长率
1980	2140.0	18.9	2005	67176.6	12.9
1985	4305.0	27.5	2006	76410.0	13.7
1990	8300.1	2.5	2007	89210.0	16.8
1995	23613.8	26.8	2008	114830.1	22.7
2000	39105.7	9.7	2009	132678.4	15.5
2003	47602.1	9.1	2010	154554.0	18.4
2004	53950.1	13.3			

资料来源：国家统计局，相关年份统计。2010年全年社会消费品零售扣除价格因素，实际增长14.8%。按经营单位所在地分，城镇消费品零售额133689亿元，增长18.8%；乡村消费品零售额20865亿元，增长16.1%。按消费形态分，餐饮收入17636亿元，增长18.0%；商品零售136918亿元，增长18.5%。引自国家统计局局长马建堂《2010年国民经济运行态势总体良好》，2011年1月20日。

有的学者希望建立消费主导型经济，尽管这个目标在短期内难以实现，但毕竟是未来中国潜在经济增长与发展的一个重要支点。

依据柯布—道格拉斯方程推导出的消费率决定理论模型是内生决定模型。与凯恩斯的消费者需求理论模型不同，该模型基于经济运行系统，从生产决定系统和经济增长角度在理论上揭示了消费率的决定机理。该模型显示消费率与生产技术水平密切相关；并揭示在生产技术水平一定的条件下，消费率与经济增长率、资本存量、有效劳动力增长率、净出口和通货膨胀的决定和影响关系。因此，依据该模型测算出的给定技术水平下的理论消费率是最优消费率，是消费率合理区间确定的基础和判定实际消费率高低的基准。① 我们推算了"十二五"我国的消费率理论值如表10所示。

① 荆林波和王雪峰：《消费率决定理论模型的推导和应用及"十二五"期间抑制消费率持续下滑的对策》，工作论文，2011年1月。

表 10　不同时期消费率实际值与理论值比较

单位：%

"九五"			"十五"			"十一五"			"十二五"		
实际值	理论值		实际值	理论值		实际值	理论值		实际值	理论值	
	封闭	开放		封闭	开放		封闭	开放		封闭	开放
60.2	69.6	66.5	56.8	62.8	59.81	49.4	54.7	48.4	—	60.34	57.84
36.64	30.4		40.26	37.22		45.01	45.35		—	39.66	

资料来源：荆林波和王雪峰：《消费率决定理论模型的推导和应用及"十二五"期间抑制消费率持续下滑的对策》，工作论文，2011 年 1 月。

（二）城际交通对商业格局的影响

各地的城市群发展的理念和路径将有助于进一步统筹城乡的发展，尤其是城际基础设施的建设，将有利于推动城际商业发展。"十二五"现在的说法是 12000 亿～16000 亿元的轨道投资，这些轨道交通设施的建设，将改变城际交通格局，改善城市居民的出行质量，尤其是大城市的综合交通枢纽的建设，将发挥更大的疏导作用，而对于商业企业而言，则有可能积聚更多的人气与商气，包括城市地下空间的开发与利用。

（三）经济结构调整提供的巨大商机

要把加快建设现代产业体系作为结构调整的关键环节，作为强外需与扩内需的重点任务，作为促进供需平衡增长的重要结合点。各地区、各部门要进一步提高认识，切实把思想统一到决策和部署上来，转变发展观念，拓宽发展思路，着力解决存在的问题，把现代产业体系提高到一个新的水平，推动经济社会走上科学发展的轨道，促进国民经济又好又快发展。尤其是，加快发展服务业，提高服务业在三次产业结构中的比重，尽快使服务业成为国民经济的主导产业，是推进我国经济结构调整、加快转变经济增长方式的必由之路，是有效缓解我国能源资源短缺的瓶颈制约、提高资源利用效率的迫切需要，是适应对外开放新形势、实现综合实力整体提升的有效途径。总之，我国现代产业体系的建设与发展不仅关系如何满足日益扩大的城镇居民的消费需求，而且关系如何实现产业结构的调整。也就是说，加快建设现代产业体系是扩大城镇居民消费需求的重要增长点，也是经济结构调整的重要着力点。

（四）城镇化给商业提供的巨大市场空间

如果说，改革开放的30年，我国的经济发展得益于工业化的发展，那么，未来的“十二五”乃至更长的时间，我国的经济发展应当得益于城市化的发展，更为准确地说是城镇化的发展。

在表11，我们对比了我国与世界的一些情况，尤其是城市化的指标，我国只有43.1%，低于世界的平均水平49.9%，更低于发达国家的77.1%。

表11　2008年我国经济与世界的对比

	世界	发达国家	中国
人均GDP(美元)	9173	41980	3678
人均GNI(美元)	8613	41168	2940
贫困率(%) 每天小于2美元,2005年	—	—	36.3
贫困率(%) 每天小于1.25美元,2005年	—	—	15.9
储蓄率(%)	23.9	19.5	54.3
城市化率(%)	49.9	77.1	43.1

资料来源：《2010年国际统计年鉴》，国际货币基金组织《世界经济展望》，世界银行《世界发展指数WDI》，联合国发展署《人类发展报告》。

所以，我们寄希望于我国城镇化的提升来带动整个经济的发展，这里涉及我国城镇化整体水平的提高，包括城镇化提升过程中的城镇建设，不仅仅局限于城市建设，而且包括居民商业设施的建设。它涉及如何构建城市新形象，提高城市生活质量，塑造城市新地标，以及城市商圈的再造与提升。比如，城市综合体(HOPSCA)① 的建设逐步成为当今乃至未来一个新的投资热点。如今，地方政府纷纷与地产商结盟加快城市综合体的建设，万达集团②、中粮集团、银泰集团等本土的企业都开始加快各地的圈地，连做住宅为主的万科集团也开始涉足商业地

① 城市综合体（HOPSCA）是指：Hotel（酒店）、Office（写字楼）、Park（公园）、Shopping mall（购物中心）、Convention（会议中心）和Apartment（公寓）。

② 万达集团董事长王健林更是直言在房开企业之中，“做住宅地产是小学生；做商务地产、写字楼、度假村等是中学生；做商业地产是大学生；做城市综合体是研究生”。

产，同时一些外资背景的地产商（比如新加坡凯德置地）开始加入抢地的行列。随着一线城市的开发空间缩小，现在投资的目标逐步向二、三线城市聚集。比如，南京中商决定斥资91亿元在淮安、徐州两地兴建大型城市综合体项目。我们汇总了一些城市的开发状况如表12和表13所示。

表12　我国部分城市的城市综合体的开发数量与状况

城市	城市综合体发展状况
北京	以建设国际商贸中心为主线，全力提升现代化、规范化、特色化和国际化水平，推动首都商务科学发展再上新台阶。北京的城市综合体最早是国贸嘉里中心，主要是外资和港资进来做的。在建与规划中的城市综合体超过30个
上海	以提高全球资源配置能力为着力点，全力推进国际金融、航运和贸易中心建设，不断提高经济综合实力，全方位提高对内对外开放水平，全面提升经济中心城市的国际地位，为2020年基本建成国际经济、金融、贸易、航运中心奠定坚实基础
天津	中粮集团、金融街控股、保利集团、万达集团、仁恒置地等近两年在天津投资。更有十余个大型综合体项目在2010年集中亮相
济南	“十二五”期间建设16个，总用地40平方公里，可开发建筑面积约7000万平方米。其中老城区规划城市综合体6个，东部新区4个，西部新区2个，滨河新区4个
杭州	确立了“与世界名城相媲美的‘生活品质之城’”的宏伟目标，明确了打造“20大新城”、“100个城市综合体”的重大规划，已经完成41个
成都	在建或已立项的城市综合体超过66个，总体量已近1000万平方米，大都将在近两年内陆续完工
昆明	开发规划的综合体项目达12个之多
合肥	在建的城市综合体超过20个
广州	根据第一太平戴维斯最新发布的统计数据显示，2011年广州新增高端商业（包括甲级写字楼和优质商业中心）将超过200万平方米，其中，广州零售商业市场将迎来供应井喷期，2011年全市或将有139万平方米的购物中心投入市场，其中62%集中在天河区，21%位于番禺

资料来源：荆林波汇总，截至2011年2月。

城市综合体热的背后是：住宅地产的开发日益受到政府的控制与打压，而商业地产中的城市核心地段的土地资源日益稀缺，同时土地开发成本昂贵，因此，不断刷新各地土地地价的“新地王”只能与“城市综合体”结盟。这一组合的背后也有地方政府炒作土地的冲动，地方政府吸引投资的动机一方面来自依靠城市综合体提升城市品位，营造浓厚的商业氛围；另一方面，更为重要的在于可以

表 13　我国部分城市综合体开发模式与状况

	开发模式
万达广场	万达集团于2005年就开始致力于实践城市综合体的开发,与国际零售巨头沃尔玛、百安居、百胜等结成了战略合作的伙伴关系,形成了万达独特的“订单地产模式”
大悦城	中粮置业从2006年开始起步,2007年做项目,2008年做行业,2009年做品牌,2010年做全国布局,借助香港SPACE提供的相关的管理咨询,仅用了短短3年多的时间,把大悦城模式复制到各地。在投资开发规模上,中粮置业先后收购开发了北京西单大悦城、朝阳大悦城、天津大悦城及上海大悦城等4个大悦城项目,开发建设总规模超过130万平方米
绿城	目前该公司已经在浙江省内多地先后打造了温州鹿城广场、杭州蓝色钱江、千岛湖度假公寓等8个城市综合体项目

资料来源：荆林波汇总，截至2011年2月。

通过城市综合体大量地出让土地来获得土地交易的级差收入，增加地方财政收入。当然，其合理的解释在于国内住宅地产与商业地产的价值倒挂，如今，商业地产的热炒，在某种程度上可以说是商业地产价值的理性回归。

此外，“80后”的消费给力我国商业，特别是“Y一代”所带来的消费增长；调整收入结构对我国商业的现实推动，包括城市的消费与农村的消费，都会逐步增长。当然，“十二五”期间，我国商业还面临诸多不确定因素，包括开局年份的CPI问题、政府换届带来的投资冲动问题、食品安全对消费领域的影响、法制化逐步完善的问题、企业之间的竞争白热化（2010年爆发的国美与苏宁之争，腾讯与360的大战，都说明企业之间的竞争日益激烈），同时，我国面临着许多发达国家不曾经历的未富先老的问题，我们需要不断完善我国的社会保障体系，解决老龄化社会面临的潜在问题。而对于那些“先富起来”的一部分人，则需要完成从富人到贵人的涅槃再生。

三　本书分报告的预测纵览

第一，考虑到资源价格改革、异常天气不确定性、劳动力成本上升、热钱投机及翘尾因素的影响，判断2011年价格上升压力会有所增大，居民消费价格涨幅将超过2010年，预计可能在4%左右，若上涨动力过强，涨幅甚至可能超过4.5%。

第二，零售业经历了“十一五”的稳定增长，在未来的“十二五”期间将继续保持稳定增长，零售业态的划分将更加精细，呈现百花齐放的局面。未来5年内，零售业整体规模将继续扩大，预计至2015年全社会消费品零售总额达到273635亿元，年均增长16.9%①；连锁百强的销售总额达到30720亿元，年均增长17.7%②，连锁百强的销售额占全社会消费品零售总额的比例达到11.2%。同时，未来5年内，零售业的城乡差距将继续扩大。预计至2015年，城市零售额的年均增长率达到17.22%，占全社会消费品零售总额的比例达到89.8%。县及县以下零售额的年均增长率达到16.16%，占全社会消费品零售总额的比例达到10.2%。事实上，随着中国城市化进程的不断加快，零售额的城乡差距扩大也是一个必然的趋势。二、三线城市的零售额增长将继续快于一线城市。一线城市连锁百强零售额的年均增长率为16.82%，二、三线城市连锁百强零售额的年均增长率为18.91%。

第三，预计到“十二五”末期，我国餐饮业零售总额将会超过3万亿元，有望达到3.6万亿元，比“十一五”末翻一番，全国超千亿元省份预计能达到10个。餐饮产业标准化工作将进一步完善，餐饮工业化与信息化进程进一步深化，大众化餐饮依然是“十二五”的发展重点，餐饮企业在“十二五”会密集上市，此外，食品安全仍是“十二五”中国餐饮业的基础工作。

第四，电子商务仍将保持快速增长的态势，同时，电子商务作为一种新兴的零售业态，将对传统的商品流通渠道产生深远的影响。随着互联网及移动互联网的发展，加上更多用户和企业加入到电子商务行业，2011年电子商务的业态将更为多元化。从接入终端来看，电子商务交易不仅有个人计算机（PC），还会涉及手机、电视等终端设备。此外，中国电子商务市场的竞争将更为激烈，市场的集中化程度或将有所提升，越来越多的电子商务企业会加快上市的步伐。

第五，基于对百货和超市行业基本情况的分析，我们认为整个商业零售行业2011年仍呈稳定增长态势，且基本与目前的估值水平相匹配。预计2011年商业板块走势会随着估值基准逐渐推移到2012年，会有20%左右的涨幅，但其间仍

---

① 年均增长率根据2005~2009年全社会消费品零售总额的增长率计算。

② 年均增长率根据2005~2009年连锁百强的销售总额的增长率计算。

会受到大盘和市场情绪变化的影响，最终表现为波动式上升的形态。

第六，“十二五”时期，中国汽车市场规模将稳步扩大，销量将保持较高速增长。我们预期到2015年中国汽车销量规模将达到2500万~3000万辆，而销量增长速度将呈总体衰减趋势，平均增速在11%~14%。汽车行业需要调整产业结构，提高市场集中度，实现规模经济将是国内汽车企业迅速做大做强的根本路径。国内自主品牌升级进入机遇期，新能源汽车产业进入市场培育期，汽车出口与海外投资并购双增长。

参考文献

国际货币基金组织：《世界经济展望》，相关年份。
世界银行：《世界发展指数WDI》，相关年份。
联合国发展署：《人类发展报告》，相关年份。
国家统计局：《中国统计年鉴》，中国统计出版社，相关年份。

产业分析

Industry Analyses

B.2
2010年我国经济和价格形势分析及2011年前景展望

刘　刚*

摘　要：本文首先阐述了2010年我国经济形势和价格运行的基本情况。其次，总结了我国经济和价格运行过程中的一些新特点。同时，也提出2011年可能影响我国经济健康发展和价格平稳运行的一些新问题。再次，结合实际，深入分析了今后经济发展和价格变动的一些影响因素，对2011年的经济情况和价格走势做出了初步判断。最后，结合"十二五"规划，从六个方面提出了一些有建设性的、可操作性的政策建议。

关键词：经济　价格总水平　形势分析　前景展望

2010年，面对复杂多变的国内外环境和不可预测的低温、干旱、洪涝等异

* 刘刚，就职于国家发展和改革委员会价格监测中心。

常天气的挑战，我国总体继续实施积极的财政政策和适度宽松的货币政策，并着重处理好保持经济平稳较快发展、调整经济结构和管理通胀预期之间的关系，各地区、各部门坚持实施应对国际金融危机冲击的一揽子计划和各项政策措施，经济继续朝着宏观调控的预期方向发展，经济继续保持了平稳较快发展，经济增速逐季放缓，管理通胀预期取得一定成效，全年经济实现了 10.3% 的较高增长，价格仍呈温和上涨态势，全年居民消费价格涨幅达 3.3%。综合分析国内外经济社会环境、翘尾等各方面因素，初步预计，2011 年，我国经济增速会前低后高，全年增速将在 9% 左右，且超过 9% 的可能性更大；价格上涨压力会有所增大，全年 CPI 涨幅将超过 2010 年，预计可能在 4% 左右，若上涨动力过强，涨幅甚至可能超过 4.5%。

一　2010 年经济和价格运行情况

2010 年，相比国外主要经济体经济复苏进程缓慢情况，我国经济形势总体相对较好，GDP 增长 10.3%，比上年加快 1.1 个百分点，各季度 GDP 增幅由 2009 年的持续扩大转为 2010 年的持续回落，一季度增长 11.9%，二季度增长 10.3%，三季度增长 9.6%，四季度增长 9.8%，经济增速回落幅度逐步收窄，经济从前期回调转向平稳增长。

（一）投资增速趋于合理，投资结构不断改善

2010 年，全社会固定资产投资同比增长 23.8%，涨幅比上年回落 6.2 个百分点，但仍高于 2001 ~ 2009 年的平均涨幅 1.2 个百分点。其中，房地产开发投资继续保持较快增长，增速为 36.5%。2010 年投资结构不断改善，城镇投资和农村投资增速逐步接近，全年固定资产投资分别增长 24.5% 和 19.7%；三大产业投资增速逐步加快，更为合理，2010 年第一、二、三产业投资分别增长 18.2%、23.2%、25.6%；中西部地区投资增速明显快于东部，2010 年中部地区、西部地区投资分别增长 26.9%、26.2%，涨幅分别比东部地区扩大 4.1 个、3.4 个百分点。

（二）消费增长保持较高水平，内需动力进一步增强

2010 年社会消费品零售总额同比增长 18.4%，涨幅比上年扩大 2.9 个百分

点，消费增长依然保持着较高水平。城乡市场消费增速都比较大，2010 年城镇、乡村消费品零售额分别增长 18.8%、16.1%。在家电、汽车、旅游等热点市场消费带动下，内需动力在进一步增强。2010 年汽车类消费增长 34.8%，家用电器和音像器材类消费增长 27.7%。

（三）进出口增速较大幅度上升，贸易顺差由升转降

随着世界经济的缓慢复苏，我国外需增长恢复较快，从 2009 年 3 月开始，我国外贸进出口企稳回升，进入 2010 年，我国对外贸易继续保持恢复性增长，年内进出口纪录不断被刷新，到 11 月份，外贸进出口值创历史新高，其中出口增长 30.3%，进口增长 32%。2010 年，我国进出口总值 29727.6 亿美元，增长 34.7%。其中出口 15779.3 亿美元，增长 31.3%；进口 13948.3 亿美元，增长 38.7%。2010 年贸易顺差为 1831 亿美元，同比下降 6.4%，从 2010 年 7 月份开始，贸易顺差逐月降低，到 9 月份当月顺差降至近 5 个月最低点，比 7 月年内高点 287 亿美元减少 118.2 亿美元。

（四）工业增长高位回稳，企业效益较大幅度提升

2010 年，全国规模以上工业增加值同比增长 15.7%，增速比上年同期加快 4.7 个百分点，其中，重工业增速高出轻工业 2.9 个百分点。分季度看，全国工业增加值一季度增长 19.6%，二季度增长 15.9%，三季度增长 13.5%，四季度增长 13.3%，增速逐季回落。企业效益同步较大幅度增长，前 12 个月，国有及国有控股企业、股份制企业、外商及港澳台商投资企业增速均超过 13%。

（五）农业生产形势持续较好，城乡居民收入稳步增加

2010 年，低温、干旱、洪涝等自然灾害较多，但全国农业生产未受大的影响，我国粮食产量已连续 7 年增产，2010 年夏粮总产 12310 万吨，接近上年水平，秋粮总产 39199 万吨，比上年增长 4.8%。同时，城乡居民收入稳步增加，2010 年，城镇居民人均可支配收入 19109 元，增长 11.3%，扣除价格因素，实际增长 7.8%，比上年增速低 2 个百分点；农村居民人均纯收入 5919 元，增长 14.9%，扣除价格因素，实际增长 10.9%，比上年增速高 2.4 个百分点。

（六）货币供应量增速稳步回落，存贷款增量同比均有减少

货币供给从 2009 年 11 月开始逐步回落，到 2010 年末，广义货币供应量（M2）余额为 72.58 万亿元，增速从年初的 26% 回落到年末的 19.7%；狭义货币供应量（M1）、流通中货币（M0）分别增长 21.2%、16.7%。12 月末，金融机构人民币各项贷款余额 47.92 万亿元，同比增长 19.9%，比 2009 年同期低 11.8 个百分点；人民币各项存款余额 71.82 万亿元，同比增长 20.2%，比 2009 年同期低 8 个百分点。

2010 年，我国价格总体呈温和性上涨态势，1～12 月份，我国居民消费价格指数累计上涨 3.3%。从价格运行态势看，除 10 月、11 月、12 月价格同比分别上涨 4.4%、5.1%、4.6% 外，其他各月同比涨幅都在 4% 以内，6～11 月的价格同比涨幅持续扩大，四季度价格上涨较为明显，到 11 月份，居民消费价格同比涨幅创 28 个月来新高，达 5.1%；从各月环比走势看，除 3 月、5 月、6 月环比分别下降 0.6%、0.1%、0.6% 外，其他各月环比都是上涨的，且多数月份涨幅在 0.6% 左右，总体呈“V”形走势。另外，2010 年各月的翘尾因素从 1 月的 0.9 个百分点扩大到 6 月、7 月的 2.1 个百分点，之后略有回落，到 11 月翘尾因素影响为 1 个百分点。

1. 食品价格较快上涨是价格走强主因

2010 年我国食品价格有所上涨，同比涨幅为 7.2%，特别是蔬菜、鲜果、粮食价格上涨相对较快，前 12 个月蔬菜价格同比上涨 18.7%，鲜果价格上涨 15.6%，粮食价格上涨 11.8%，三项共拉动价格总水平上涨 1.1 个百分点。

2. 居住类价格有所上升

2010 年 2 月以来各月居住环比价格都是上涨的，前 12 个月居住价格同比上涨 4.5%。

3. 医疗保健和个人用品价格也略有上涨

随着居民生活水平的提高，在医疗保健和个人用品方面的消费有所增加，医疗保健和个人用品价格也略有上涨，2010 年 1～12 月份，医疗保健和个人用品价格同比上涨 3.2%。

4. 交通价格上升比较明显

2010 年交通领域市场需求有所增加，加上国际市场原油价格震荡运行，国

内市场成品油价格略有上升，前11个月汽油、柴油价格同比分别上涨15.14%、16.94%。

5. 2010年异常天气对价格影响较大

由于天气因素，2010年个别月份价格略有反常，4月、7月居民消费价格环比不降反升，环比分别上涨0.2%、0.4%，呈一定程度的反季节性变化。

此外，2010年工业品出厂价格同比上涨5.5%，涨幅分别比上半年缩小0.5个百分点。

二　经济和价格运行特点

2010年，我国保持了价格总水平基本稳定，促进了国民经济平稳较快发展，工业生产较快增长，投资增速高位减缓，民间投资活力稳步增强，消费需求持续增长，外贸形势明显好转，企业信心逐步提升，PMI指数已连续20多个月高于50%，企业效益大幅提高，资产泡沫化风险有所降低，城乡居民收入稳步增加，农业生产形势良好，水、电、成品油等资源价格改革积极推进，经济运行更加协调，经济发展更为良性。

（一）消费、投资、出口对经济增长的拉动作用更为协调

2010年，我国经济增长动力结构在逐步改善。高位的投资增速，是经济平稳较快增长的重要支撑。其中，政府主导的交通运输、水电气、公共设施等基础设施投资占固定资产投资比重已有所降低，而房地产投资，特别是政策性保障住房建设，以及灾后重建、市场自主投资等方面的投资对经济增长的支撑更为明显。2010年经济发展离不开消费的持续较快增长，汽车、家电、旅游等消费需求稳步增长，实际增速处于较高水平，成为我国经济良性发展的基础。同时，我国外贸形势的较快回暖，为经济协调发展创造了有利条件。面对复杂的外贸形势，国家积极采取上调出口退税率等政策措施，使我国受金融危机的冲击降至最低，出口企业能抓住拓展国际市场的有利时机，大力提升竞争力，使我国出口增速快速恢复，出口规模占比稳步提高。

（二）房市、股市发展趋于理性

面对房价过快上涨局面，国家审时度势，及时采取强有力的房地产调控措

施，效果初步显现，部分开发商资金链趋紧，市场库存明显增加，房价过快上涨得到一定控制，房价上涨预期有所减弱，2010 年 6～8 月，全国 70 个大中城市房屋销售价格环比出现下降，目前房地产市场呈量缩价稳态势。随着货币供应量增速稳步回落，信贷增速正逐步回归适度区间，2010 年以来国家还采取了三次加息、八次上调存款准备金率等货币温和收紧措施，资产价格泡沫风险有所降低，且随着汇率弹性机制的恢复，外汇占款对货币投放的压力有所减小，利于流动性控制和引导，加上股指期货的推出，我国股市发展正逐步趋于合理。目前，我国股市已总体回调，上证综合指数年初以来累计下跌 12%，沪深 300 累计下跌 10%，股票市场整体估值水平已较为合理。

（三）民间投资稳步增长

近几年，我国投资的高增长为我国经济发展起了重要支撑作用，特别是政府主导的投资规模较大。2010 年，我国民间投资规模在逐步扩大，既增强了经济内生动力，又解决了城镇就业和新增就业，成为经济发展中一股不可忽视的重要力量。近 10 年，我国民间投资规模翻了 10 倍左右，相比 1978 年增长近千倍；我国民间投资占全社会固定资产投资的比重逐年递增，2008 年后的比重已超过 70%；2010 年民间投资较多的房地产开发投资则增长 33.2%，远高于上年水平，而 2010 年政府预算内资金和国有及国有控股企业投资仅增长 13.6% 和 18%，而 2009 年同期则高达 69.8% 和 37.8%。

（四）价格总水平调控基本到位

在输入性通胀压力相对较低情况下，2010 年我国各级政府能严格落实中央确定的宏观调控政策，加强市场价格监测预警，能及时准确对价格总水平、重要商品价格走势进行分析，特别是在面对低温、干旱、洪涝等自然灾害时，对蔬菜等市场价格异常波动能做到防患于未然，在四季度价格总水平上涨较快时，能认真贯彻落实国务院 40 号文件，认真采取 16 项具体措施，短期内稳定消费价格总水平、保障群众基本生活取得初步成效，总体上保持了农产品、日常消费品、生产资料等价格的基本稳定，并及时发现和处理教育、医疗等社会敏感价格问题，维护了群众合法的价格权益。特别是在整顿和规范农产品市场秩序上下大力气，多次启动市场价格异常波动应急预案，加强市场价格监督检查，对市场囤积大蒜、绿豆、生姜等商品并抬高其价格的违法行为进行了严厉打击。

（五）粮食储备调节能力进一步增强

2004 年以来，我国粮食连年增产，粮食价格也逐年提高。我国粮食产量已连续 4 年超万亿斤；2010 年 12 月下旬，主产区国有、非国有粮食企业原粮平均收购价比 2009 年底累计同期上涨 14.42%，涨幅为 2005 年以来最高，36 个大中城市面粉、大米等成品粮平均零售价格比上年底上涨 14.19%。近年，我国种粮直补、良种、化肥和大型农机具购置补贴等多项支农惠农措施落实到位，农民种粮积极性不断增强，各地也都建立了地方粮食储备，粮食品种结构比较合理，储备管理水平进一步提高。粮食库存进一步得到充实，粮食供应保障能力有所增强，目前粮食库存消费比远高于国际公认的 17% ~18% 粮食安全线水平。

（六）资源价格改革稳步推进

2010 年，国家继续加大资源价格改革力度，改革进程有所加快。一是进一步理顺成品油价格，考虑到国际原油价格变动情况、国内经济社会环境以及居民生活承受能力等因素，一年来国家对成品油价格进行了三升一降四次调整，有效保证了成品油市场的供应和稳定。二是疏导了部分电价矛盾，7 月份，下调了三峡输变电工程输电价格；为促进农林生物质发电产业健康发展，7 月份，对农林生物质发电项目实行标杆上网电价政策，未采用招标确定投资人的新建农林生物质发电项目，统一执行标杆上网电价每千瓦时 0.75 元；国家取消了一些地方对高耗能企业实行的电价优惠政策，严格执行高差别电价，10 月份，还公布了《关于居民生活用电实行阶梯电价的指导意见（征求意见稿）》，拟在全国推行居民用电“阶梯式累进电价”，居民电价改革迈出实质性步伐。三是推进了天然气价格改革，为促进资源节约、引导天然气资源合理配置，完善了天然气相关价格政策和配套措施，适当提高了国产天然气出厂价格，各油气田出厂基准价格每千立方米均提高 230 元，并取消价格“双轨制”，还扩大了价格浮动幅度，同时进一步理顺了车用天然气与汽油比价的关系。

三 需要重点关注的问题

虽然我国经济保持了平稳较快发展，但在2011年的经济运行过程中，现有的一些深层次矛盾和问题可能变得更为复杂。国际市场，经济环境瞬息万变，全球市场需求依然不足，金融领域风险尚未消除，世界经济复苏进程缓慢，贸易摩擦加剧，我国出口压力依然较大，美元对主要货币加速贬值，全球主要经济体面临的挑战有增无减。国内市场，经济基础还不稳、不牢，国内市场潜在问题不少，经济的不可持续发展和不平衡发展问题突出，资源环境承载能力较弱，房地产市场调控难度加大，收入分配结构仍不合理，居民收入差距有所扩大，产能过剩矛盾依然严峻，经济内生增长动力还不是很足，消费连续高速增长不可持续，防灾抗灾形势较为严峻，特别是一些不确定性较强的因素，可能会影响我国经济的健康发展和价格的平稳运行，需要重点予以关注。

（一）经济内生动力仍不够强

近几年，在国家调控政策指导下，我国经济正从过去的过度依赖出口、投资向更多依靠消费方向转变，从工业快速扩张向服务业较快发展转变，消费、投资、出口拉动经济的比例更加协调。但总体上，经济的最大拉动力还是来自投资，特别是政策主导的投资，经济的内生动力仍不够强。一方面，由于民间投资融资环境较差，可参与领域窄，其对我国经济的拉动力还比较弱。无论是资本市场融资、风险投资、投资基金等的直接融资，还是抵押担保等方式的间接融资，大部分的融资渠道仍主要面向国有企业，民间投资所面临的融资成本要明显高于国有企业，特别是民间的中小企业由于信用度较低、融资数额较少、利率优惠幅度较小、融资条件苛刻等原因，很难获得较大额度贷款；民间投资范围仍比较窄，目前垄断行业、科教文卫、社会发展、民生工程、环保事业、基础设施建设等领域对民间投资的开放程度仍相对偏低。另外，由于民间投资主体的实力总体不强，加上国家政策、法律及市场的环境还不完善，一旦投资过程中国内外经济出现大起大落或面临一些突发情况时，民间投资主体就会面临更大的风险，不像国有企业那样有强大的国家信用做后盾。另一方面，2011年消费持续较快增长的难度会有所增大。2001～2009年，我国社会消费品零售总额年平均增长

14.5%，比 GDP 年平均增速高 4.1 个百分点，2010 年家电下乡、汽车购置税减半、汽车下乡等政策对 2011 年消费增长的刺激作用会有所减弱，2011 年消费高速增长的动力可能有所降低。

（二）出口形势不容乐观

我国出口形势存在潜在风险，2010 年三、四季度，月出口数量增幅连续数月持续回落，我国对美国、欧盟、日本的出口数量增幅均有回落。全球主要经济体缓慢复苏的势头延续，市场总体需求仍不够稳定，2010 年四季度，美国实行新一轮宽松货币政策，美元对全球多种货币汇率加速下滑，考虑到财政赤字、经济复苏进程缓慢等因素影响，今后美元持续贬值的可能性较大，加上各国纷纷出台政策遏制本国货币升值，国际汇率市场趋于过度振荡和失序波动，会增大我国企业对外贸易的汇率风险，同时我国已成为全球遭受贸易救济措施的第一目标国和最大受害国，外贸环境不容乐观，加上未来全球大宗商品价格呈上行趋势，国内企业将面临国际市场竞争加剧和成本上升双重压力，2011 年我国的出口形势总体不容乐观。

（三）输入性通胀压力会加大

随着市场对全球经济增长的信心逐步恢复，全球经济总体会加快复苏，国际货币基金组织对 2011 年全球经济的增长预期达 4.5%，国际市场需求在不断增加，且美元长期贬值趋势难有改变，国际市场大宗商品价格将呈稳中走强趋势，2010 年 12 月，反映国际市场初级产品价格水平的中价国际现货、期货价格指数分别比上年同期上涨 27.6%、23.6%，这已相当于 2008 年一季度的水平。其中，作为价格风向标的国际原油价格，已从 2010 年初的每桶 70 美元波动性上升至年底的 90 美元左右。目前，我国铁矿石、大豆、油料、石油、铜等商品的对外依存度都比较高，国际市场价格通过进出口贸易、期现货市场、市场预期等方式向国内传导的速度相对较快，加上大量国际热钱涌入国内，国内市场商品和资本价格上涨预期会有所增大，在近年国内市场货币投放量总体较多情况下，2011 年我国输入性的通胀压力会进一步增大。

（四）保持农产品市场稳定的难度进一步加大

首先，随着工业化、城镇化进程的加快，保持现有农产品种植面积的难度有

所加大。其次，虽然粮价等农产品价格在不断提高，但农民种粮和种植收入总体增加并不是很多，农村多数青壮年选择外出务工方式赚钱，种粮和种植的主力更多的是中老年人和妇女，在连续 7 年粮食增产、异常性天气有所增多的情况下，2011 年继续实现粮食增产、其他农产品产量明显增加的难度会更大。最后，我国经济的较快发展，带动了劳动力成本的明显上升，特别是这两年各地种粮、种菜、养殖的用工成本都在明显增加，且种子、化肥、农膜、农药等农业生产资料价格也都呈稳中有升走势，相应会增加农民增收的难度。

（五）资源浪费问题比较严重

经过几年努力，我国资源利用效率已有所提高，但离我们的要求和目标还有较大距离，当前我国生态环境还不很乐观，特别是经济社会中存在的资源浪费问题还比较普遍。一是投资中的浪费较多，特别是由于规划、决策和市场不够衔接所造成的重复建设、反复拆建和产能过剩，形成资源浪费和闲置，是投资中最大的浪费，同时在一些政府主导的投资和项目中，成本把控能力还比较弱，施工、建设过程会出现较大浪费。二是现有部分工厂、企业常处于停产状态，一些大型设备、高速公路等交通基础设施常处于闲置或半闲置状态，从身份、地位等角度考虑购买的大面积住房、长时间没有人居住的农村住房等，都是一种变相浪费。三是在日常工作生活中，办公用品的过度使用，水电油气的不节制使用，加上节约意识的淡薄，所造成的资源浪费日积月累也是非常大的。

（六）市场闲置资金的投资渠道较少

目前，我国货币总体供给规模还处于较高水平，M1、M2 增速均大于 GDP 增速和 CPI 涨幅之和，国外许多热钱纷纷进入我国寻求套利，国内本身较为充裕的社会资本和大量的信贷资金也在寻求短期获利机会，使国内市场的流动性进一步加快。如 2010 年 10 月的人民币存款同比少增 1128 亿元，其中的住户存款减少 7003 亿元，就显示出在负利率水平下社会资产“搬家”之势正在加剧，许多居民的存款在越来越多地转移到投资等领域上来；2010 年 70 个大中城市房屋销售价格除 6 月份环比下降外，其他各月环比都是持平或上涨的，也反映出居民投资房地产市场的参与度仍较高。目前，市场闲置资金增多却“无路可投”的问题比较突出，现有的房地产、股市、黄金、古董等一些投资渠道，相对较高的市

场流动性来说明显偏少，金融市场的不够成熟，使得闲置资金容易扎堆投资，从而易加大房市、股市短期大起大落风险。

四　2011 年经济和价格前景展望

“十二五”时期，我国经济将逐步转向包容性增长，经济增长高位回调过程会基本趋稳，增长方式会进一步转变，投资主导在逐步向投资、消费共同主导转变，市场力量的支撑作用会逐步增强，中高碳经济逐步向低碳经济转化，投资、消费、出口形势向着更加协调的方向发展，经济逐步由增长转向平衡协调发展，国富向民富倾斜。2011 年是“十二五”规划的开局年，也是保持经济平稳较快发展、调整经济结构和管理好通胀预期的关键一年，经济总体会继续保持较快增长，通胀压力可能会有所增强，但价格总水平仍将在可控范围之内。

综合各方面因素分析，2011 年，我国经济投资增速会继续保持较高水平，总体水平可能比 2010 年有所回落，政府主导的投资会继续下降，房地产市场投资增速也会进一步降低，民间投资会有所增加，消费高速增长的难度有所增大，但城乡居民的储蓄存款较多，随着收入水平的逐步提高，以及社会保障制度的逐步完善，用于汽车、旅游、家电等行业以及医疗、教育、养老等方面的消费会保持强劲势头，社会消费品零售额仍会保持平稳增长，经济内生动力在逐步增强；2011 年外部环境会更为复杂，世界经济复苏进程缓慢，贸易保护主义有明显抬头，美元贬值趋势明显，我国出口形势面临严峻考验，进出口增速可能会有所放缓，贸易顺差会有所减少，两难问题仍会比较突出。考虑到上年基数和经济惯性等因素，预计 2011 年我国经济仍将保持平稳较快增长，增速前低后高，全年经济增长 9% 左右，且超过 9% 的可能性更大。

粮食为万物之首，粮价乃万价之基。2010 年，干旱、低温、洪涝等自然灾害并未对我国粮食生产产生重大影响，我国粮食实现连续 7 年增产，也是连续第 4 年产量稳定在 1 万亿斤以上，国有粮库库存也能不断得到补充，主要粮食品种库存比较充裕，粮食总量继续保持基本平衡，粮食供求关系比较宽松，这为保持价格总水平的基本稳定提供了重要基础。而且，目前我国交通和通信、家用电器、纺织服装、一般日用消费品等行业仍处于供大于求格局，多数工业消费品价格稳中有降，对 2011 年价格的上涨会起到一定的抑制作用。

2011 年，国际市场大宗商品价格将呈逐步回升趋势，我国输入性通胀压力会有所增加，国内市场流动性仍比较强，2010 年粮食、蔬菜等农产品价格上涨较为明显，2011 年保持粮食增产的难度会更大，蔬菜等部分农产品的供应压力依然较大，市场通胀预期会更强，上游产品价格上涨向下游传导的步伐也可能有所加快。考虑到资源价格改革、异常天气不确定性、劳动力成本上升、热钱投机及翘尾因素的影响，判断 2011 年价格上升压力会有所增大，居民消费价格涨幅将超过 2010 年，预计可能在 4% 左右，若上涨动力过强，涨幅甚至可能超过 4.5%。

另外，2011 年国家会继续实施扩大内需政策，节能减排、淘汰落后产能力度会进一步加大，加上国际市场生产资料价格稳中趋升的可能性较大，预计我国生产资料价格将稳中有升。

五　政策建议

2011 年，我国经济发展的立足点，是既要保持一定的增长速度，又要提高和增强经济发展的质量和可持续性，着力转变经济发展方式，发展中要兼容人口发展、资源节约和环境保护，保持价格总水平的基本稳定，在协调发展、包容增长、又好又快上下工夫，要更多地关注民生，关注农业发展，关注社会公平和稳定。

（一）注重经济政策稳定与灵活，加快调整经济结构

后期要处理好保持经济平稳较快发展、调整经济结构和管理通胀预期的关系，特别是要向调整经济结构和管理通胀预期方向倾斜，在保持经济政策连续性和稳定性的同时，增强政策的针对性和灵活性，在政策操作上要更注重前瞻、灵活和审慎，把握好政策的力度和节奏，加强各项政策的协调配合。目前市场货币供应量已比较充足，货币政策由适度宽松改为稳健后，尽可能打多项货币政策工具和手段的组合拳，必要时，可适时适当采取调整人民币存贷款基准利率等敏感手段。

要加强对经济结构性矛盾的调整，优化产业结构，构建扩大内需的长效机制，保持一定投资增速，避免各地换届引起新的投资冲动，避免“十二五”的开头年节能降耗、约束性指标等压力较小，造成原有供大于求行业产能继续扩

大，把重点放在实现消费较快增长上来，逐步提高需求拉动力，并积极应对出口不利形势，实现消费、投资、出口对经济的协调拉动。对于房市，在降低现有城市扩张速度的同时，加大廉租房建设投入力度，建议现有房地产调控政策不能松，稳定好市场房价，避免房价持续上涨预期增强，同时要避免房租价格过快上升。

（二）抓好粮食、蔬菜生产和生猪养殖，保障农产品市场供应

粮食生产是经济平稳较快发展的根本，粮食丰则粮价稳。粮食7年丰产来之不易，继续增产难度很大，要提前做好冬种工作，抓好春管春播，稳定夏秋粮食播种面积，加强田间管理，对可能出现的低温、冰冻、干旱等天气要有准备、有预防，重点盯好主产区粮食生产，各地要落实好粮食最低收购价政策，适当增加种粮补贴，确保农民逐年增收。

2010年蔬菜价格上涨明显，与异常天气、供应总量和结构等因素密切相关，建议各级政府要结合当地生态特点，发挥区域优势，优化蔬菜生产布局，发展一批有特色、大规模的蔬菜生产基地；可通过低息贷款、技术服务等方式，帮助菜农改善生产设施条件，鼓励菜农反周期种菜、储菜，在保障市场供应的同时提高种植受益；各地特别是蔬菜主产区要做好蔬菜种植面积规划，稳定蔬菜种植面积，加大跨区域调拨和调控力度，各地尽可能保留老菜地，减少城市扩张对菜地的大面积蚕食，同时减少蔬菜运输成本及本地对外地菜的过多依赖，避免因气候、交通等原因，出现局部地区蔬菜供应紧张。

2010年猪肉价格相对较低，但年底猪肉价格已有所回升，2011年要动态掌握全国仔猪、生猪存栏量和出栏量情况，保持合理养殖规模，加强疫情防治，努力实现市场供求基本平衡。

（三）调节收入分配结构，鼓励民间投资，保持进出口持续增长

收入分配结构不合理，相比城乡结构、生产要素投入结构、微观主体结构等问题，更为突出。目前，财政收入增速高于经济增长速度，资本所得挤占劳动所得，垄断企业利润偏高，居民收入差距在明显扩大，2009年收入群体中两成最高收入者的收入已是两成最低收入者的24倍。2010年出现的“招工难”、富士康“跳楼”等事件，已反映出我国劳动力供求关系正在发生改变，劳动力成本

上升的压力在明显加大。为处理好劳动力和产业竞争力的关系，2011 年继续积极扩大内需的一个重要基础就是要提高居民收入水平，调节收入分配结构。要确保社保基金保值增值，建立覆盖农村的养老、医疗保障体系，提高新农合标准，逐步调高各地最低工资水平，合理分配国有企业收入和利润，扩大国有股分红、利润上缴比例，调整个人所得税，加快出台房产税、物业税、资源税等调节收入分配的税种。

2011 年，为进一步优化投资结构，增强投资需求的可持续性，应继续鼓励民间投资。今后在保护合法私有产权的同时，要逐步提高垄断产业、科教文卫、社会发展、基础设施、公益事业等领域的民间投资比例，防止节能减排过程中大量挤出民间投资；积极稳妥推进城镇化，大力发展服务业和中小企业，增加就业创业机会；鼓励有条件的民营企业上市融资，适度推广产业基金、风险投资基金、私募股权基金等融资方式，为民间投资创造理想融资平台。

建议我国要进一步加大出口退税政策力度，鼓励外贸企业开拓新兴市场，努力保持进出口规模不断增大，避免出现进出口增速大幅放缓，并适度缩小贸易顺差。

（四）稳步推进资源价格改革，管理好市场通胀预期

建议 2011 年在推进资源价格改革时，要注意节奏和时机，宜在价格相对平稳时期推出，可先从天然气、电力等资源价格入手，完善调整资源商品定价机制和水平，同时将改革中的收益分配问题处理好，控制垄断企业利润空间，特别要防止出现垄断企业利润、居民生活成本同时大增情况的发生，做到既能提高资源使用成本和社会节能意识，又不明显影响居民基本生活，建议将资源价格改革对象从终端用户扩展至前端，可研究采用征税等手段来实施。

要管理好市场通胀预期，特别要避免市场出现同一时期多个商品价格上涨预期，警惕大豆、石油、铁矿石等对外依存度高的商品价格出现异常波动，关注粮食、肉蛋菜等生活必需品价格变化，以及煤炭、钢铁等生产资料价格变动，要在商品供求发生异动、上涨预期增强时提前预警应对，加强异常天气、自然灾害等不确定因素对价格预期的影响评估；加强市场监管，严厉打击囤积居奇、垄断价格、捏造虚假信息等违法行为；定期不定期在电视、广播、报纸、网络等主流媒体上发布市场信息，防止一些易增强通胀预期的流言蔓延，并规范媒体报道行为，提高舆论引导力。

（五）健全完善节能减排长效机制，拓展闲置资金投资渠道

2011年，要继续加大节能减排督察整改工作，认真落实节能减排各项政策措施，细化“十二五”节能减排目标任务，从开局年就抓紧健全完善节能减排长效机制。利用市场机制促进节能减排、减缓温室气体排放，对重点企业和地区实行严格问责制，并要严格减排核查核算，建立健全激励约束机制，推广目标考核制度，完善生态补偿机制，全面开展绿色信贷、绿色保险、绿色贸易，努力形成节能减排长效机制。要重点关注资源浪费问题，加强投资规划和管理，将市场运作和政策决策有机结合，避免出现投资中的重复建设、反复拆建和产能过剩的进一步加大；在具体项目运作过程中，注重成本把控，减少施工、建设过程的资源浪费；努力提高工厂、企业的产能利用率，优化设备、高速公路等交通基础设施的利用方式，避免出现闲置或半闲置状态；通过税收、信贷等手段来约束大面积住房以及多套房投资等变相浪费行为；加上节约意识宣传和教育，在日常工作生活中，提倡和鼓励节约资源、减少浪费。

对于流动性问题，要实现内外兼治，内部要加强资本管制，管控和抑制热钱流入，并加以积极引导，外部要同其他国家和经济体多沟通、多交流，合力应对美元贬值压力。对于闲置资金，一要引导资金多投向有增长潜力的实体经济领域，鼓励这些闲置资金投入有实力的企业，支持企业进行产业升级、技术改造、自主创新等；二要积极推进金融体制改革和金融创新，加强货币政策与财政、产业、贸易等政策的协调配合，拓宽金融领域的投资渠道，可研究推出一些金融衍生品来活跃市场；三要加大闲置资金的流动管理，建立投机资金动态跟踪机制，尽可能掌握资金的流动方向和规模；四是在满足物质生活需求的基础上，引导居民将部分闲置资金用于旅游、购书、运动等精神和文化生活方面，鼓励居民弘扬传统美德，力所能及地开展助困、助残、助学、助老等多种形式的社会救助工作，参与慈善事业，以促进社会和谐发展。

（六）加强多部门联合市场调查巡视，做好价格监测预警

各地要加强多部门联合市场调查巡视，及时准确掌握国内外经济发展、重要商品生产、供求、价格变动情况，发改、物价、农业、商务、工商等部门要建立协商互通机制，重点要加强国内异常天气、国际原油价格异动、大宗商品价格大

幅波动等时期重要商品的市场供求、预期、价格的监测预警，健全价格异常波动应急预案，降低国内突发事件、国外经济社会环境变化对我国经济和价格造成的影响，并用好价格调节基金，及时平抑和稳定市场价格。

参考文献

国务院发展研究中心经济形势分析课题组：《2010 年经济形势分析与 2011 年展望》，2010 年 11 月 4 日《中国经济时报》。

王梦奎：《关于“十二五”时期的发展》，《中国发展观察》2010 年第 12 期。

马建堂：《“十二五”时期我国经济社会发展的国内环境》，2010 年 11 月 9 日《人民日报》。

何孝星、张宁：《国内一般物价水平上涨的结构性分析》，《经济学动态》2010 年第 10 期。

徐策：《当前宏观经济形势分析》，《宏观经济管理》2010 年第 10 期。

潘正彦：《稳健货币政策的针对性、灵活性如何体现》，2010 年 12 月 16 日《上海证券报》。

国家统计局：《中国经济景气月报》，中国经济景气月报杂志社，2010。

《价格理论与实践》，2010 年价格论坛专辑。

B.3

中国批发业2010年发展与相关问题研究

张　琦*

一　2010年中国批发业发展概况

基于数据的可获得性原因，中国国家统计局发布的《中国统计月报》在统计销售额的时候，是将批发业和零售业一揽子统计的，我们无法从中剥离出批发业销售总额，因此只能以批发零售业销售总额作为近似指标来看批发业的月度状况。

2010年限额以上批发零售业商品销售总额月度统计数据，如表1所示。

表1　2010年限额以上批发零售业商品销售总额（1～11月）

单位：亿元

1月	2月	3月	4月	5月	6月	7月	8月	9月	10月	11月
12718.1	12334.2	11321.7	11510.4	12455.1	12329.9	12252.8	12569.8	13536.5	14284.8	13910.9

资料来源：《中国统计月报》（2010年第3期～第12期），国家统计局 中国经济景气监测中心发布。

更直观地看，如图1所示。

2010年各月，与2009年相比同比增长率如图2所示。

* 张琦，男，1980年生，经济学硕士，就职于中国社会科学院财政与贸易经济研究所，助理研究员；中国社会科学院研究生院经济系在读博士生。主要从事流通产业、服务业及宏观经济学方面的研究工作。主要学术论著有：译著《博弈论与经济学》，经济管理出版社，2005；译著《自由选择》，机械工业出版社，2008；论文《流通企业影响力的制度分析》，《北京工商大学学报（社会科学版）》2007年第6期；论文《流通理论研究的经济学方法论基础》，《商业时代》2008年第32期。

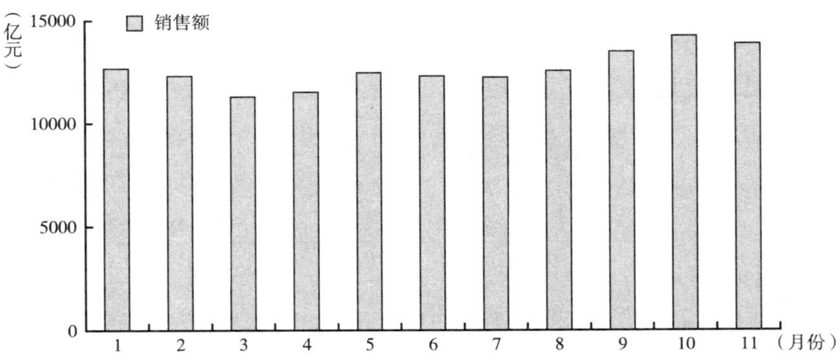

图1　2010年限额以上批发零售业商品销售总额（1～11月）

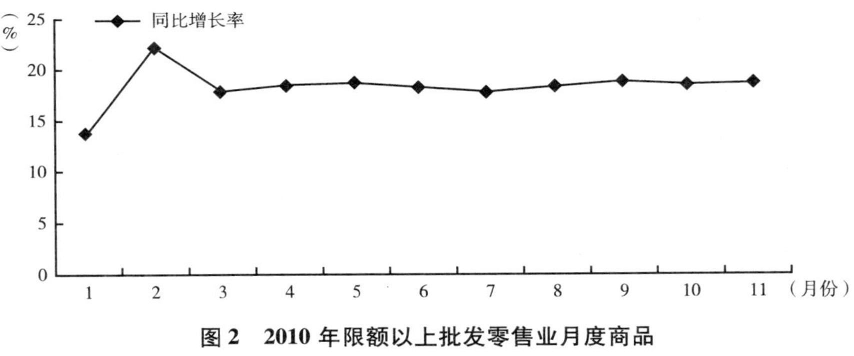

图2　2010年限额以上批发零售业月度商品销售总额（1～11月）同比增长率

资料来源：《中国统计月报》（2010年第3期～第12期），国家统计局 中国经济景气监测中心发布。

与2009年相比，2010年各月批发零售销售额都保持了较大幅度的增长，2010年2月同比增速超过20%，接下来的几个月均保持了15%～20%的同比增长。

二　批发业资产利润分析

（一）不同所有制批发企业资产利润分析

我们主要采用2009年的数据。

根据中国国家统计局编制的《中国统计年鉴2010》，经过数据选择与计算，可得限额以上批发企业销售额及企业财务状况，如表2所示。

表2　2009年限额以上批发企业销售额及企业财务状况（按企业所有制划分）

单位：亿元

	总计	内资企业								港澳台资企业	外资企业
		国有企业	集体企业	股份合作企业	联营企业	有限责任公司	股份有限公司	私营企业	其他企业		
销售额	157834.6	33018.1	2754.9	608.1	433.3	42968.9	22303.0	38631.1	712.0	3976.0	12429.3
销售额百分比(%)	100	20.92	1.75	0.39	0.27	27.22	14.13	24.47	0.45	2.52	7.88
资产	65815.9	13185.5	1115.3	186.6	208.2	20756.2	7659.7	14959.4	309.3	1707.5	5728.0
资产百分比(%)	100	20.03	1.69	0.28	0.32	31.54	11.64	22.73	0.47	2.59	8.71
负债	46337.5	8068.4	796.2	133.9	168.5	15940.3	4380.8	11789.9	197.9	1178.2	3683.4
资产负债率(%)	70.40	61.19	71.39	71.76	80.93	76.80	57.19	78.81	63.98	69.00	64.31
所有者权益	19445.8	5117.2	319.1	52.7	39.7	4816.0	3246.3	3169.6	111.5	529.3	2044.6
所有者权益百分比(%)	100	26.32	1.64	0.27	0.21	24.77	16.69	16.30	0.57	2.72	10.51
利润	10672.2	2680.1	109.6	24.7	24.3	2037.9	1618.5	2041.1	53.9	468.6	1613.6
利润百分比(%)	100	25.11	1.03	0.23	0.22	19.09	15.17	19.13	0.51	4.39	15.12
资本利润率(利润/资产)(%)	16.22	20.32	9.83	13.24	11.67	9.82	21.13	13.64	17.43	27.44	28.17

资料来源：《中国统计年鉴2010》，百分比为作者计算所得。

总体来看，2009年全年批发业销售额较2008年有所下降，从2008年的165030.3亿元[①]降至2009年的157834.6亿元，下降幅度为4.36%。当然，我们认为这未必是全球经济衰退所导致的，因为此前2008年较2007年涨幅增大，2009年出现一定程度的回落也是正常的。

从销售额的结构来看，2009年，内资批发企业的比重仍占绝对优势，达89.60%，与2008年基本相当。内资企业中，有限责任公司所占比重仍然最大，为27.22%，与2008年的27.33%相当。内资企业中销售额比重下降最大的是私

① 2008年财务状况见附录表A1。

营企业，2009 年为 24.47%，较 2008 年的 27.42% 下降近 3 个百分点；从绝对值上来看，2009 年销售额 38631.1 亿元，较 2008 年的 45249.5 亿元下降 14.63%。而国有企业、集体企业等内资企业的销售额比重较 2008 年略有上升。

从资产结构来看，各种所有制批发企业的比重与 2008 年相比变化不大，内资企业资产总额所占比重为 88.70%。内资企业中，比重最大的仍是有限责任公司，其资产总额占比为 31.54%。同时，各种所有制批发企业资产与销售额的占比也都比较相称，资产占比最大的三类企业国有企业、有限责任公司、私营企业的销售额占比也是最大。

从各种所有制批发企业的资产负债率来看，2009 年资产负债率最高的是联营企业，达 80.93%；其次是私营企业，为 78.81%；最低的是股份有限公司，为 57.19%。批发行业资产负债率为 70.40%。整理各种所有制批发企业的资产负债率及行业资产负债率，可得如图 3 所示的散点图。

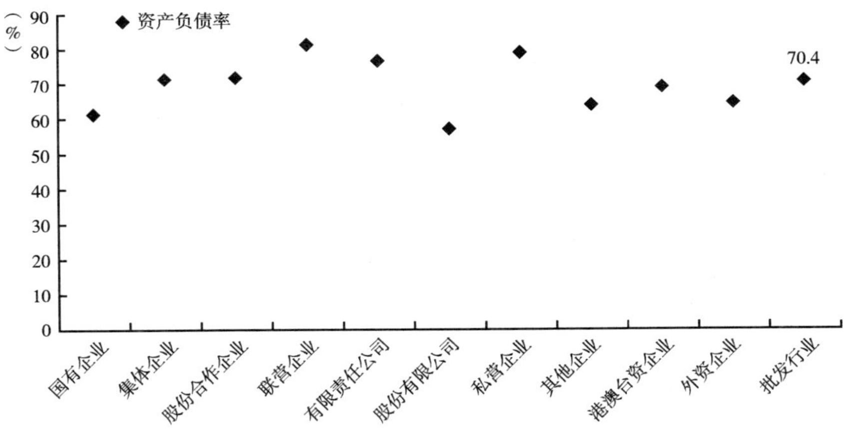

图 3　2009 年不同所有制批发企业资产负债率

资料来源：《中国统计年鉴 2010》，百分比为作者计算所得。

可以看出，批发行业资产负债率在 60% ~80% 之间，属于比较高的水平。2008 年，批发行业的平均资产负债率为 69.45%，2009 年微弱上升至 70.40%。其中，港澳台资和外资企业的资产负债率低于行业资产负债率，而内资企业当中，除国有企业和股份有限公司之外，均高于行业资产负债率。进步较大的是集体企业，其资产负债率从 2008 年的 83.32% 下降到 2009 年的 71.39%，下降近

12个百分点。我们认为，中国批发企业负债较高的原因是，宽松货币政策下银行利率较低，从而使得企业借贷成本较低，因此企业不惜大规模负债。但是，如果宏观经济形势出现银根收紧利率上升的局面，则批发行业将面临较大的偿债风险。

从所有者权益来看，占比最大的仍是国有批发企业，2009年占批发行业比重为26.32%，与2008年相当。而内资企业当中的私营企业这一比重较低，2009年仅为16.30%，较2008年的18.05%下降近2个百分点。

从资本利润率来看，最高的仍是外资企业，为28.17%，但比2008年的33.94%下降5个多百分点；其次是港澳台资企业，为27.44%。总体来看，2009年批发行业的利润率比2008年有所下降，行业利润率从2008年的19.42%降至2009年的16.22%，下降3个多百分点。而且个别所有制企业的利润率降至10%以下，如集体企业和有限责任公司，分别为9.83%和9.82%。

我们可以计算出2006~2009年连续四年的不同所有制企业资本利润率，进行比较分析，结果如表3所示。

表3　2006~2009年限额以上批发企业资本利润率比较（按企业所有制划分）

单位：%

年份	平均	内资企业								港澳台资企业	外资企业
		国有企业	集体企业	股份合作企业	联营企业	有限责任公司	股份有限公司	私营企业	其他企业		
2006	15.79	18.63	6.22	13.14	22.34	11.11	19.56	11.59	12.16	25.61	32.15
2007	16.40	18.50	7.30	11.90	18.90	11.60	19.70	11.50	39.20	28.90	34.70
2008	19.42	23.01	13.58	14.82	18.08	12.98	17.29	19.39	29.42	27.88	33.94
2009	16.22	20.32	9.83	13.24	11.67	9.82	21.13	13.64	17.43	27.44	28.17

资料来源：《中国统计年鉴》（2007~2010年），百分比为作者计算所得。

从表3可以看出，2006~2009年四年来，批发行业中利润率最高的是外资企业，其次是港澳台资企业。而内资企业的利润率普遍低于港澳台资和外资企业。除2009年外，外资企业的利润率一直在30%以上。而紧随其后的港澳台资企业的利润率不仅高于内资企业，且十分稳定，一直保持在25%~30%之间。内资企业当中，利润率较高的是国有企业和股份有限公司，在20%左右，且大多数时候都高于行业平均利润率；而比较差的是集体企业、股份合作企业和有限

责任公司，特别是集体企业，利润率几乎总在10%以下。私营企业的利润率波动较大，范围在10%～20%之间。总的来看，中国的批发行业中，内资企业的赢利能力普遍不及外资和港澳台资企业。相对而言，国有企业和股份有限公司的批发企业，赢利能力尚可，且比较稳定。联营企业这种模式，资产负债率高，赢利能力不稳定。

（二）不同商品类别批发企业资产利润分析

按照不同商品类别，根据《中国统计年鉴2010》的有关数据，可以计算出另一份资产利润表，如表4所示。

表4　2009年限额以上批发企业财务状况（按商品类别划分）

单位：亿元

	总计	农畜产品	食品饮料烟酒	服装、纺织及日用品	文体用品及器材	医药及医疗器材	矿产品、建材及化工产品	机械设备、五金交电及电子产品	贸易经纪与代理	其他
利润	10672.2	183.3	2471.9	1055.2	183.3	503.0	3950.8	1995.0	154.2	175.6
利润百分比(%)	100	1.72	23.16	9.89	1.72	4.71	37.01	18.69	1.44	1.66
资产	65815.9	3346.4	6849.5	4318.6	1226.6	3051.8	30948.4	12031.2	2443.7	1599.7
资产百分比(%)	100	5.08	10.41	6.56	1.86	4.64	47.02	18.28	3.71	2.44
负债	46337.5	2415.0	3292.7	3038.5	810.1	2260.5	22349.3	9073.6	1936.0	1161.7
资产利润率(%)	16.22	5.48	36.09	24.43	14.94	16.48	12.77	16.58	6.31	10.98
资产负债率(%)	70.40	72.17	48.07	70.36	66.04	74.07	72.21	75.42	79.22	72.62

资料来源：《中国统计年鉴2010》，百分比为作者计算所得。

从表4可以看出，2009年，批发行业中仍以矿产品、建材及化工产品类批发所占比重最大，其资产占行业总资产比重为47.02%，利润百分比也占到37.01%，同样是最大比重。但其资产比重和利润比重不大相称，这也是该类别产品批发行业多年存在的问题。① 从资产比重来看，除矿产品、建材及化工产品

① 2008年财务状况见附录表A2。

外，列第二位的是机械设备、五金交电及电子产品批发业，2009 年该类别资产比重为 18.28%，利润比重为 18.69%，比例相称。一直以来，资产比重和利润比重不相称的两个类别是农畜产品批发和食品饮料烟酒类批发，2009 年也是如此。2009 年，中国农畜产品类批发业资产占行业总资产比重为 5.08%，但利润比重为 1.72%；食品饮料烟酒类批发业，资产比重为 10.41%，利润比重却高达 23.16%。前者是用 5.08% 的资产仅仅创造了 1.72% 的利润；后者是用 10.41% 的资产创造了 23.16% 的利润。对此，我们曾经给出过解释，即农畜产品批发存在较大的政府补贴，而食品饮料烟酒类批发，由于烟草专卖制度的存在，使得该产品类别的利润极高。

从不同类别产品批发的资产利润率来看，也反映出同样的问题。2009 年整个批发行业的利润率为 16.22%。利润率最高的是食品饮料烟酒类，高达 36.09%；利润率最低的是农畜产品类，仅为 5.48%。除食品饮料烟酒类批发之外，利润率最高的当属纺织、服装类批发，2009 年利润率为 24.43%，高出整个批发行业利润率 8 个百分点。另外一个资产利润率较低的是贸易经纪与代理类，2006 年资产利润率为 6.31%。其他各类批发业，资产利润率基本与批发行业利润率相当。

从资产负债率来看，各类别产品批发业的资产负债率基本都在 70% 上下，最高的是贸易经纪与代理类，达 79.22%。但食品饮料烟酒类的资产负债率只有 48.07%，远低于批发行业 70.40% 的平均水平。这是因为，在食品饮料烟酒类批发中，烟草制品批发业子类的资产负债率仅为 21.13%，虽然另一子类米、面制品及食用油批发的资产负债率高达 84.90%①，但两类加总后的资产负债率只有 48.07%。一方面是资产负债率极低，另一方面是利润极高，烟草批发行业可谓是暴利行业。

三　批发业吸纳就业分析

根据中国国家统计局编制的《中国统计年鉴 2010》，经过数据选择与计算，可得限额以上批发企业的数量、吸纳就业与人均利润状况，如表 5 所示。

① 这两个子类表中未列出，根据统计年鉴中数据计算所得。

表5 2009年限额以上批发企业数量、从业人员数量与人均利润（按企业所有制划分）

	总计	内资企业								港澳台资企业	外资企业
		国有企业	集体企业	股份合作企业	联营企业	有限责任公司	股份有限公司	私营企业	其他企业		
法人企业数量(个)	52853	3922	1101	372	130	12381	1533	30657	402	790	1565
从业人员数量(人)	3122535	690946	77640	17810	7154	740837	342626	898077	26057	105718	215670
企业规模(企业平均人数)	59	176	71	49	55	60	224	29	65	134	138
就业量百分比(%)	100	22.13	2.49	0.57	0.23	23.73	10.97	28.76	0.83	3.38	6.91
利润(亿元)	10672.2	2680.1	109.6	24.7	24.3	2037.9	1618.5	2041.1	53.9	468.6	1613.6
利润百分比(%)	100	25.11	1.03	0.23	0.22	19.09	15.17	19.13	0.51	4.39	15.12
人均利润(元/人)	341780	387888	141164	138686	339670	275081	472381	227274	206854	443255	748180

资料来源：《中国统计年鉴2010》，百分比为作者计算所得。

根据表5以及2008年①的情况可知，从行业人均利润来看，除股份有限公司外，2009年各种所有制批发企业的人均利润较2008年有所下降。2009年，整个批发行业人均利润为341780元，较2008年的361613元下降5.5%。各种不同所有制批发企业当中，人均利润最高的仍是外资企业，2009年人均利润为748180元，但较2008年的828608元下降9.7%，降幅较大。值得注意的是股份有限公司的人均利润，从2008年的324425元增至2009年的472381元，增幅达45.6%，一跃而至内资企业中人均利润最高的位置，并且超过港澳台资企业，仅次于外资企业。在内资企业中，人均利润列第二位的是国有企业，2009年人均利润达387888元，但较2008年的426964元下降9.2%。人均利润最低的仍是集体企业和股份合作企业。

若以企业平均人数来衡量企业规模，各种所有制企业当中规模最大的仍是股

① 2008年情况见附录表A3。

份有限公司，2009 年单个企业平均人数达 224 人；其次是国有企业，平均人数为 176 人。应当注意的是，各类企业的平均人数较 2008 年均有所上升。港澳台资企业和外资企业，平均人数分别为 134 人和 138 人，较 2008 年也有所上升。企业规模最小的仍是私营企业，单个企业平均人数仅为 29 人，与 2008 年相当。

从企业吸纳就业量百分比来看，外资企业吸纳的就业量仅占行业就业量的 6.91%，但创造的利润占行业利润百分比为 15.12%。私营企业平均人数为最少，但吸纳的就业量却占到行业就业量的 28.76%，吸纳就业是最多的，创造的利润占到行业利润的 19.13%；另外两个吸纳就业较多的，仍是国有企业和有限责任公司，2009 年吸纳就业量分别占行业总就业量的 22.13% 和 23.73%。

为反映各种不同所有制批发企业的赢利能力，我们不妨将资产、就业、利润等情况综合到一张表中来看。表 6 给出了 2009 年各种所有制批发企业的资产、利润及吸纳就业状况。

表 6　2009 年限额以上批发企业资产、就业与利润（按企业所有制划分）

	总计	内资企业								港澳台资企业	外资企业
		国有企业	集体企业	股份合作企业	联营企业	有限责任公司	股份有限公司	私营企业	其他企业		
资产	65815.9	13185.5	1115.3	186.6	208.2	20756.2	7659.7	14959.4	309.3	1707.5	5728.0
资产百分比（%）	100	20.03	1.69	0.28	0.32	31.54	11.64	22.73	0.47	2.59	8.71
从业人员数量（人）	3122535	690946	77640	17810	7154	740837	342626	898077	26057	105718	215670
就业量百分比（%）	100	22.13	2.49	0.57	0.23	23.73	10.97	28.76	0.83	3.38	6.91
利润（亿元）	10672.2	2680.1	109.6	24.7	24.3	2037.9	1618.5	2041.1	53.9	468.6	1613.6
利润百分比（%）	100	25.11	1.03	0.23	0.22	19.09	15.17	19.13	0.51	4.39	15.12
人均利润（元/人）	341780	387888	141164	138686	339670	275081	472381	227274	206854	443255	748180

资料来源：《中国统计年鉴 2010》，百分比为作者计算所得。

由表 6 可以看出，所有企业当中，赢利能力最强的是外资企业。2009 年，外资批发企业以行业 8.71% 的资产和 6.91% 的就业人数，创造了行业 15.12% 的利润。排在赢利能力第二位的是港澳台资企业，以行业2.59%的资产和3.38%的就业人数，创造了4.39%的利润。在内资企业当中，赢利能力较好的是国有企业和股份有限公司，分别以20.03%的资产、22.13%的就业人数和11.64%的资产、10.97%的就业人数，创造了25.11%和15.17%的利润。而有限责任公司却以31.54%的资产和23.73%的就业人数，仅创造了19.09%的利润。类似的，私营企业以22.73%的资产和28.76%的就业人数，创造了19.13%的利润。

四　专业批发市场分析

"批发—零售"的概念，是基于商品销售形式来划分的，批发和零售的区别在于是否是批量销售。这样的划分是比较粗略的。如果采用其他分类方法，则有不同的称谓，如经销、分销、代理等。经销是一个统称的概念，原则上生产商和消费者之间的一切中间商均可称为经销商。分销是相对于批发而言的，分销的最大特点在于"行商"，与之相对，批发更多的是"坐商"；另外，分销不仅是单纯的商品买卖活动，而是具有一定的服务意识，特别是终端消费服务意识，而批发一般仅指单纯的货物买卖。不论是分销还是批发，都需要从上游厂商手中进货，再销售到下游。相反，代理商严格来讲算不上是"商"，其重点在于"代理"，即没有从生产者手中进货的行为，只是作为促成交易的"中间人"而存在，收入靠的是促成交易收取佣金，而非进销差价。

随着经济发展水平和消费者对商品要求的双重提高，除商品本身之外，诸如品牌、服务、售后等附加元素得到越来越多的重视，甚至超过了商品品质本身。在这种趋势下，具有精细化服务元素的分销、代理等流通环节也愈加重要，这对传统的、单纯从事买卖行为的批发构成了挑战。

现实中，批发、分销、代理等模式均存在不同程度的相互融合，纯粹的代理或纯粹的分销并不多见，一般都是既做代理业务，也做分销业务。

此外，近年来随着电子商务的迅速发展，厂家网上直销的模式也开始兴起。厂家网上直销模式，从根本上讲是厂家直销模式的网络版，但较传统的厂家直销模式，网上直销具有更大的优势，借助网络的传播，其扩张速度更快，品牌打造功能更强。网上直销模式，不仅对传统的批发零售业构成挑战，也对分销、代理等销售渠道构成了不小的挑战。近年来，以凡客诚品为代表的自有品牌网上直销

模式发展势头迅猛，以服装产品为代表，凡客之后，MasaMaso、Vsnoon、Moonbasa、第九大道、麦考林、James King 等各种服装、鞋帽、箱包网上直销品牌纷纷面市，充分体现了电子商务 B2C 模式的魔力。网上直销模式的威力不可小觑，未来可能成为对传统批发零售业的最大挑战。

专业批发市场是东亚国家特有的流通业态，以日本、韩国、中国为代表。不同于欧美国家，东亚国家生产者规模小、布局分散与消费集中、市场巨大之间的矛盾，是专业批发市场存在的现实基础。顾名思义，专业批发市场是专注于某一类商品的大型批发市场。其中著名的有日本东京秋叶原电器街、韩国首尔东大门服饰市场、中国浙江义乌小商品城、中国山东寿光蔬菜批发市场、中国北京大红门服装商务区等。

（一）专业市场的定量分析

根据《中国统计年鉴 2010》中的统计数据，2009 年，我国亿元以上商品交易市场共有 4687 个，其中综合市场 1280 个，专业市场 3407 个，专业市场个数约占市场总数的 3/4。从成交额来看，综合市场成交额 11741.2 亿元，专业市场成交额 46222.6 亿元，专业市场成交额约占市场总成交额的 4/5。无论从市场数量来看，还是从成交额来看，专业市场均占主导地位。2009 年，中国交易市场交易额占整个批发行业销售额的比重为 36.72%，专业市场交易额占整个批发行业销售额的比重为 29.29%，也就是说，中国批发业中近 1/3 的交易是通过“专业市场”这一流通业态完成的。

从各种产品的专业市场交易额来看，规模最大的是金属材料市场，2009 年交易额为 11411.4 亿元，其次分别是农产品专业市场（9108.6 亿元）、纺织服装鞋帽专业市场（8525.1 亿元）。我们根据《中国统计年鉴》（2008 ~ 2010 年）的相关数据，可将 2007 年、2008 年、2009 年三年的交易市场及专业市场相关情况反映在表 7 中。

由表 7 可以看出，2007 ~ 2009 年，中国亿元以上交易市场个数从 4121 个增至 4687 个，增幅为 13.73%。其中，综合市场个数从 1140 个增至 1280 个，增幅为 12.28%；专业市场个数从 2760 个增至 3407 个，增幅为 23.44%。亿元以上交易市场交易额从 44085.1 亿元增至 57963.8 亿元，增幅为 31.48%。其中，综合市场交易额从 9521.9 亿元增至 11741.2 亿元，增幅为 23.31%；专业市场交易额

表 7　2007～2009 年中国亿元以上交易市场数量及成交额

	2007 年		2008 年		2009 年	
	市场数量（个）	成交额（亿元）	市场数量（个）	成交额（亿元）	市场数量（个）	成交额（亿元）
综合市场	1140	9521.9	1248	10254.8	1280	11741.2
专业市场	2760	31378.7	3319	42203.1	3407	46222.5
金属材料市场	238	8920.7	267	11035.5	279	11411.4
农产品市场	715	6012.7	921	7939.2	946	9108.6
纺织、服装、鞋帽市场	489	6750.7	508	7727.4	531	8525.1
食品、饮料及烟酒市场	156	1039.9	164	1196.8	140	1184.3
总　　计	4121	44085.1	4567	52458.0	4687	57963.8

注：2007 年统计口径不同，除综合市场和专业市场之外还有“其他市场”221 个，本表未列出；2007 年农产品市场为加总所得，与 2008 年、2009 年相比，缺少“棉麻土畜、烟叶市场”一项。

资料来源：《中国统计年鉴》（2008、2009、2010）。

从 31378.7 亿元增至 46222.6 亿元，增幅为 47.31%。无论是从市场数量来看，还是从市场交易额来看，专业市场的增长速度都快于综合市场。同期，中国规模以上批发业销售额从 132740.8 亿元增至 157834.6 亿元，增幅为 18.90%。这些都表明，专业市场这一流通业态在当前中国具有强大的活力和良好的发展前景。

在专业市场中，销售额居前三位的是金属材料市场、农产品市场和纺织服装鞋帽市场。其中，金属材料市场数量从 238 个增至 279 个，增幅为 17.23%，交易额从 8920.7 亿元增至 11411.4 亿元，增幅为 27.92%；农产品市场数量从 715 个增至 946 个，增幅为 32.31%，交易额从 6012.7 亿元增至 9108.6 亿元，增幅为 51.49%；纺织、服装、鞋帽市场数量从 489 个增至 531 个，增幅为 8.59%，交易额从 6750.7 亿元增至 8525.1 亿元，增幅为 26.28%。三者表现出的共同特点是：交易额增长快于市场数量增长，这表明单个市场的交易规模在扩大。如果不考虑农产品市场的话（由于 2007 年的统计口径问题可能被低估），那么服装纺织鞋帽专业市场的单个市场交易规模增长速度要快于金属材料市场。

当然，也有专业市场数量减少的情况，如食品、饮料、烟酒市场的个数就从 2007 年的 156 个减少至 2009 年的 140 个，但其交易额却从 1039.9 亿元增至 1184.3 亿元，这表明该类产品的专业市场经历了整合过程，单个交易市场的规模绝对扩大了。

（二）专业市场面临的问题和发展前景

中国的各类专业市场，其发展模式大体有两种：一种是自发形成的商品交易集散地，从原始的地摊式销售发展为商户集聚的专业市场，以批发业务为主，批零兼营；另一种是在政府的规划指导下建立起来的商品专业市场。应当说，与前者相比，后者在市场布局、功能定位、配套设施等方面更加先进和完善。

但是，无论是哪一种模式的专业市场，都面临一些共同的问题。

面临的问题之一是：在城市化进程中，原有专业市场面临着改造、升级乃至外迁的压力。许多城市的专业市场在建立初期位于城市郊区，但随着城市的快速扩张，原来的“市郊”已经成为“城区”甚至“核心城区”，而专业市场发展带来的交通拥堵、库房紧缺、物流发展滞后、周边餐饮住宿金融等配套设施低档的问题日益突出。专业市场所在地脏、散、乱、差的局面与城市的整体市容市貌严重不相称。此外，由于“郊区”成为“城区”，原有商业地产的快速增值必然导致租金的快速上涨，从而使得专业市场的经营成本上升。

面临的问题之二是：随着中国整体产业结构的优化和升级，专业市场的传统功能必然面临着向现代功能转型的压力。在产业结构调整过程中，处于产业价值链低端的加工制造环节（即“微笑曲线”的中间区域）必然逐步让位于产业价值链高端的设计研发、销售渠道环节（“微笑曲线”的两端）。其中销售渠道环节的提升与打造，正是中国专业市场未来的发展方向。销售渠道建设，须改变单纯“卖产品”的理念，而代之以“卖服务+卖产品”的理念。专业市场不仅是商品的批发销售基地，更是交易展示、信息汇聚和发布的平台和物流配送中心。

无论是应对城市化带来的压力，还是应对产业结构升级带来的压力，专业市场的发展道路不外乎两条：外迁或升级。

在专业市场外迁过程中，须广泛征求社会各方意见，科学规划，长远考虑，避免政府“画圈”的任意性和盲目性。在专业市场外迁的案例中，既有成功也有失败的案例。

在专业市场改造升级过程中，须明确专业市场的功能定位。以原有的批发业

务为基础，或发展设计研发功能，或发展交易展示功能，或发展信息汇聚发布功能，或发展物流配送供功能。以明确的发展定位引导专业市场的改造升级。

专栏：北京大红门服装专业市场

自20世纪80年代以来，大红门服装市场依托其独特的区位优势，经过近30年的发展，已经实现了从地摊式交易市场到现代化市场的跨越，发展成为北京服装流通领域的重要交易市场，以及长江以北最大的服装轻纺产品集散地。大红门服装市场区域内汇集了大批来自江苏、浙江、福建、广东以及香港和澳门服装商贾的资金与货源，集中了各种规模的服装交易市场和面辅料批发市场。其市场辐射华北、东北、西北等广大地区，有些服装产品还远销欧洲、俄罗斯、乌克兰、朝鲜半岛等国家和地区。

截至2010年6月，北京大红门区域内共有服装、纺织品、鞋帽交易市场17个。2010年上半年，17个服装、纺织品、鞋帽交易市场累计实现成交额7.8亿元，占北京市服装类市场成交额23.8亿元的32.3%。

从服装专业市场的分类来看，大红门服装专业市场属于“集散型”专业市场。明显不同于长三角、珠三角等地的“产地型”专业市场，如江苏常熟的招商城、广东虎门的富民服装城等。

大红门地区北距天安门广场仅5公里，位于北京中轴南延长线上；北临南三环南至南四环路，具有优越的地理区位，每天吸引大量的客流到这里进货、购物。但也带来了交通拥堵、流通不畅的问题，目前这一问题已经相当严重。同时，库房紧缺、物流发展滞后也在很大程度上制约了大红门服装专业市场的进一步发展。此外，大红门区域内相关的现代服务业链条相对不足，首先是绝大部分餐饮住宿业档次较低，就餐的地方很少。其次是金融服务业匮乏，无法满足商户日常借贷、融资等多种金融需求。再次是现代物流、会展业发展滞后，区域内的物流机构主要是独立分散的物流公司，其方式主要包括公路运输、铁路运输以及航运，而绝大部分的采购商都是自己把货物携带回去。最后，这一区域的会展设施和办公设施严重不足。目前只有大红门国际会展中心和新世纪大厦的会展台，规模十分有限，无论是数量还是档次，都不能满足未来的发展需求。

因此，随着北京市城市化进程的发展，位于四环内的大红门地区面临着加速改造、加速城市化进程的升级压力。

附录

表 A1　2008 年限额以上批发企业销售额及企业财务状况（按企业所有制划分）

单位：亿元

	总计	内资企业								港澳台资企业	外资企业
		国有企业	集体企业	股份合作企业	联营企业	有限责任公司	股份有限公司	私营企业	其他企业		
销售额	165030.3	31910.5	2446.3	755.8	649.7	45098.9	20304.8	45249.5	669.9	4027.8	13917.1
销售额百分比(%)	100	19.34	1.48	0.46	0.39	27.33	12.30	27.42	0.41	2.44	8.43
资产	58737.5	12769.6	1086.5	267.2	224.0	17699.4	6132.2	13727.9	246.8	1485.8	5098.1
资产百分比(%)	100	21.74	1.85	0.45	0.38	30.13	10.44	23.37	0.43	2.53	8.68
负债	40792.2	7942.6	905.3	197.6	173.2	12980.6	3576.8	10488.1	160.0	1077.4	3290.6
资产负债率(%)	69.45	62.20	83.32	73.95	77.32	73.34	58.33	76.40	64.83	72.51	64.55
所有者权益	17949.8	4826.8	181.2	69.6	50.8	4718.8	2560.2	3239.8	86.8	408.3	1807.5
所有者权益百分比(%)	100	26.89	1.01	0.39	0.28	26.29	14.26	18.05	0.49	2.27	10.07
利润	11404.5	2938.8	147.5	39.6	40.5	2298.2	1060.4	2662.5	72.6	414.2	1730.2
利润百分比(%)	100	25.77	1.29	0.35	0.36	20.15	9.30	23.35	0.63	3.63	15.17
资本利润率(利润/资产)(%)	19.42	23.01	13.58	14.82	18.08	12.98	17.29	19.39	29.42	27.88	33.94

资料来源：《中国统计年鉴 2009》，百分比为作者计算所得。

表 A2　2008 年限额以上批发企业财务状况（按商品类别划分）

单位：亿元

	总计	农畜产品	食品饮料烟酒	服装鞋帽、针纺织品及日用品	文体用品及器材	医药及医疗器材	矿产品、建材及化工产品	机械设备、五金交电及电子产品	贸易经纪与代理	其他
利润	11404.5	187.3	2437.2	1028.8	219.3	507.3	4411.2	2094.8	173.1	345.5
利润百分比(%)	100	1.64	21.37	9.02	1.92	4.45	38.68	18.39	1.52	3.01
资产	58737.5	2957.7	6401.3	3999.5	1168.8	2446.4	27981.2	10105.1	2231.5	1445.9
资产百分比(%)	100	5.04	10.90	6.81	1.99	4.16	47.64	17.31	3.80	2.35

资料来源：《中国统计年鉴 2009》，百分比为作者计算所得。

表 A3　2008 年限额以上批发企业数量、从业人员数量与人均利润（按企业所有制划分）

	总计	内资企业								港澳台资企业	外资企业
		国有企业	集体企业	股份合作企业	联营企业	有限责任公司	股份有限公司	私营企业	其他企业		
法人企业数量(个)	59432	4584	1263	450	150	13370	1798	34665	372	871	1909
从业人员数量(人)	3153785	688302	78085	21199	10484	728571	326855	934248	52471	104762	208808
企业规模（企业平均人数）	53	150	62	47	70	54	182	27	141	120	109
就业量百分比(%)	100	21.82	2.48	0.67	0.33	23.10	10.36	29.62	1.68	3.32	6.62
利润(亿元)	11404.5	2938.8	147.5	39.6	40.5	2298.2	1060.4	2662.5	72.6	414.2	1730.2
利润百分比(%)	100	25.77	1.29	0.35	0.36	20.15	9.30	23.35	0.63	3.63	15.17
人均利润(元/人)	361613	426964	188897	186801	386303	315439	324425	284967	138362	395372	828508

参考文献

荆林波主编《中国商业发展报告（2008～2009）》，社会科学文献出版社，2009。

荆林波主编《中国商业发展报告（2009～2010）》，社会科学文献出版社，2010。

利丰研究中心《供应链管理——香港利丰集团的实践》，中国人民大学出版社，2009。

张琦：《流通企业影响力的制度分析》，《北京工商大学学报（社会科学版）》2007年第6期。

张琦：《流通理论研究的经济学方法论基础》，《商业时代》2008年第32期。

2007～2010年《中国统计年鉴》。

B.4
中国零售业2010年发展与相关问题研究

李 蕊*

摘　要：2010年，中国零售业的多个业态并行发展，行业发展热点纷呈，农超对接掀起超市的第三次革命，网络零售高速增长，城市综合体、奥特莱斯、社区店飞速发展，专业商业地产综合服务商出现，零售商转型求变，等等。本文以“十一五”期间中国零售业的相关数据为基础，作出未来五年内零售业整体规模将持续增长、地区差距将逐步扩大、业态划分更加精细、零售企业单体规模将逐步扩大的预测。

关键词：城市综合体　奥特莱斯　农超对接　地区差距

2010年，中国零售业呈现多个业态齐头并进的发展态势，连锁零售业向多个业态延伸，行业发展热点纷呈。在“十一五”期间零售业高速增长的基础上，预计未来的五年内零售业将继续保持稳定增长，零售业态的划分将更加精细，呈现百花齐放的局面。

一　2010年零售业概况

（一）零售业整体平稳发展

根据国家统计局的资料，2010年我国零售业呈现平稳增长。2010年，我国

* 李蕊，就职于中国社会科学院财政与贸易经济研究所流通研究室，博士。

社会消费品零售总额为154554亿元，比2009年增长18.4%；[①] 扣除价格因素，实际增长14.8%。实际增长较2009年的15.5%略为放慢（见图1和图2）。

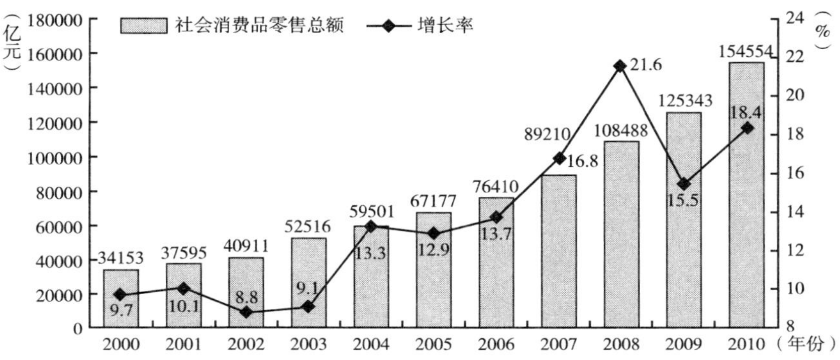

图1　社会消费品零售总额及其增长速度

资料来源：根据国家统计局《2010年国民经济和社会发展统计公报》整理。

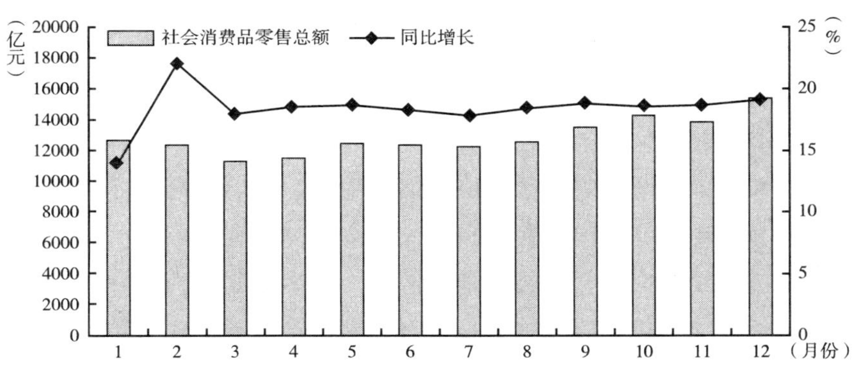

图2　社会消费品零售总额及其增长速度（按月）

资料来源：国家统计局。

分消费形态而言，2010年，我国商品零售额为136918亿元，较上年增长18.5%；餐饮收入零售额为17636亿元，较上年增长18.0%。部分商品零售额增长较快，其中，金银珠宝类增长45.8%，家具类增长37.5%，汽车类增长34.5%，家用电器和音像器材类增长26.9%。值得关注的是通信设备的零售额

① 国家统计局：《2010年国民经济和社会发展统计公报》，2011年1月20日。

增长幅度由2009年的负增长上升为2010年的19.2%。对比2009年及2010年的商品零售额增长可见，金银珠宝、家用电器和音像器材、通信器材、石油及制品等的零售额增长幅度有较为明显的提高（见表1）。

表1　商品零售额增长幅度

单位：%

同比增长	2009年	2010年	同比增长	2009年	2010年
服装鞋帽、针纺织品	18.8	24.5	金银珠宝	15.9	45.8
化妆品	16.9	16.0	通信器材	-1.3	19.2
办公用品	6.7	23.4	汽车	32.3	34.5
日用品	15.6	24.9	石油及制品	6.8	34.5
家用电器和音像器材	12.3	26.9	建筑及装潢材料	26.6	31.6
家具类	35.5	37.5	体育、娱乐用品	9.1	18.5
粮油食品、饮料烟酒	14.0	23.7	中西药品	21.7	23.4

资料来源：根据国家统计局《2010年国民经济和社会发展统计公报》整理。

分地域而言，2010年，我国城镇消费品零售额为133689亿元，增长18.8%；农村消费品零售额为20865亿元，增长16.1%。国家统计局于2010年调整了统计口径。原先农村市场的统计口径为“县及县级以下”，即农村市场包括了县城销售，调整后将县城与城市销售合称为城镇零售额，农村销售口径缩小。农村市场零售额占全国零售总额的比重大幅下降（见图3）。

2009年至2010年5月，消费者信心指数一直呈上升趋势；唯消费者信心指数自2010年6月以来不断下滑。尽管如此，消费者信心指数仍处于100以上，显示中国消费者整体来说仍然乐观（见图4）。

（二）连锁零售业平稳增长

根据中国连锁经营协会的统计，中国连锁百强的销售额呈现平稳增长，整体规模扩大。2009年中国连锁百强的销售规模达到1.36万亿元，销售增幅为13.5%，是1999年开展连锁百强统计以来增幅最小的一年，第二次低于社会消费品零售总额增幅，见图5。连锁百强的销售额增幅整体放缓，比较明显的下降区间是2005~2009年，连锁百强销售额的增长幅度由42%径直下降为13.5%，如图5所示，增长幅度放缓与此期间基数较高有一定的关系。尽管增长幅度有所

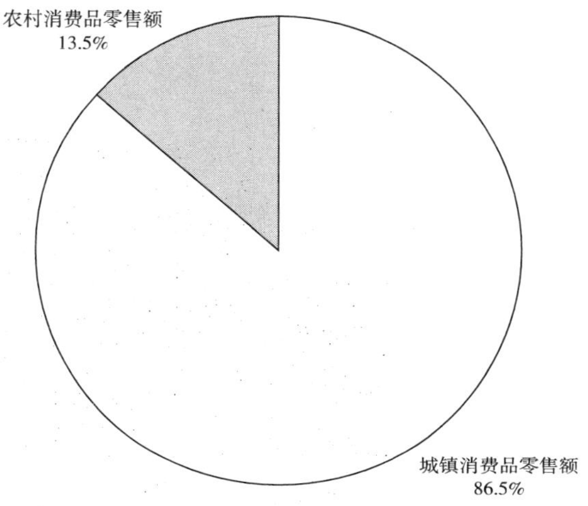

图3　消费品零售额的城乡比例

资料来源：根据国家统计局《2010年国民经济和社会发展统计公报》整理。

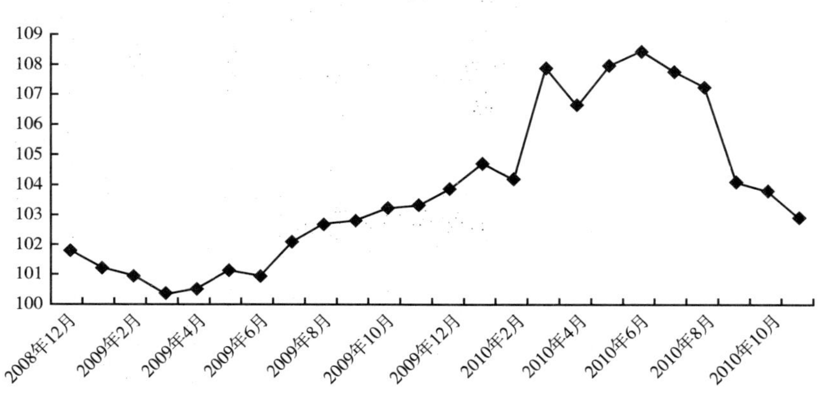

图4　消费者信心指数

资料来源：国家统计局。

下降，但连锁百强的销售额仍然呈现高速增长，由2000年的1095亿元上升为2009年的13600亿元，年均增长32.3%，如图6所示。连锁百强的整体规模扩大，2009年连锁百强企业最后一名的销售额为16亿元，比2008年第100名的14.1亿元增长了13.5%。

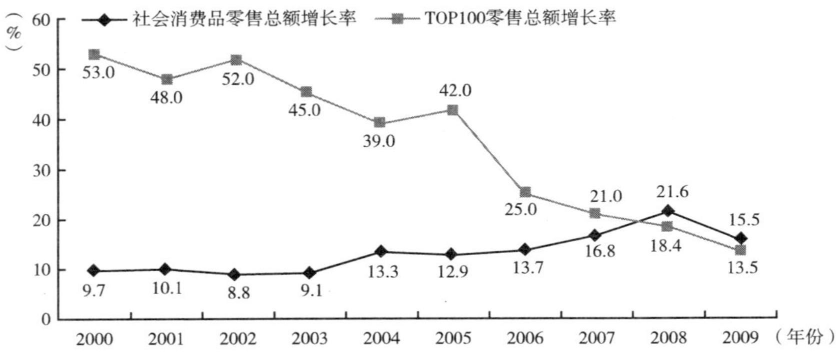

图 5　连锁百强零售额与社会消费品零售总额增长率（2000～2009 年）

资料来源：根据中国连锁经营协会发布的《2009 年中国连锁百强》资料整理。

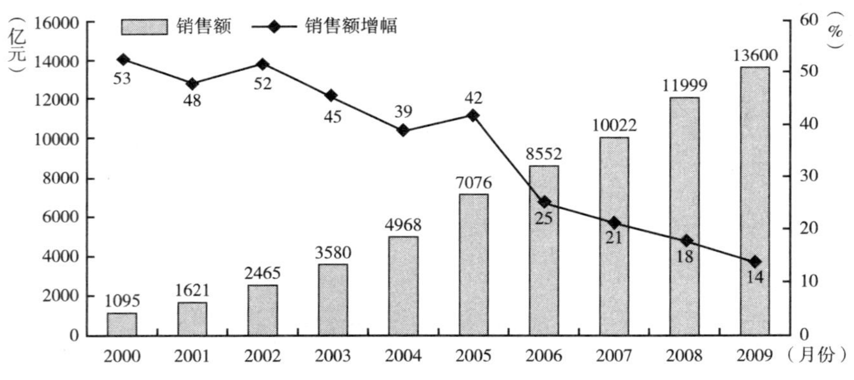

图 6　连锁百强销售额及其增长（2000～2009 年）

资料来源：根据中国连锁经营协会发布的《2009 年中国连锁百强》资料整理。

连锁百强零售额占社会商品零售总额的比例与上年持平，较 2000 年有较大幅度的提高。如图 7 所示，连锁百强零售额占社会商品零售总额的比例由 2000 年的 2.9% 一路上升至 2005 年的 10.5%，而在 2005～2010 年间的变化不大，保持在 11% 左右。

连锁百强的门店数持续增长，2009 年连锁百强企业门店总数达到 13.7 万个，门店总数较上年增长 13.3%。如图 8 所示，连锁百强的门店数量由 2001 年的 13117 个上升为 2009 年的 136880 个。2001～2009 年，连锁百强的门店数量保持高速增长，其中，2001 年、2006 年、2007 年的增长幅度高于 50%。

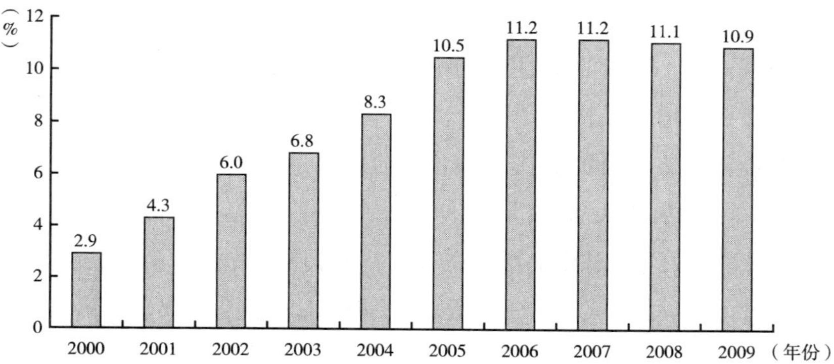

图7　连锁百强零售额占社会商品零售总额的比例（2000～2009年）

资料来源：根据中国连锁经营协会发布的《2009年中国连锁百强》资料整理。

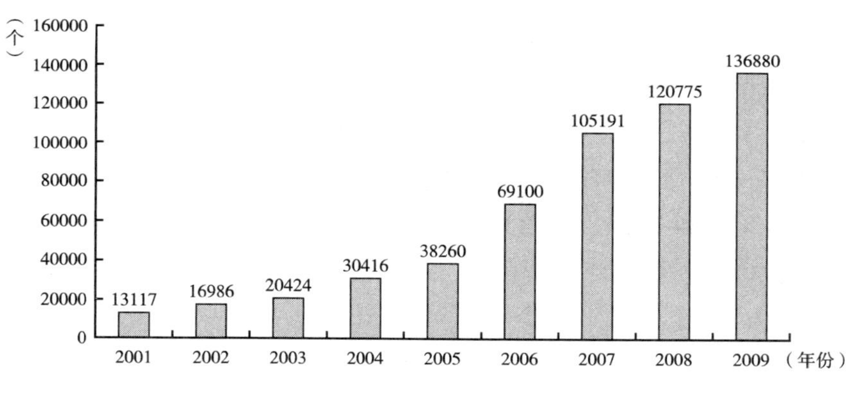

图8　连锁百强的门店数量（2000～2009年）

资料来源：根据中国连锁经营协会发布的《2009年中国连锁百强》资料整理。

就销售额增长幅度、门店数量的增长幅度和单店业绩而言，外资企业明显超过内资企业。2009年，连锁百强中的外资企业销售额增幅明显高于内资企业，也高于外资企业2008年的增幅。20家外资企业的销售和门店增长分别为20.4%和15.7%，2008年分别为17.6%和13.1%。外资企业业态相对单一，主要集中在大型超市业态。2009年，5家经营大型超市业态的外资企业共新开店115家，2008年上述5家企业新开大型超市68家，一年新开店数量增长了69%。外资企业的单店业绩也明显好于内资企业。内资大型超市企业2009年单店平均销售额为1.7亿元左右，而5家外资大型超市企业单店平均销售额为2.2亿元，如果扣除新开店因素，这一数字还将明显提高。①

就销售额而言，百货业态的销售额增长幅度高于快速消费品业态。在百强各业态中，百货业态增长最快，销售增长 16.6%，门店增长 19.4%。以超市为代表的快消品零售业态，销售增长 12.3%，门店数量增长 22.2%（快消品百强销售增长 10.2%，门店增长 9.5%）。2009 年，百货业态比快消品销售增幅高 4.3 个百分点。2008 年，百货比快消品增幅高 2.8 个百分点。在快消品的门店增长中，农村店贡献较大，如新合作集团，一年新增 1.7 万家店，其中大多为单店销售能力较弱的农村店。百强中的百货企业销售增幅在 10% 以上的占百货类企业的 82%，而快消品企业销售增幅在 10% 以上的仅占 60%，且有 4 家企业出现负增长。②

就区域而言，二、三线城市的连锁百强销售增长幅度明显超过一线城市。2009 年，百强企业总部所在地位于北京、上海、广州、深圳的达 47 家。对不同区域百强企业的销售业绩比较可以看出，二、三线城市百强增长明显高于一线城市。百强企业中，销售增长在 20% 以上的企业共有 24 家，其中总部位于上述四地的企业仅有 9 家，占 37%；销售增长低于 10% 的企业共有 36 家，总部位于北京、上海、广州、深圳的有 24 家，占 67%。从百货、超市等业态中抽取上述一线城市 10 家企业和 20 家二、三线城市区域型企业进行对比，一线城市百强的销售增长为 5.3%，店铺增长为 7.2%；二、三线城市百强的销售增长和店铺增长分别为 19.3% 和 14.7%。③

二　2010 年中国零售业发展

（一）零售企业多业态营运非常普遍

多业态并存已成为零售企业普遍的现实。在连锁百强企业中，仅有 16 家企业为单一业态经营，其他均为多业态经营。值得注意的是，多业态营运在内资零售商较普遍，外资零售商通常较专注发展个别业态。在连锁零售百强中，

① 中国连锁经营协会：《2009～2010 年连锁零售企业经营状况分析报告》，2010 年 5 月。

② 中国连锁经营协会：《2009～2010 年连锁零售企业经营状况分析报告》，2010 年 5 月。

③ 中国连锁经营协会：《2009～2010 年连锁零售企业经营状况分析报告》，2010 年 5 月。

大连大商、武汉中百集团、武汉武商集团、百联集团都采取多业态的营运模式，许多零售商都同时经营包括超市、百货店、专业店、便利店在内的多种业态。并不鲜见的事实是，国内零售商也在境内从事诸如代理、贸易、物流、房地产等业务。相反，外资零售商趋于在中国境内采取更加集中的业态。例如，特易购、家乐福和沃尔玛主要在中国经营大卖场，7～11则主要集中于便利店业务。见表2。

表2　连锁零售20强的业态（2009年）

排名	零售商	注册地	在中国的主要业态
1	苏宁电器	中　国	电子专业店
2	国美电器	中　国	电子专业店
3	百联集团	中　国	超市、百货店、专业店、购物中心、便利店
4	大连大商	中　国	百货店、购物中心、大卖场、超市、专业店
5	华润万家	中　国	大卖场、超市、便利店
6	大润发	中国台湾	大卖场、超市、便利店、购物中心
7	家乐福	法　国	大卖场
8	安徽徽商	中　国	超市、百货店、专业店
9	沃尔玛	美　国	大卖场、购物中心
10	物美	中　国	大卖场、超市
11	重庆商社	中　国	百货店、便利店、超市、购物中心、专业店
12	新合作商贸	中　国	超市
13	百胜餐饮	美　国	餐饮
14	农工商	中　国	超市、便利店
15	百思买电器	美　国	电子专业店
16	山东商业集团	中　国	大卖场、超市
17	合肥百货大楼	中　国	百货、超市、电子专业店
18	新一佳超市	中　国	超市、百货店、品牌奥特莱斯
19	武汉中百	中　国	大卖场、超市、百货店、电子专业店
20	好又多	中国台湾	大卖场

资料来源：中国连锁经营协会。

（二）特许经营规模扩大

根据中国连锁经营协会的资料，2009年中国特许经营连锁120强零售企业共经营店铺116779个，其中加盟店94789个，120强企业平均拥有店铺973个，比2008年增长15%。加盟店占企业总店铺的81%，比2008年增加2个百分点。2009 年中国特许经营连锁 120 强的销售规模达到 4086 亿元①，其中加盟店销售规模为 1155 亿元。单店平均销售额为 267 万元，比 2008 年减少 23 万元。2009 年的中国特许经营连锁 120 强提供的就业岗位达到 82.5 万个，比 2008 年增长 10%。

120 家百强企业来自 58 个细分的行业和业态，比 2008 年新增业态 13 个，主要集中在零售和服务类，零售业新增了冷鲜肉、文具、玩具、户外用品、化妆品、眼镜等品类的专卖店，服务类新增部分包括广告器材、图文制作、广告制作等商务服务项目以及电子便民服务、车胎销售与服务、养生养颜和美容美体等。生产企业通过导入特许经营优化分销管道以及商务服务项目连锁化水平的提高，为特许经营市场注入新的活力，这已成为 2009 年特许经营发展的新亮点。见图 9。

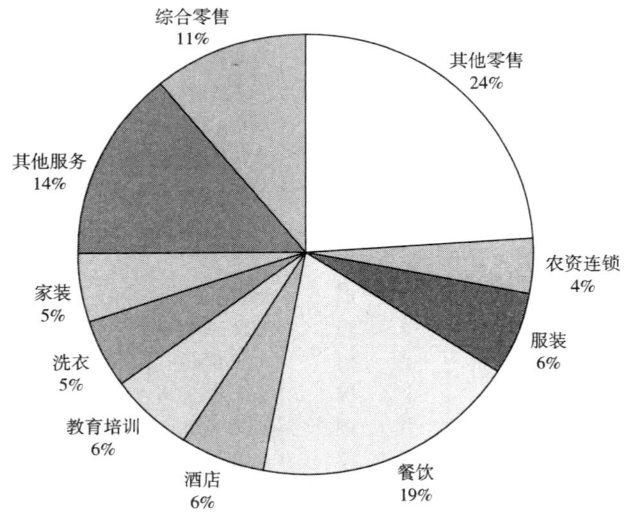

图 9　2009 年中国特许经营 120 强的行业分布

资料来源：中国连锁经营协会：《2009 中国特许经营连锁 120 强调查报告》，2010 年 4 月 16 日。

由图 10 可见，百强中的专业零售、连锁酒店、教育培训类企业店铺数量增长较快，综合零售和餐饮类企业发展速度相对缓慢。但就营业额而言，连锁酒

① 中国连锁经营协会：《2009 中国特许经营连锁 120 强调查报告》，2010 年 4 月 16 日。

店、洗衣服务、其他服务的增长较快，服装、农资连锁的发展速度相对缓慢，特许家装行业无论营业额还是店铺数量都呈现明显的下降。

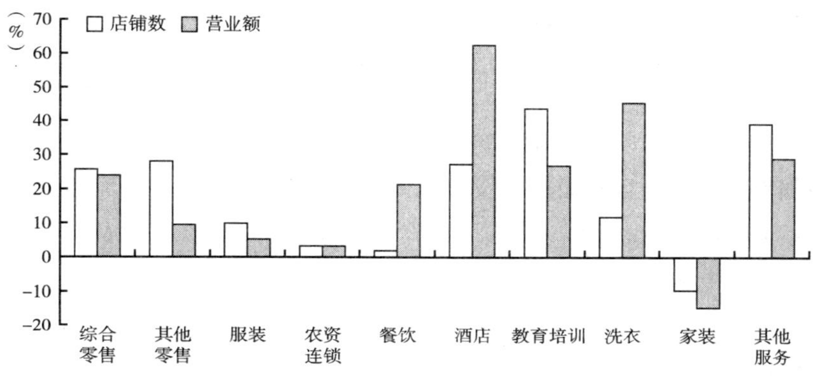

图10　2009年中国特许经营120强的增长

资料来源：中国连锁经营协会：《2009中国特许经营连锁120强调查报告》，2010年4月16日。

（三）社区店发展迅速

随着中国零售市场日渐成熟及细化，社区店开始受到消费者的关注。社区店介于食品超市、便利店之间，比大卖场更靠近居民住宅区，也比标准超市和便利店更具低价优势。在全国各地的大卖场及连锁超市等业态发展趋于饱和的状态下，零售商逐渐关注社区店，推动了社区店的迅速发展。

国内普遍把面积在500平方米以下的便利店和3000～4000平方米的综合超市统一称为社区便利店。社区便利店经营主要以食品、日常用品为主，其中60%以上为食品，例如北京的超市发、京客隆等。另外也会为居民提供其他多元化服务，例如天津津工超市开展收电话费、代收电费的业务，顾客到津工超市所交话费和电费总数，现已占据天津市银联系统总电费的60%以上。除了交罚款、买彩票、买电、信用卡等服务项目外，津工在2010年主推100个火车票代购点，并试图将代收煤气、暖气、水费，代购船、飞机票，代办保险，代订书报等纳入服务范围。

沃尔玛也在中国开展社区便利店“惠选”，规模介于标准超市和便利店之间，主要在社区设店，并运用后台采购优势压低价格。在沃尔玛之前，TESCO

也开设了“TESCO EXPRESS”（“乐购快捷店”），看重社区客源，强调生鲜食品和日用品的低价销售。

（四）农超对接获得重视

目前，TESCO、家乐福、沃尔玛、物美、京客隆等零售商开设以“农超对接”的模式，跨过中间商直接从农村采购生鲜农产品。传统的采购模式下，农产品在零售商出售一般要通过供货商、批发市场等中间商，中间经过四五个环节，这不但增加商品成本，也不利于对产品中间环节的监控。“农超对接”将农民的农产品从专业合作社直接与大型连锁超市、农产品流通企业对接，促进连锁企业产业链的延伸和农产品供应链的整合。农超对接的好处不仅降低成本、优化供应链，而且零售商可以利用自身在市场信息、管理等方面的优势，参与农业生产、加工、流通的全过程，为农业生产提供技术、物流配送、信息咨询、产品销售等一整套服务，直接参与农产品生产过程的监控和管理。目前超市一般对直采产品免收进场费和促销费，结款周期也从40天缩短至7~15天。这一行动有可能让超市的赢利模式由收取进场费为主变为以自主经营、以商品周转和销售毛利为主。

在农超对接的基本流程上，很多零售巨头开始自建农场生产自有品牌蔬菜，把管控范围扩展到农田选种环节。2010年，英国最大零售商TESCO集团与厦门如意集团合作，在厦门开发的3000亩自有农场，是TESCO目前在中国最大的自有农场，也是TESCO在华南首家自有农场，未来将为其华东地区的42家大卖场和8家试验阶段的便捷店供货；京客隆也在河北省固安县建立了8000余亩的订单生产蔬菜基地，从种植、配送到销售都由京客隆全程管理。

（五）网络零售高速增长

2010年中国网络零售市场呈现了高速增长态势，全年交易总额达4980亿元[①]，同比增长89.4%，网络购物交易规模占社会消费品零售总额的比重攀升至3.2%。网络渗透率达到30.8%，超过全球平均数。根据商务部《关于促进网络购物健康发展的指导意见》，政府提出力争到“十二五”期末网络购物交易额达到我国社会消费品零售总额的5%。在政府的大力支持下，中国的网络零售市场

① 艾瑞咨询：《2010年中国网络购物年度数据发布》，2011年1月18日。

的发展将会更加迅速。

很多传统零售商已尝试开展网络零售，根据连锁经营协会的统计，2009年连锁百强中已有31家开展了网络零售业务，见表3。其中苏宁易购、王府井百货劲购网、利群商城等也尝试以电子商务进行多渠道营销。

表3 国内部分传统零售商开办网络零售业务的网站名单（截至2010年5月底）

	公司简称	网店名	网 址
1	苏宁电器	苏宁易购	http://www.suning.cn
2	国美电器	国美电器网上商城	http://www.gome.com.cn/
3	百联集团	百联E城	http://www.blemall.com/
4	家乐福	家乐福在线商城	http://e-shop.carrefour.com.cn/cn/index.do
5	金鹰商贸集团	时尚金鹰网	http://www.goodee.cn/eshop/
6	王府井集团	劲购网	http://www.goonow.com
7	大商集团	大商网上商城	http://www.66buy.cn/
8	迪信通	迪信通商城	http://www.dixintong.com/
9	欧尚(中国)	欧尚网购	http://www.auchan.com.cn/
10	成都伊藤洋华堂	伊藤洋华堂网络超市	http://shop.iy-cd.com/
11	宏图三胞	宏图三胞网上商城	http://www.pcarm.com/
12	北京西单友谊集团	西单igo5	http://www.igo5.com/
13	天虹商场	网上天虹	http://www.myrainbow.cn/
14	银泰百货	银泰百货网上购物	http://www.intime.com.cn:8000/shop/
15	农工商	便利通商城	http://www.chblt.com/
16	广百股份有限公司	网上广百	http://eshop.grandbuy.com.cn/index.jsp
17	宁波三江	三江购物网	http://www.sanjiang.com
18	利群集团	利群商城	http://www.liqunshop.com/
19	友谊阿波罗	商虎网	http://www.9448.net/jrdshop/
20	中百集团	中百网	http://www.zon100.com/
21	北京翠微大厦	翠微百货网上奥特莱斯	http://cwjt.com/
22	青岛维客	点点网	http://www.weeklydd.com
23	中央商场	中央商场	http://www.njzysc.com/shop.php
24	话机世界数码连锁	手机世界	http://www.3chot.com
25	文峰大世界	文峰大世界网上商城	http://www.wfdsj.com.cn/shop
26	全福元商业集团	全福元商业集团	http://www.sgbhdl.com:8080/ehdshop
27	哈尔滨中央红	哈尔滨中央商城	http://www.zysc.com/
28	石家庄北国人百	如意购物	http://www.ruyigou.cn/
29	邯郸市阳光百货	阳光百货购物街区	http://www.hdyg.com/gwjq.do?o=toGwjq
30	沃尔玛	山姆会员网上商店	http://www.samsclub.cn/sams/homepage.jsp
31	广州友谊集团	广州友谊商店	http://www.cgzfs.com/e-shop.html

资料来源：中国连锁经营协会。

尽管在消费者订货方式、产品展示形式、营销手段、物流形式等方面，网络零售与传统零售相比有所不同，但传统零售的一些基本环节和传统因素，如采购、物流、售后服务等仍然是网络零售不可缺少的环节。物流和仓储是电子商务业的重要支撑，同时也可能成为这个行业的瓶颈。物流可以分为自建物流和与第三方物流公司合作。自建物流的好处在于有利于培育一体化的网商及其自有物流品牌，同时，自建物流可以在企业的核心区域，不断优化客户体验；另一方面，与第三方物流公司合作，是电子商务企业较自建物流更经济的选择，所以也有很多电子商务企业会选择与第三方物流公司合作。

传统零售商在开展网络零售业务的时候，还存在技术水准及营销经验不足、专业团队欠缺、业务方向定位不清等方面的问题。一些传统零售商没有投放足够的资源在网络零售，仅仅是把网络零售业务交给信息部门来做，在网站推广、商品展示和促销、顾客服务细节等方面也未能适应网络零售与传统零售的差异，对网络零售业务的发展定位不清楚。为解决上述问题，鼓励传统零售商更好地开展网络零售业务，首先要明确一个事实，即网络零售虽然发展很快，但不可能取代实体店，美国网络零售排名前10位的零售企业中过半数是实体连锁企业运营的B2C网站，网络零售与实体店之间并不是完全替代的关系。其次，在充分调研的基础上，循序渐进地推进网络零售，在初期的周密调研的基础上，采取谨慎的步骤开展网络零售业务。再次，充分重视现有资源的利用，传统零售商的优势就在于其掌握的重要资源，如门店网络、供货商资源、商品数据、消费者数据等，而开展网络零售业务，最重要的是后台资源利用率的最大化，如商品数据、消费者数据、呼叫中心等，现有资源是传统零售商顺利开展网络零售业务的优势所在。

（六）新型商业形态蓬勃发展：城市综合体、奥特莱斯

1. 城市综合体

城市综合体，英文为HOPSCA，是酒店（Hotel）、写字楼（Office）、公园（Park）、购物中心（Shopping mall）、会议中心（Convention）、公寓（Apartment）等首个英文字母的缩写。所谓“城市综合体”是将城市中的商业、办公、居住、旅店、展览、餐饮、会议、文娱和交通等城市生活空间的三项以上进行组合，并在各部分间建立一种相互依存、相互帮助的能动关系，从而形成一个多功能、高效率的综合体，以一种功能为主、多种功能配套的多功能、高效率

建筑群落，往往被称为“城中之城”。大型城市综合体适合经济发达的大都会和经济发达城市，在功能选择上要根据城市经济特点有所侧重，一般来说，酒店功能或者写字楼与购物中心功能是最基本的组合。城市综合体的发展与商业地产的发展需求密不可分，在一线城市如北京、上海、广州的发展尤其迅速。商业和商务需求的迅速增加，是以商业为主的城市综合体迅速成长的重要因素之一。目前，中国的城市综合体数量逐渐增多，城市综合体建设规模相对比较集中，集聚规模呈向城市两端发展的趋势。目前的城市综合体基本上以商业功能和写字楼功能为主导功能，多功能组合多以写字楼、商业和公寓多功能复合体为主，文化休闲功能开始由配套功能转为综合体的主导功能。

城市综合体按照城市功能可以划分为CBD区域内城市综合体、CBD商业综合体、CBD文化综合体、CBD外延型综合体，各自的代表是北京的大连万达广场、北京世贸天街、北京蓝色港湾、北京华贸中心。按照区域所在的位置不同，又可以划分为城市副中心综合体、城市区域中心综合体、社区功能商业综合体，各自的代表是北京的国瑞城和来福士、北京石景山万达广场和龙德广场、上海大拇指广场。

城市综合体的布局和功能组合，关键是在于购物中心的安排，即购物中心在城市综合体中的规模和布局以及购物中心本身的招商业态的安排。一般而言，要在购物中心立项前期就有主力店招商。因此，城市综合体的前期开发可以参考SPACE模式（见下文），吸引商业地产综合服务商参与商业地产的整体开发和运营，在实际操作方面可以参考比较成功的万达、蓝色港湾、国瑞城等模式。

2. 奥特莱斯（Outlets）

奥特莱斯（Outlets）是以售卖库存货和折扣货为主的大型购物中心，中国的奥特莱斯基本都是走厂家直销与折扣相结合的道路，大致具有品牌度高、折扣低、停车场大等三个特点。目前，中国的奥特莱斯主要有北京赛特奥特莱斯、北京燕莎奥特莱斯、北京活力东方奥特莱斯、上海青浦奥特莱斯、上海美兰湖奥特莱斯、杭州休博园奥特莱斯、杭州百联奥特莱斯、张家港香港城奥特莱斯、苏州奥特莱斯、南通奥特莱斯、合肥凯斯茂奥特莱斯、青岛康城奥特莱斯、郑州康城奥特莱斯等，奥特莱斯已然成为商业新业态的流行趋势。

目前国内的奥特莱斯与国外相比存在较大的差距。奥特莱斯的本意是欧美国家处理过季、库存商品的下水道，基本是一至两折，是真正意义上的名品折扣店。相比之下，中国目前将奥特莱斯的本意曲解，不仅价格高至商品原价的四至五折，而且经营不规范，许多商品并不是真正意义上的名牌商品。国内的奥特莱斯缺乏一线品牌。在国外，耐克和阿玛尼等品牌厂商甚至会专门为奥特莱斯生产一批停产的货品供其折扣销售，目前，这部分商品已经占到了国外奥特莱斯销量的相当比重，并成为其充足的进货来源保证。而国内的众多奥特莱斯只能引进一些二线品牌，这些二线品牌的产品，在市区的商场或专卖店经常会有打折活动。没有顶级品牌的奥特莱斯自然无法吸引消费者。

为解决上述问题，规范国内奥特莱斯的运营，可以考虑从以下几方面入手。首先，规范现有奥特莱斯的运营，规定只有具体品牌列表的商品才可以进入奥特莱斯，打击假冒伪劣产品。其次，可以与国外品牌厂商协商，争取国外品牌厂商专门为中国消费者生产一线品牌的商品，可以是国外停产的货品，也可以是专门针对中国消费者的一线商品。另外，可以考虑开辟在线奥特莱斯（Online Outlets），并将名牌的范围扩展至国内外的名牌产品，不局限于世界名牌，开发专业奥特莱斯网站，鼓励用户通过搜索方式选择产品，配套方便快捷的支付方式、快速的物流投递和高效的仓库管理，鼓励顾客在线购买奥特莱斯产品。

（七）专业商业地产综合服务商冒起，有助改善商业地产项目营运

目前，国内的商业地产运营模式并不成熟，大致可分为出售、租售并存、只租不售三种模式。由于商业地产“总价高、利润率及开发风险较高、投资回收期长”等特点，有能力全额购买商业地产的投资者不多，随着商业地产的逐步发展，单纯的出售模式开始不再适应商业地产的发展，更多的商业地产企业选择“部分持有，部分销售”这一租售并存的模式。“只租不售，单一业权”模式的最大优势，在于物业管理比较规范，入驻企业在扩展的时候无须多方接洽，只需要直接与单一业权的发展商处理即可，省却了与多个业主商讨的麻烦，这一模式最符合国际化观念的商业地产开发模式。碍于商业地产企业的资金实力有限，目前中国国内这种模式并不多见。针对上述三种商业地产营运模式各自存在局限的状况，专业商业地产服务商的出现将有助于改善商业地产项目的运营，本文重点介绍一种目前较为成功的SPACE商业地产综合服务商模式。

SPACE是一家2003年在香港成立的将自身定义为商业地产综合服务商的企业，所谓的商业地产综合服务商是指为开发商提供从前期土地评估、定位，到中

期筹备开业、招商，再到后期运营管理的一揽子服务。SPACE以自身的国际背景及专业能力为众多品牌地产商打造并创造了商业地产项目的新价值，并与SOHO中国、远洋地产、金隅集团、华润置地、中粮集团、正大集团、华侨城集团等开发商建立了长期稳定的合作关系。通过不断整合各种资源，SPACE已成长为目前国内商业地产领域最全面、最综合性的国际化商业运营机构。

SPACE成功地操盘北京大悦城的招商工作，2007年中粮集团把西单大悦城整体规划、硬件设施的改造以及招商运营都交给了SPACE。SPACE作为衔接品牌商与商业地产的"中间人"，为商业地产引入更多的品牌，引入品牌的多寡以及质量决定商业地产在消费者心中的地位。以西单大悦城为例，SPACE在6个月内共吸引了234个品牌入驻，其中46个品牌首次进入北京市场，包括日本日用杂货品牌"无印良品"、法国化妆品商店"丝芙兰"等北京消费者期待的品牌。沿袭这一思路，西单大悦城之后，SPACE依然是北京创新品牌的引领者，在朝阳大悦城，SPACE成功吸引到美国休闲品牌GAP。2010年8月，SPACE携手首都机场地产集团有限公司成功开发的首地大峡谷正式营业，定位于时尚、家庭消费，是集百货、餐饮、娱乐、影院、超市等多种业态的大型商业综合体，引入了家乐福、GAP、H&M、星巴克和屈臣氏等众多国内外知名品牌以及北京南城首家5星级影城保利影院。

（八）零售商为缓解成本上涨的压力而转型求变，例如业态细分、海外直采等

零售行业成本近年来不断上升，为中国零售商带来压力。劳动力成本的上升、原材料价格的上涨、大宗商品价格上涨同样推动了零售商成本的整体上涨。根据中国连锁经营协会的资料，2009年中国零售业人力成本、租金、其他成本大幅上涨，人工、水电和房租三大固定成本中，租金所占比重最大，上升压力也最大，目前已占到销售额的4%左右。[①] 零售行业成本上涨推动了行业整合的进度，对议价能力较强的大型零售商较为有利。

事实上，零售行业成本的上升也促使零售企业加快革新，许多零售企业采取

① 郭戈平：《挖掘多元零售时代新价值源》，在第十二届中国连锁业会议上的发言，中国连锁经营协会，2010年11月6日。

了一系列措施改善营运效率。本土企业在巩固原有市场份额的基础上，纷纷转型求变。包括苏果超市、物美、北国股份、超市发等多家零售商均开始进军高端超市，拓展新的赢利空间。一些零售商开始试水海外直采，例如2010年4月，武汉中百与韩国农水产物流通公社签订协议，不通过经销商直接进入超市销售生鲜、酒、休闲食品、化妆品、清洁用品等10大类2000种商品。上海联华也开拓了欧盟的采购管道，把国外的商品生产厂家邀请到上海与店长进行面对面对接，对选择好的商品进行买断，随后出国直采。在直采已成趋势的今天，一些零售企业的采购步伐正从内陆迈向台湾地区并跨向海外。

（九）城市化推动中国零售业发展，高铁及城际轻轨影响零售商布局

城市化将带动三、四线城市零售业的发展，进而改变我国零售市场的整体发展格局，改变目前广大的三、四线城市以及农村市场的零售业态体系相当不完善、大部分尚处于由传统业态向现代零售业态过渡阶段的局面。

我国零售业态发展存在地区性不平衡，目前北京、上海等一线城市的零售业态已经十分丰富，且数量众多，竞争异常激烈；较为发达的二线城市目前也已经基本形成了完善的零售业态体系。但是在我国广大的三、四线城市以及农村市场，零售业态体系相当不完善，大部分尚处于由传统、落后的业态向现代零售业态过渡阶段。

2009年中央经济工作会议提出，要促进大中小城市和小城镇协调发展，着力提高城镇综合承载能力，发挥好城市对农村的辐射带动作用，壮大县域经济，推进城镇化。随着城镇化下移政策的推进，中国城市化的空间结构也即将进入由紧密型走向分散型、由单一中心走向多中心的转折期。城市人口规模膨胀，居民消费有巨大的增长潜力。

高速铁路及城际轻轨的发展使到二、三线城市的交通更方便。预计未来20年将会有更多大城市在中国出现，推动中国整体经济发展以及提升消费市场的格局。随着向二、三线城市物流运输改善及居民的消费档次提高，国际品牌也将积极向二、三线城市市场扩张，从而带动国内外消费品零售的地区分布格局的优化。越来越多的零售企业将把业务迁至内陆地区，惠及中西部省份的经济，这不仅影响零售企业自身的业务分布格局，同时也会带动零售企业物流体系的升级，如零售连锁店配送中心的选址可以向内陆地区延伸。一方面，大型零售商可以凭

借其资金和规模优势，进入三、四线城市，取代规模较小的个体零售商，改善中国零售业整体的地区发展格局。例如银泰百货扩展到武汉、咸宁、鄂州；武汉中商则扩展到三线城市。另一方面，在政府政策的刺激下，中国的农村经济发展迅速。不过很多零售商对进入农村市场仍然谨慎。农村面积覆盖太广而分散、物流发展尚未完善、消费模式的不同、消费能力仍然较城市低等都是一些零售商在进入农村市场需要面对的挑战。

（十）零供关系广受关注

根据上海商情—供应商满意度测评办公室的《2010年供货商满意度调查》报告显示，2010年供货商对零售企业的整体满意度有所下降，其中超市、便利店以及折扣店的满意度下降最多，原因为各种费用的增加及销售的萎缩。这份报告的调查结果显示，零售企业进场费的问题还未得到根本解决。为了保持自己在价格上的竞争优势，零售商不仅常常向供货商要促销，而且还向供货商压价，导致零供关系紧张。2010年，家乐福跟康师傅、联华跟卡夫的零供纠纷，引起广泛关注。

针对供零关系紧张的局面，2006年，商务部等5部委共同出台了《零售商供货商公平交易管理办法》，要求零售商取消进场费等费用，实现零售商和供货商的公平交易。然而，愈来愈多零售企业也明白，长期与供货商紧张的关系不利于可持续发展。有大型零售商开始改变过去的做法，更有百货店标榜“零租金、零扣率、7天一结账”的经营模式吸引供货商。北京纯本便属一例。该百货直接面对厂家，避免传统模式中多环节的流通现状，从运营层面解决在传统百货商场存在高额扣率（25%～50%不等）及漫长收账期（45天至9个月不等）等问题，并计划于2015年前在全国主要城市开设48家百货商场。虽然此经营模式的成效尚有待观察，但这反映零供关系问题开始获得部分企业正视。事实上，也有不少零售企业希望改变以往的赢利模式，更多地谋求与供应商合作，提高供应链效率，创造新的利润来源。

（十一）零售商纷推低碳策略

哥本哈根气候会议使得“低碳”概念开始被普通百姓所熟悉，目前包括沃尔玛、家乐福在内的全球零售业巨头也开始频频打出低碳概念。众所周知，零售业在全世界范围都是排碳大户，有数据称这类企业能耗约占总成本的两成左右。

实施“节能减排”是大型零售企业在低碳经营趋势下普遍采取的策略。

2010年4月，通过对商务部“零售业节能行动”试点城市的86家百货、大型超市等企业调查发现，经历三年的“零售业节能行动”试点，零售业节能减排工作取得了阶段性成效，零售企业节能效益明显。

2010年9月，商务部首次发布《2010年中国零售业节能环保绿皮书》，全面总结现阶段我国零售业节能环保工作的现状，认为零售业未来节能环保发展呈现六个趋势①：综合节能新技术，提高能源效率，降低单位能源成本，打造绿色零售企业；充分挖掘门店的低碳发展空间，创建低碳超市、零碳超市；努力带动上游供货商的低碳化发展，帮助零售企业拓展更大的低碳空间；发挥零售业的窗口作用，担当社会责任，向消费者宣传绿色低碳的消费理念；开展废弃物的减量化与资源化，实现资源的循环利用；建立更有效地降低采购成本和流通费用水平的绿色物流中心等。

（十二）零售商开展自有品牌

零售自有品牌产品销售，利用自身品牌优势，与制造商、供货商直接对接，提高企业利润率。自有品牌商品令零售商进货时省去许多中间环节，有效降低交易费用和流通成本，制造商亦不必支付商品进场费和广告费，降低商品销售成本价格。据了解，目前欧美零售自有品牌产品销售额已达到大型零售商商品销售总额的30%～40%。中国在这方面正处于起步阶段，自有品牌商品占比仅在3%～5%左右。

三　关于“十二五”零售业发展的展望

零售业经历“十一五”的稳定增长，在未来的“十二五”期间将继续保持稳定增长，零售业态的划分将更加精细，呈现百花齐放的局面。

（一）零售业整体规模持续增长

按照“十一五”期间零售业的增长速度，未来五年内，零售业整体规模将继续扩大，预计至2015年全社会消费品零售总额达到273635亿元，年均

---

① 中国连锁经营协会：《“绿色零售”挖掘低碳经济发展新空间》，2010年9月7日。

增长16.9%[①]；连锁百强的销售总额达到 30720 亿元，年均增长 17.7%[②]，连锁百强的销售额占全社会消费品零售总额的比例达到 11.2%。

（二）零售业的地区差距将继续扩大

零售业的城乡差距将进一步扩大。按照"十一五"期间城市零售额和县及县以下零售额的增长速度，未来五年内，零售业的城乡差距将继续扩大。预计至 2015 年，城市零售额的年均增长率达到 17.22%，占全社会消费品零售总额的比例达到 89.8%。县及县以下零售额的年均增长率达到 16.16%，占全社会消费品零售总额的比例达到 10.2%。事实上，随着中国城市化进程的不断加快，零售额的城乡差距扩大也是一个必然的趋势。

二、三线城市的零售额增长将继续快于一线城市。按照"十一五"期间中国连锁经营协会统计的一线城市与二、三线城市零售额的增长速度计算，未来五年内，一线城市连锁百强零售额的年均增长率为 16.82%，二、三线城市连锁百强零售额的年均增长率为 18.91%。

（三）零售业态百花齐放

随着零售业态分类标准的改进，零售业态的划分将更加精细，零售业将呈现多业态共存、百花齐放的局面。网络零售、奥特莱斯等多个零售业态将同时存在，现有的许多零售业态也将继续细化，例如超市划分为超级市场、大卖场、生鲜超市、快速消费品超市等。

（四）零售企业单体规模扩大

随着并购、重组活动的频繁进行，零售企业的单体规模将逐步扩大。一些有实力的零售企业将会在合适的时机选择收购或者兼并竞争对手，扩大自身的规模，巩固已有的市场地位，争取更大的市场份额。并购、重组活动的进行将有助于加剧行业内的竞争，驱使行业内企业在竞争压力下切实提高单体竞争力，从而带动行业整体竞争水平的提高。

---

① 年均增长率根据 2005～2009 年全社会消费品零售总额的增长率计算。

② 年均增长率根据 2005～2009 年连锁百强的销售总额的增长率计算。

B.5

中国百货店自营、联营问题分析

孟 晔*

摘 要： 本文首先概述了近两年来中国百货业发展状况，接着探讨了自营、联营、出租和代销四种中国百货店主要经营方式的差异，着重对中国百货店自营、联营问题的产生和凸显进行了成因剖析，提炼总结了各界对这个问题的不同见解，最后对中国百货店在自营、联营方面的发展趋势给予简要分析和初步判断。

关键词： 百货业 自营 联营

一 近两年来中国百货业发展状况

在这一部分，我们将概述近两年来中国百货业的发展状况，以便为理解中国百货店自营、联营争论提供背景资料。

（一）规模情况

2008 年中国百货商业协会 204 家企业实现销售额 4016 亿元，比 2007 年增长了 16.9%，主营利润 29.7 亿元，比上年增加了 16.1%。2009 年中国百货商业协会对下属 60 家企业进行抽样统计（基本上属于百货行业骨干企业，销售规模 10 亿元以上的占到了 50%），数据显示共实现销售额 2007.6 亿元，比 2008 年增长 19.5%，增速比 2008 年提高了 3.8 个百分点，平均每家企业销售额在 33.5 亿元左右。百货店门店数量不断增加，行业从业人数不断上升。①

* 孟晔，中国社会科学院财政与贸易经济研究所信息服务与电子商务研究室副主任，副研究员，博士。

① 资料引自中国百货商业协会《2009 年度中国百货行业发展报告》。

（二）赢利情况

2008 年中国百货商业协会 204 家企业平均利润率为 7.2%，比 2007 年下降 1.3 个百分点。106 家年利润超过 1000 万元的企业，销售利润率为 7.3%，下降 1.5 个百分点。整个主营业务利润增长 15.5%，增速下滑 6.2 个百分点。①

从上市公司业绩来看，行业经营状况整体向好。2009 年国内多家百货零售企业上市公司的净利润同比上升，或者实现了扭亏为盈，如新华百货、合肥百货等。也有些百货公司受金融危机影响，业绩不佳。②

（三）结构情况

地区发展水平差别较大。同中西部相比，东部发达城市百货业竞争水平高，优势百货企业大多集中在这一地区。

资本运作使得中国百货业大规模并购不断发生，仅 2009 年就涉及 50 家企业。如重庆百货收购新世纪获得批准、合肥百货收购安徽百大乐普生商厦、广百收购新大新、杭州解百收购元华等。③

中国百货商业协会抽样统计的 60 家企业中，2009 年销售规模前 5 位同 2008 年相比，构成不变仅有次序调整，而后 55 位位次变化较为剧烈。

此外，中国百货企业连锁水平不断发展，物流体系逐步完善，电子商务交易也得到了积极探索。如广百“2009 年在延续高速增长的基础上，加大连锁战略布点力度，签下省内外包括惠州时代广场、成都富力天汇 MALL 主力店等在内的六个门店，新增经营面积超过 15 万平方米，全年销售规模 64.50 亿元，同比增长 9.67%；利润达 2.24 亿元，年度综合业绩创历史新高”。④ 王府井百货积极开拓网购业务，2008 年旗下的双安百货、广州王府井和长沙王府井等已经开始网购业务，2009 年王府井百货实现销售收入 4326 万元，未来预计启动集团层面的网购业务。⑤

---

① 资料引自中国百货商业协会《2009 年度中国百货行业发展报告》。

② 资料引自中国百货商业协会《2009 年度中国百货行业发展报告》。

③ 参见《盘点 2009 年中国零售业重要并购事件》，中国流通研究网，http：//www.zgliutong.com。

④ 参见《广州零售巨头广百股份借助资本力量飞跃》，2011 年 1 月 27 日《羊城晚报》。

⑤ 参见李锋《王府井百货将整体切入网购业务》，2011 年 1 月 18 日《北京商报》。

二　对百货店自营、联营的概念

理解中国百货店的自营、联营之争，首先要明晰概念，形成一致性认识。

根据国内学者的研究①，自营、联营同出租柜台、代销一起构成了中国百货店经营的四种主要方式。从中国百货业近30年来的发展历程看，不同时期由于经营环境差异较大，各种方式在业内的地位也有所不同。这几种方式的区别主要在于百货店与供应商（制造商或代理商）之间在商品所有权以及经营权责方面的不同。

（一）自营

百货店采取自营方式，就要先买断供应商（制造商或代理商）的商品，因而在售出之前具有商品的完全所有权。商品在自己的店铺中进行零售，费用自己承担，利润归己所有。购销差价是主要的利润来源。

（二）联营

百货店采取联营方式，在整个经营过程中，百货店不具有商品的所有权。百货店与供应商（制造商或代理商）之间，按照合同约定，承担不同的经营职能。供应商（制造商或代理商）负责商品的销售，而百货店一般会为供应商（制造商或代理商）在自己的店铺中提供经营场地，以及相应的如促销活动、店面布置、环境卫生、安全保障、进店商品监督、统一导购、统一收银等多个环节的服务。作为回报，供应商需要向百货店缴纳联营扣点。

（三）出租

百货店采取出租方式，在整个经营过程中，百货店不具有商品所有权，一般也不对租户的商品进行经营方面的管理工作，而只是通过出租柜台或铺面的方式来提供经营场地，并收取相应租金或报酬作为收益。

（四）代销

百货店采取代销的方式，在整个经营过程中，百货店不具有商品的所有权。

---

① 资料引用及参考李飞《中国百货店：联营，还是自营》，《富基商业评论》2010年第1期。

百货店只是接受供应商（制造商或代理商）的委托，在自己的店铺中为其零售商品，通过收取一定代理费的方式获得收入，商品销售本身的盈亏与代理费关系不大。

此外，中国百货店还通过名目繁多的通道费、年终销售返点、应付款及预收款等方式获得额外的收益。

三　中国百货店自营、联营问题的产生和凸显

2009 年以来，中国百货业的一个焦点话题是中国百货店的自营与联营问题，无论是关注中国零售业的专家、学者，还是中国百货企业的经营管理人员，以及相关政府部门的官员，对此都表现出极大的关注。

从商务部主持召开的零售业经营管理现场会、中国连锁业会议、中国零售论坛，再到中国百货业高峰论坛，乃至地方行业协会、咨询机构，对这一问题均给予足够的重视，掀起了一场讨论的热潮。

在这一时点，中国百货店自营与联营的问题产生和凸显出来，主要原因还在于宏观经济环境的变化、政策取向的变化以中国百货企业发展阶段的变化，多种因素导致了不同主体对扩大中国百货店自营比例的需求，具体来看有以下三个方面。

（一）来自中国外贸企业的需求

首当其冲的是宏观经济环境的变化，尤其是考虑近两年来国际金融危机对中国外贸企业带来的实质冲击。尽管近期中国经济复苏较快，进出口总量也有一定程度的回升，但经历了生存挑战的中国外贸企业，除积极恢复原有的出口生意外，也在努力加强对国内市场的销售，以避免未来市场波动可能带来的风险。而开拓国内市场并非易事，摆在这些企业面前的突出困难是内销渠道不畅、内销经验缺乏。

在消费品领域，为顺利进入国内市场，它们的目标之一就是成功打入知名百货店。尽管它们的产品比较成熟，但是其独立运作的品牌在国内的知名度并不高。而且必须接受的现实是绝大多数的中国百货店（据业内专家估计在 80% 以上）都采取了联营的方式。相对于百货企业，尤其是国内知名的连锁百货企业，

这些外贸企业显然处于弱势地位。它们与百货店联营就必须缴纳高额的费用，并在存货等方面承担更大的经营风险，从中短期来看经济效益不会太好。而如果百货店采取自营的方式或扩大自营的比例，买断这些企业的产品，显然这些企业面临的风险会更小，从中短期来看经济效益也更好。因此传统外贸企业在开拓内销渠道的过程中，希望百货店采取自营方式或扩大自营比例的呼声最为高涨。这种现象是对产业链上游企业需求的一种传导。

（二）来自政府部门的需求

政府部门对于百货店开展自营也有着强烈的诉求。这可能主要是基于如下两方面的考虑。

一是政府部门对中国百货业在扩大居民消费方面能力的看重。这次国际金融危机对中国国民经济造成了实质性影响。作为应对措施，中国政府部门在重视扩大生产的同时，也开始关注居民消费需求的释放，出台了一系列鼓励消费的政策措施。百货业作为零售业主要的形态之一，更是政府部门在推进政策措施时所倚重的行业。政府部门迫切希望中国的百货企业能加速创新，进一步扩大销售规模，促进居民消费整体性的增长。但是目前由于绝大多数百货店都采取了联营的方式，知名品牌商品的供应商（制造商、代理商）在经营中与百货店相比更有主导权。政府部门的相关政策难以通过百货企业得到顺利的贯彻和实施，帮助外贸企业开拓内销市场的措施也很难经由这一渠道得到落实。只有更多的百货企业采取自营的方式或扩大自营的比例，掌握了更多的经营主动权，政府的政策目标才能有效达成。

二是政府部门对中国百货业产业安全的关注。中国零售业全面对外开放以来，直接面对众多国际巨头的竞争。在某些业态如大卖场等，国际上主要的零售巨头已经完成了在中国国内的全面布局，形成了相当程度的市场势力，国内企业则处于下风。流通渠道控制权的旁落，势必影响产业链上游制造业的发展，影响中国国民经济发展的全局。虽然目前来看中国百货企业经营稳定，发展态势良好，但在采取联营方式后它们的综合经营能力有所下降，相当程度上失去了商品定价权，开拓创新的激励不足。因此如果国际百货业巨头凭借强大的经济实力及品牌优势进一步抢滩掠地，中国百货业是否会重蹈某些业态的覆辙也很难说。

可能出于以上两个方面的考虑，政府部门对中国百货店采取自营还是联营的方式颇为关注。

（三）来自百货企业的需求

对于采取自营还是联营方式，中国百货企业有着不同的看法。有一部分百货企业的高层管理人员，在经营业绩良好的形势下居安思危，希望在目前联营主导的局面下，逐渐开拓自营的新路。

这主要是基于对产业竞争格局的认识。中国现有的百货企业在连锁之路上越走越远，范围在逐步扩大，从业人员迅速增加。其他投资团体如地产商、游资等也进入了百货业，力求获得良好的回报。如果再考虑到国际百货业巨头的进一步深入，乃至中国电子商务交易的狂飙突进，中国百货业的竞争水平呈现出逐渐提高的趋势。是任由供应商牵制，还是探索自营方式夺回主导权，一直是一些百货企业高层管理人员思考的问题。目前采用联营方式的中国百货企业收益较为稳定，风险较小，因此在向自营转向的过程中仍存在很大的惰性。

根据上面的分析，很显然，如果就百货业谈百货店的自营、联营问题，而忽视了来自外贸企业、政府部门的诉求，并不能反映需求的全貌，也难以看清未来的走势。

四　中国百货店自营、联营问题的争论

对于中国百货店是自营还是联营，在学界、企业界以及政府部门间，一直存在着争论。既有赞成自营的一派，也有认为存在即合理赞成联营的一派，而更多的是平衡两种论调的中间派别。

比较有代表性的有以下几个方面的观点。

学者李飞[①]认为百货店采取自营还是联营需要从必要性分析入手，结合考察百货店的自身能力，才能最终确定是采用自营还是联营的模式。在必要性方面，从消费者、供应商以及百货店的角度出发，分析自营与联营的优劣。在消费者方

① 参见李飞《中国百货店：联营，还是自营》，《富基商业评论》2010 年第 1 期。

面，认为联营与商品同质化无关、与商品价格高低无关、与服务质量高低无关。在供应商方面，认为供应商应分为成熟品牌供应商及新品牌供应商两类，前者显然在联营的过程中，由于自身存在优势不用承担过多的费用及风险，而后者则需要为市场开拓付出代价，即使在自营条件下也是如此。同时货款延付的问题也主要取决于供应商与百货店的力量对比，而与采取何种方式无关。在百货店方面，联营条件下其品牌管理、经营运作同样具有技术含量，而不能简单被等同于出租及“食利者”。联营存在更是受到政府政策、消费需求和供求关系的影响。并且从形成机制上要综合考虑百货店与供应商的力量对比、百货店的实施能力及政策环境等多方面综合考量。

对此，我们认为除了应从现实情况分析中国百货店采取自营还是联营方式外，还应考虑整个产业的长期演进，除了考虑百货店与供应商的力量对比外，还应考虑百货店之间、供应商之间竞争格局的变化，只有这样才更为全面。

学者陈立平①通过国际比较，特别是对日本百货业由盛而衰历史的回顾，痛陈了联营的“食利者”模式，带给日本百货业长期发展的巨大隐患。比如造成了商品同质化，只能进行价格战；对供应商的加价转嫁到消费者身上；联营造成百货商经营能力和创新意识的严重衰退等。因而从产业动态发展的角度，力主我国百货企业回归到自营为主的模式，注重商品差异化和打造企业的供应链，以加强企业竞争力。

对此，我们认为应充分考虑中国百货店的现实以及在探索自营过程中可能存在的风险，从前几年热炒的“零供关系”上，认识中国百货店采用自营方式的困难。

学者吴小丁②追溯百货店发展的本源，从百货商店强调“部门管理”、“服务能力集约”以及战略营销体系的形成改变方面，质疑联营模式的合理性。

对此，我们认为应从业态之间竞争的角度，重新审视百货店的经营特色，以及采用何种方式更有利于这种特色的体现。

中国百货业内的管理人士如百盛集团刘敬锻③认为，自营、联营方式的选

---

① 参见陈立平《百货店联营模式难挑重担》，《上海商业》2009年第10期。

② 参见吴小丁《百货店联营模式令人担忧》，《吉林大学社会科学学报》2008年第9期。

③ 参见《富基商业评论》2010年第1期。

择，是由历史演变即供求关系变化而决定的，百货店在与品牌商的博弈中，选择了最适合的方式，因而其存在具有一定的合理性。而百货店联营后，其经营能力仍能在一些公共管理环节得以体现。赛特集团池洋①认为百货店和品牌商就市场定位应达成一致，树立为消费者服务的共同目标，并加强了解和沟通，就可以在联营模式下实现双赢。

他们的观点代表了一部分外商控制的百货企业的意见，我们认为这可能与这些百货企业在国内业已形成的优势地位密不可分，而百货店自营、联营问题还应从中国百货业发展的全局着眼。

而当代商城金玉华②认为，面对激烈的市场竞争，联营模式显示出一些弊端，如赢利能力下降、经营能力退化、服务品牌难以打造、恶性竞争及资源浪费等。因此应扩大自营比例、尝试开发自有品牌。

这种观点代表了一部分意图提高竞争力的百货企业的思路，反映了其居安思危的意识。

国外学者如张忠等③指出，商品的替代性、各国百货业竞争程度上的差别等因素可以在一定程度上解释各国百货业自营、联营比例的巨大差异。

这方面的研究考虑了商品特性等具体因素，提出了研究这一问题的新思路。

政府部门的官员，如商务部姜增伟副部长提出零售业“经营者的精力要转移，扩大自身经营商品的比重，那才是真本事，要大大提高自身经营比重，要提高到50%、60%、70%、80%，那才是本事”。④

全国政协委员、前商务部部长助理黄海⑤指出长期联营“百货店没有竞争力”。

从大多数的中央政府部门来看，从政策性角度出发，对中国百货店采取自营方式或扩大自营比例给予厚望。而有些地方政府部门，从局部利益出发对现有的百货店联营方式抱支持态度。

---

① 《商务部负责人“搞活流通促进消费”集体采访》，中国网，http://www.lianghui.org.cn/。

② 《商务部负责人“搞活流通促进消费”集体采访》，中国网，http://www.lianghui.org.cn/。

③ 参见张忠等《“店中店”模式的经济诱因》，沃顿知识在线中文版，http://www.knowledgeatwharton.com.cn。

④ 参见《商务部负责人“搞活流通促进消费”集体采访》，中国网，http://www.lianghui.org.cn/。

⑤ 参见《富基商业评论》2010年第1期。

五　中国百货店自营、联营趋势分析

基于近年来中国百货业的发展现状，考虑不同主体在中国百货店自营、联营问题上的诉求，我们从以下几个方面对未来几年内这一方面的趋势进行了初步的分析和判断。

（一）联营与自营并存

一般认为，未来几年内，联营与自营方式将并存。优势地位的品牌供应商（制造商、代理商）从自身利益出发，注重对终端的控制和对消费者信息的及时捕捉，注重定价权的控制，同时为了获取更大的收益，将继续采用联营的方式。随着国外供应商对中国消费能力的认识和看重，新进入品牌也可能同自营的百货店合作，低成本进入国内市场。品牌供应量的增加是自营方式采用的良好条件。

优势地位的百货店将继续对弱势的供应商采取联营方式，以获得稳定收益。对于经过一定时间的市场检验的新兴品牌商品，特别是外贸企业转内销的产品，由于利润空间较大，也有可能采取买断自营的方式。

近年来，中国的百货企业扩张速度很快，连锁经营的能力也在逐步增强，这也有利于提高其在开展自营时同优势品牌之间的议价能力。

（二）关注中档品牌商品与中档百货店

对于商品品牌来讲，可以划分为高档品牌、中档品牌和低档品牌三个档次。因为中国不同区域、不同阶层的居民消费能力有所不同，因此可以划分更多的档次，区分需求差异。

对于百货店来讲，也可以在高端百货店和大众百货店的基础上，细分为高端百货店、中档百货店和低档百货店。毕竟高端百货店门槛高，其市场容量也有限。

对于百货企业对商品品牌和百货店档次的选择问题，我们可以使用经济学理论中的长滩模型（Hotelling 模型）来进行分析。从品牌上看，中档品牌有可能吸引收入偏高和偏低两端的消费者，而不是局限于其中一部分，因此厂家提供中档品牌的动力更高，市面上的中档品牌供应也更多。从百货店档次来看，企业开中档百货店可能吸引收入偏高和偏低的消费者，而不是局限于一极，因此相对来讲

会有更多的中档百货店。

那么很显然，中档品牌商品和中档百货店应引起我们的重视。从这个角度看，中档品牌商品的市场风险不高，中档百货店更多从经营效益出发，也不必受高档品牌制约而拘泥于联营方式。因此从趋势来看，百货店开展自营的可行性还是比较大的。如果有率先尝试扩大自营比例并取得初步成功的企业，其示范效应会很强，从而在整个业内扩大百货店自营方式的比例。

（三）关注百货店之间、供应商之间的竞争

当前对于中国百货店自营、联营的争论，不论是偏向哪一端，抑或持调和论，其出发点更多关注于百货店与供应商之间的利益纷争，这也是近些年来在考虑“零供关系”时的关注点。

随着对“零供关系”矛盾的深入剖析，我们同业界的一些人士一样，认为百货店之间、供应商之间的竞争才是更为深层次的矛盾。

目前，中国百货店之间同质竞争较为严重，为了吸引客流，均全力引进知名品牌，常年开展各种形式的促销活动，明显增加了经营成本。向优势品牌商品的供应商妥协，就要提供各种优惠条件，乃至提供装修费等。供应商中的某些代理商市场势力非常强，控制着多个畅销品牌，失去与这些代理商的合作，将在某些商品品类的竞争中处于极为不利的地位。百货店与这类强势品牌代理的冲突屡见不鲜。

与此同时，相对弱势的品牌供应商为进入百货店销售的主渠道，纷纷向百货店让步。百货店就将增加的成本通过多种方式转嫁给相对弱势的供应商，在这些供应商经营状况不佳的情况下，双方的矛盾也是一触即发。

百货店采用联营方式时时受到“零供关系”恶化的威胁。①

因此一些百货店可能在未来几年内探索自营模式或者逐步扩大自营比例。

（四）百货店与其他业态的竞争

随着信息技术的进步和商业模式的创新，零售业的创新也层出不穷。百货店

---

① 如丹尼斯百货与供应商百丽之争，晨曦百货与供应商琮意盛世之争。参见：程国平：《百丽再次撤柜丹尼斯　涉多个一线品牌》，2009 年 4 月 20 日《郑州晚报》；白森森：《晨曦百货与供应商对簿公堂　零供矛盾活火山爆发》，2009 年 7 月 8 日《北京商报》。

正面临着专业店、折扣店乃至网上购物的挑战，对于百货店来讲必须直面这种来自其他业态的竞争。

与前些年相比，供应商（制造商、代理商）越来越多地采用了多渠道销售的策略，认识到新业态的挑战。某些供应商意识到这种商业趋势的重要性，并不回避各渠道之间的竞争，不局限于通过百货店联营的单一渠道进行经营，考虑多渠道综合销量和收益的增长，不惧怕百货店销售渠道的销量和利润下降。

对于这种挑战，中国的百货店显然应对不足。而采用自营的方式、定制自有品牌产品、买断某些品牌的某个系列、提供个性化的商品组合等就成为各百货店需要认真考虑的应对措施。

在业态竞争日益成为现实的情况下，一些锐意进取的中国百货店将在自营领域开展全新的尝试。

（五）百货店经营方式的惯性

从历史眼光看问题，尽管目前成功的百货店采用联营方式，收入稳定，风险较小，但根据我们上文分析，这也导致百货店经营能力下降、创新意识不强。在面临竞争水平日益提高、消费者个性需求增强的消费倾向变化趋势下，尝试扩大自营比例，也许是不得不采取的措施。

尽管如此，我们也应充分认识百货店经营方式的惯性。特别是一些外商经营的百货店，他们由于资金雄厚，与知名品牌有着良好的关系，因而有着很大的既得利益，因此改变的可能性很小。其他百货店在目前这种局面下，如果不调整市场定位，而一味追随这些百货企业，也多半会由于惯性，固守联营模式，而在自营的探索中踯躅不前。

（六）政府政策的扶持

从上文的分析中，我们能理解政府部门鼓励百货店采用自营方式或扩大自营比例的初衷。为了达到其预想的政策目标，政府会对进行探索的企业给予相应的支持。比如自有品牌开发带动上游制造企业的生产、促进外贸企业内销，进而在扩大就业、扩大居民消费等方面有所贡献的百货企业将有可能获得相关政策的扶持。

参考文献

中国百货商业协会：《2009 年度中国百货行业发展报告》。

《富基商业评论》2010 年第 1 期。

陈立平：《百货店联营模式难挑重担》，《上海商业》2009 年第 10 期。

吴小丁：《百货店联营模式令人担忧》，《吉林大学社会科学学报》2008 年第 9 期。

张忠等：《“店中店”模式的经济诱因》，沃顿知识在线中文版，http：//www.knowledgeatwharton.com.cn。

《商务部负责人“搞活流通促进消费”集体采访》，中国网，http：//www.lianghui.org.cn/。

《广州零售巨头广百股份借助资本力量飞跃》，2011 年 1 月 27 日《羊城晚报》。

李锋：《王府井百货将整体切入网购业务》，2011 年 1 月 18 日《北京商报》。

程国平：《百丽再次撤柜丹尼斯　涉多个一线品牌》，2009 年 4 月 20 日《郑州晚报》。

白森森：《晨曦百货与供应商对簿公堂　零供矛盾活火山爆发》，2009 年 7 月 8 日《北京商报》。

B.6
中国餐饮产业2010年回顾与2011年展望

赵京桥*

摘　要：本文从2010年中国餐饮产业运行分析、2010年中国餐饮产业运行特点、2010年中国餐饮产业与资本市场、2010年中国餐饮业年度热点事件回顾、中国餐饮业2011年发展趋势五个部分来介绍分析中国餐饮产业的发展，全面介绍了2010年中国餐饮产业的总体运行、月度运行、区域比较以及百强企业经营情况，对2010年的产业发展特点进行归纳并分析了中国餐饮产业与资本市场的合作，最后对“十二五”餐饮产业发展趋势作出预测分析。

关键词：加速增长　标准　“十二五”

一　2010年中国餐饮产业运行分析

（一）产业总体运行

2010年是中国面临国内外经济形势最为复杂的一年。尽管如此，刺激消费、扩大内需这一宏观政策导向并没有发生动摇。餐饮产业作为刺激消费、扩大内需的重要支撑产业之一，在2010年依旧保持了较快速度的增长态势，总量继续扩

---

* 赵京桥，现为中国社会科学院财政与贸易经济研究所信息服务与电子商务研究室研究人员，并担任服务经济与餐饮产业研究中心信息部主任。主要关注我国餐饮产业的发展，连续5年参与了中国烹饪协会《中国餐饮产业运行报告》的编写。多次参与中国社会科学院重大课题、商务部重点课题，获得中国社会科学院信息奖、中国商业联合会商业科技进步奖等学术奖励和荣誉。

大。2010年1～11月份，全国餐饮业零售总额高达15913.6亿元[①]，同比名义增长率为18%，但剔除同期CPI影响，实际增长率约为14.3%。在经济形势最为复杂的2010年，餐饮业尽管实际增长速度不如2009年，但在通货膨胀压力下，却止住了2009年第二季度出现的实际增长放缓趋势，全年预计稳定在14.3%左右，依然是国内消费和国民经济增长的稳定因素之一（见图1和图2）。

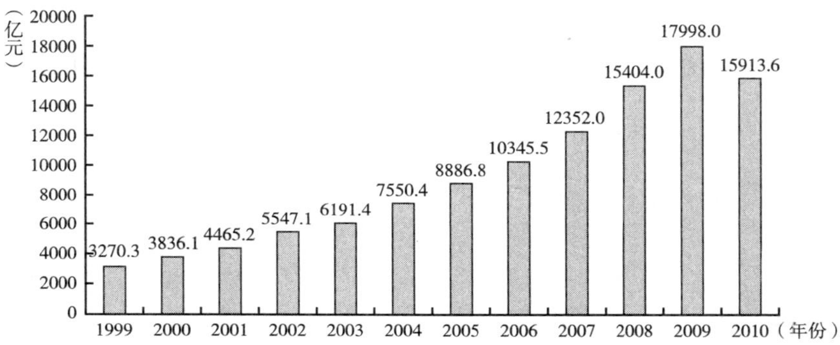

图1 中国住宿与餐饮业零售总额：1999～2010年

注：2009年之前（包括2009年）数据为住宿与餐饮业零售总额。2010年1～11月份数据为餐饮业统计数据。

资料来源：国家统计局 http：//www. stats. gov. cn/。

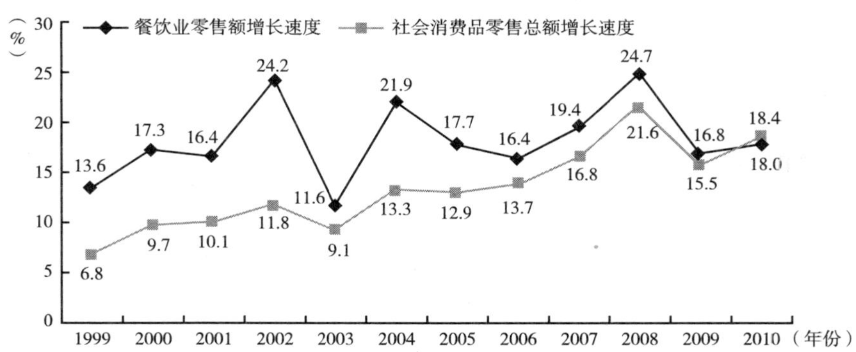

图2 中国社会消费品零售总额和住宿与餐饮业零售总额增长速度：1999～2010年

注：2009年之前（包括2009年）数据为住宿与餐饮业零售总额增长速度。2010年1～11月份数据为餐饮业增长速度。

资料来源：国家统计局 http：//www. stats. gov. cn/。

① 资料来源：国家统计局。由于国家统计局对社会消费品零售总额按消费形态分类的标准发生变化，2010年数据为餐饮收入，不包含住宿。

仅从名义增长速度来看，2010 年 1～11 月餐饮业零售总额同比增长速度达到 18%，低于同期社会消费品零售总额同比 18.4% 的增长速度，是自 1999 年以来首次低于社会消费品零售总额的增长。

从相对规模来看，餐饮业前三季度零售额占 GDP 比重虽然并没有像 2009 年那样大幅提升，但依然延续着增加的势头，达到 4.7%，比 2009 年上升了 0.05 个百分点（如图 3 所示）。而 2010 年前三季度餐饮业零售总额占社会消费品零售总额的比重比 2009 年同期下降 0.6 个百分点（见图 4），是 1999 年以来首次下

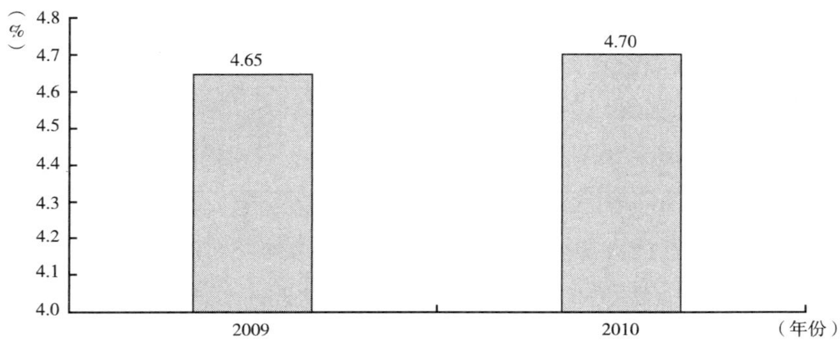

图 3　餐饮业零售总额占中国 GDP 比例

注：2009 年和 2010 年数据为前三季度餐饮业收入数据。
资料来源：国家统计局 http：//www. stats. gov. cn/。

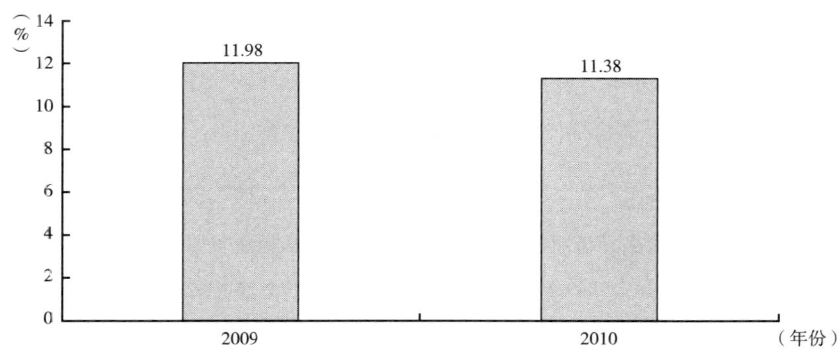

图 4　餐饮业零售总额占社会消费品零售总额比例

注：2009 年和 2010 年数据为前三季度餐饮业收入数据。
资料来源：国家统计局 http：//www. stats. gov. cn/。

降，但随着第四季度餐饮产业增长速度重新高于社会消费品零售总额，2010年全年比重有可能与2009年持平。

（二）月度运行分析

从2010年餐饮业零售额月度增长速度来看，1~11月份月度同比增长速度总体呈现上升趋势（如图5和图6）。尽管2010年居民消费价格呈上升的趋势，从7月份开始维持在3%以上，10月和11月分别突破4%和5%，具较大通胀压力（如图7），但月度实际增长速度呈稳中有升的趋势。细分来看，1月与2月同比增长速度的剧烈波动，很大程度上是由于节日因素的存在：2009年的春节在1月份，造成了2009年1月份餐饮业零售总额基数高，2010年1月的同比增长速度低，实际增长率只有12%；而2010年的春节在2月份，刺激了大量餐饮需求，所以同比增长速度大幅增加，实际增长达到了18.9%。从3月份开始，餐饮业零售总额增长速度呈现逐步上升趋势，并在2010年7月，餐饮零售额增长速度重新超过社会消费品零售总额，在8月和9月继续保持速度的领先。10月和11月增长速度依然领先于社零总额，但在物价和宏观政策影响下，实际增速有所放缓。

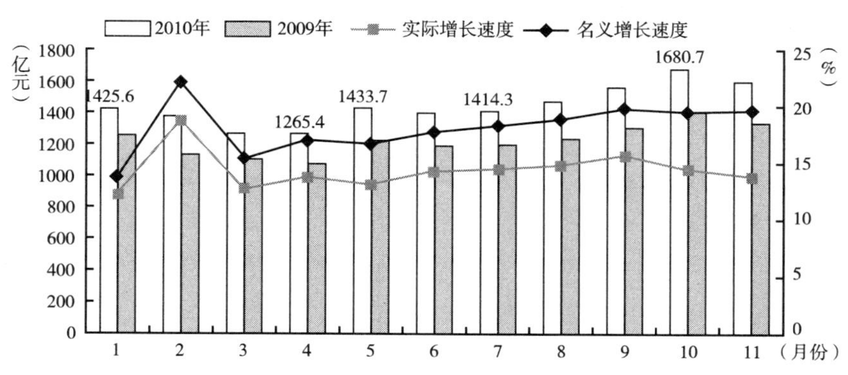

图5 餐饮业月度零售总额，2010年1~11月

资料来源：国家统计局 http：//www. stats. gov. cn/。

从月度餐饮零售额来看，4月份为全年最低点，只有1265.4亿元，而10月份为前11个月最高，达到1680.7亿元（见图8）。根据趋势判断，12月份有望超过10月份零售额，成为全年最高月份。从2009~2010年的月度零售额变化趋势来看，在总体趋势保持快速发展的同时，餐饮业月度零售额变化趋势基本类

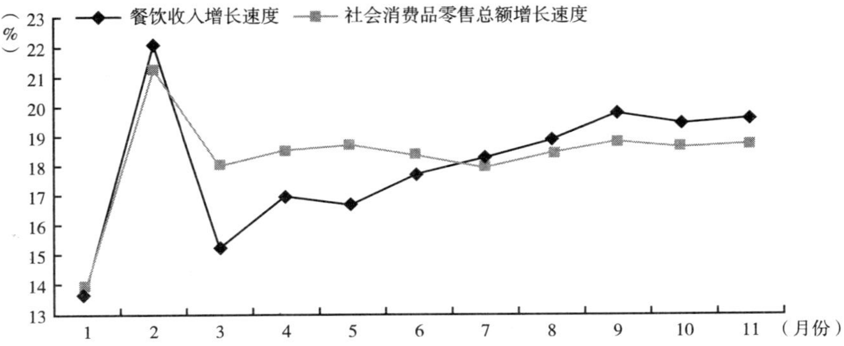

图6 餐饮业与社会消费品零售总额月度增长速度，2010 年 1～11 月

资料来源：国家统计局 http：//www. stats. gov. cn/。

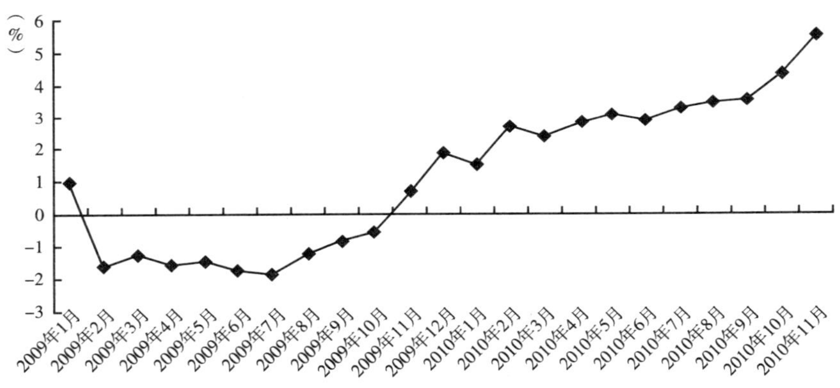

图7 2009～2010 年 11 月居民消费价格增长速度

资料来源：国家统计局 http：//www. stats. gov. cn/。

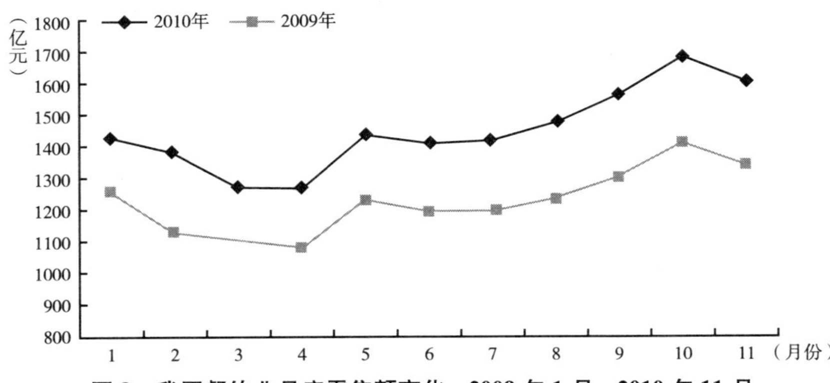

图8 我国餐饮业月度零售额变化：2009 年 1 月～2010 年 11 月

资料来源：国家统计局 http：//www. stats. gov. cn/。

似：1月份开始呈现下降趋势，直至5月份反弹后继续回调至7月份，8月、9月和10月在暑期、黄金周等因素的刺激下零售额逐步回升，11月份小幅调整后，12月和次年1月迅速攀升至高点。

（三）区域运行比较

东部地区的餐饮业增速低于全国水平，但规模依然全国领先（全国前十省份见表1）。包括北京、上海、天津、广东、福建、浙江、江苏、山东、河北、海南在内的10个东部省市[①] 2010年前三季度餐饮业零售总额合计约为6330亿元，约占全国餐饮业零售总额的50%，同比平均增长速度16.8%，低于于全国平均水平；东北三省，以及中西部地区的餐饮消费增长速度加快，尤其是东北地区，平均增长速度达到24.3%，辽宁省以30%的增长速度位居全国第一，以可比价格计算，增长速度也达到近27%，四川、吉林、湖南、安徽、青海等省都保持了20%以上的增长速度。

表1　全国餐饮零售额前十省份

1	广东省	6	浙江省
2	山东省	7	辽宁省
3	江苏省	8	湖北省
4	四川省	9	河北省
5	河南省	10	湖南省

资料来源：根据各省统计公报整理。

从各省市餐饮业发展情况来看，广东省依然是餐饮消费最大的省份，2010年前三季度餐饮业零售总额达1384.69亿元，同比增长13.7%，山东、江苏、四川分别以1073.2亿元、917.17亿元和665.32亿元位居2到4位。以发展速度来说，辽宁省是2010年全国餐饮业增长最快的省份，2010年前三季度的零售额同比增长高达30%；其次是青海省，前三季度同比增长24.40%，比2009年增长速度大幅提高，这其中有灾后重建的因素影响。北京、上海、浙江、广东、福建等经济

① 国家统计局划分的东部地区包括北京、天津、河北、辽宁、上海、江苏、浙江、福建、山东、广东、广西、海南12个省、自治区、直辖市，本文把辽宁归入东北三省，广西纳入西部区域，剩下10个省市为东部地区。

发达省市的餐饮业增速低于全国平均水平。值得注意的是，云南省餐饮业发展速度经历了剧烈波动，2009 年在政府政策支持下，以 27.9% 的增长速度位居全国第一，而 2010 年前三季度，云南省餐饮业零售额增长速度只有 13%，按可比价格计算，实际增长速度只有 8.9%，远远低于云南省社会消费品零售总额的增长速度。

（四）2009 年餐饮百强运行①

2009 年，中国餐饮百强企业（见附录 1）销售额达到 1249.73 亿元（如图 9），与 2008 年中国餐饮百强企业销售额相比大幅提高了 20.5%（见图 10），占全国餐饮业零售额的 6.94%（见图 11），比重比 2008 年提高了 0.32 个百分点。与 2008 年度餐饮百强企业相比，2009 年度有 32 家企业首次进入百强排行榜。2008 年，百强企业中销售额超过 10 亿元的餐饮企业个数为 26 家（见图 12），比 2008 年增加了 7 家。

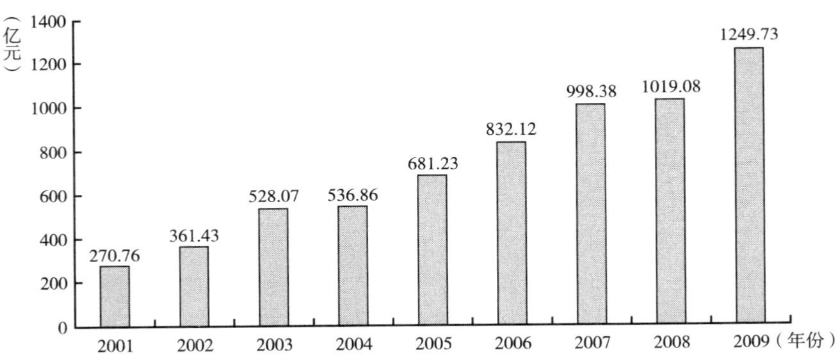

图 9　中国餐饮百强销售总额：2001～2009 年

资料来源：作者根据中国烹饪协会、中华全国商业信息中心 2001～2009 年的餐饮百强调查数据整理绘制。

2009 年前十强餐饮企业销售额达到了 633.61 亿元，比 2008 年前十强增加了 19%，除了十强榜单中的原有 8 家公司自身业绩增长因素外，香港美心食品有限公司、天津顶巧餐饮服务咨询有限公司（顶新国际集团旗下公司）进入十强榜单也是销售额大幅增长的重要原因，尽管十强的销售额大幅增长，但占百强销售总额比重下降了近 2 个百分点，为 50.7%。

① 中国餐饮百强数据是中国烹饪协会与中国商业联合会、中华商业信息中心联合采用问卷调查的方式对中国 500 多家大型餐饮企业进行调查得出。

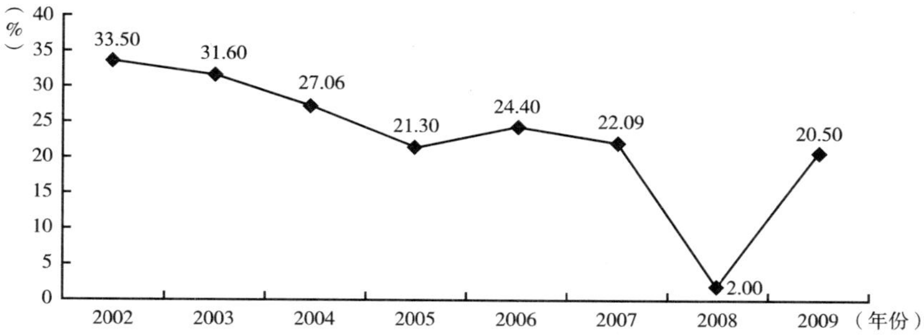

图 10　中国餐饮百强销售总额同比增长速度：2001～2009 年

资料来源：作者根据中国烹饪协会、中华全国商业信息中心 2001～2009 年的餐饮百强调查数据整理绘制。

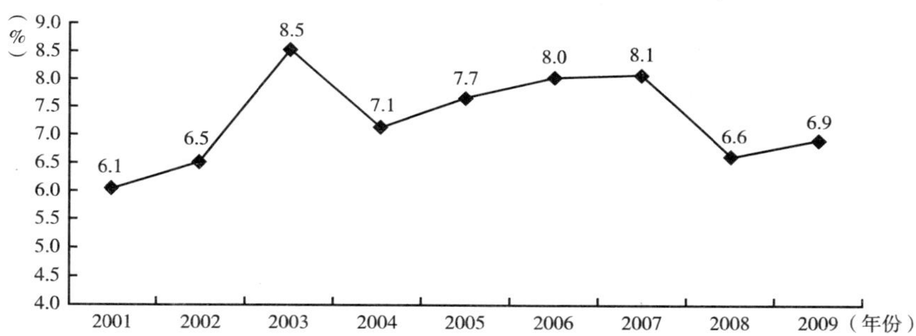

图 11　中国餐饮百强销售总额占全国餐饮销售总额比重：2001～2009 年

资料来源：作者根据中国烹饪协会、中华全国商业信息中心 2001～2009 年的餐饮百强调查数据整理绘制。

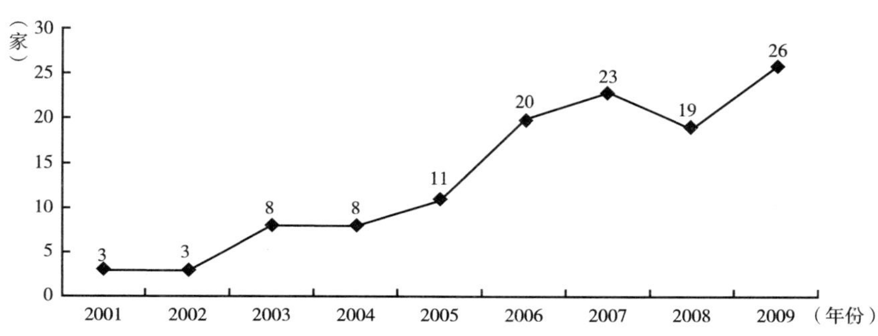

图 12　中国餐饮百强销售总额超 10 亿元家数：2001～2009 年

资料来源：作者根据中国烹饪协会、中华全国商业信息中心 2001～2009 年的餐饮百强调查数据整理绘制。

总体来看，2009 年百强企业榜单的竞争更加激烈，大型餐饮企业在走出金融危机阴影后，开始走上了快速增长道路，尤其是火锅、快餐、休闲餐饮等连锁经营餐饮企业表现得尤为突出。

二　2010 年中国餐饮产业运行特点

对以上产业运行数据以及产业实际运行进行分析，可以总结出 2010 年中国餐饮产业运行的主要特点。

（一）实际增速趋稳

始于 2009 上半年的实际增长速度放缓趋势在 2010 年得到了遏制。从 2010 年第二季度开始，餐饮零售额的实际增长速度开始稳步回升，并在 7 月份重新超过了社会消费品零售总额的增长速度。尽管 2010 年 10 月和 11 月，由于受物价过快上涨和宏观调控的影响，实际增速放缓，但并不影响 2010 年实际增速稳定在 14.3% 。

餐饮业零售额增长放缓的趋势能够在 2010 年得到遏制，主要有以下三个方面因素的推动。

第一，扩大内需依然是 2010 年宏观经济政策的重要主题。尽管 2010 年下半年经济预期放缓，但社会消费品零售总额保持着高速增长。

第二，在城市化成为经济增长、扩大内需的主要动力的背景下，餐饮业成为城市化进程中的最大收益产业之一。一方面，包括北京、上海、浙江、广东在内的发达地区的餐饮业尽管增速低于全国平均水平，但也高于 GDP 的增长速度，而且发达地区的餐饮业通过连锁经营的方式向全国其他地区扩张，成为推动餐饮业发展的重要投资主体；另一方面，东北三省、中西部地区由于餐饮业发展基数低，在其城市化进程中，餐饮业具有很大的增长潜力。

第三，餐饮业经历金融危机的冲击后，结构调整、优胜劣汰已初见成效。一方面，适合城市大众消费群体的快餐、火锅、休闲餐饮等业态快速发展，大众化餐饮继续受到投资者和消费者的偏好；另一方面，餐饮企业不断提升其现代化管理能力，服务创新、品牌建设、信息化、产业链整合、连锁经营等越来越受到餐

饮企业的重视，而不具备这些竞争力的餐饮企业逐步被淘汰出市场。2009 年餐饮业法人企业数量比 2008 年减少了 1829 家，连锁餐饮总店数量也比 2008 年减少了 27 家（如图 13 和图 14）。

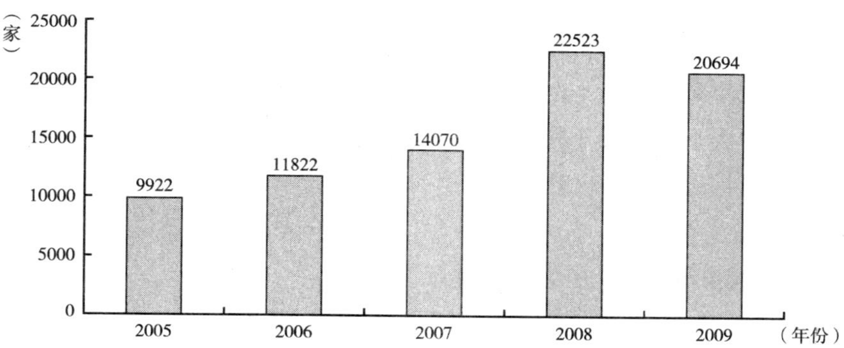

图 13　餐饮业法人企业数量，2005～2009 年

资料来源：《中国统计年鉴 2010》，国家统计局。

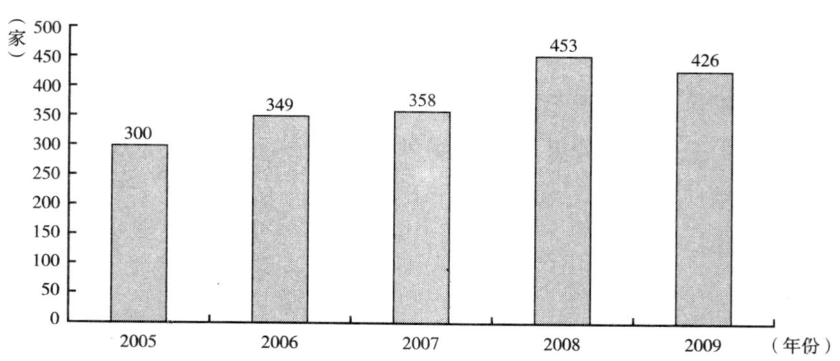

图 14　连锁餐饮企业总店数量，2005～2009 年

资料来源：《中国统计年鉴 2010》，国家统计局。

（二）成本压力逐渐加大

餐饮业的成本压力逐渐加大，主要来自以下四个方面。

1. 劳务成本不断加大

劳务成本是餐饮企业最主要的成本负担。劳务成本上升压力最近几年来一直存在。在2010年凸显的严重用工荒，很多餐饮企业不得不提高工资来吸引务工人员，使得餐饮企业劳务成本压力骤然上升，而且劳务成本上升不仅仅包括工资及其他保险、养老金等现金支出，还包括大量的培训成本。

2. 租金成本处于上升趋势

租金成本是餐饮企业除劳务成本之外最大的营业成本。商业地产的租金上升并没有像住宅市场的价格一样快，但是处于长期上升通道中。随着住宅市场的严格调控，一些大型房地产开发商已经开始转向开发商业地产，很多投资和投机资金也开始关注商业地产，这可能会加速商业地产价格的上升，间接地加快商业地产租金的上升。

3. 水、电和燃气成本压力不断增大

水电成本压力主要体现在两个方面，一方面，由于水、电、燃气等资源价格正处于上升阶段；另一方面，很多省市餐饮业的用水、用电和燃气费用与商业用水、用电同价，而无法享受与工业用水、用电同价的优惠。

4. 原材料成本处于上升趋势

仅从食品价格指数来看，从1月份的3.7%一路攀升至11月份的11.7%（见图15），高于CPI涨幅，原材料成本上升压力非常大。尽管在2007年和2008年已经经历过物价上涨带来的成本压力，并通过涨价或者减量的方式减轻了物价上涨的压力，但在经济形势更复杂的2010年四个方面的成本压力下，餐饮企业不得不更努力地应对。

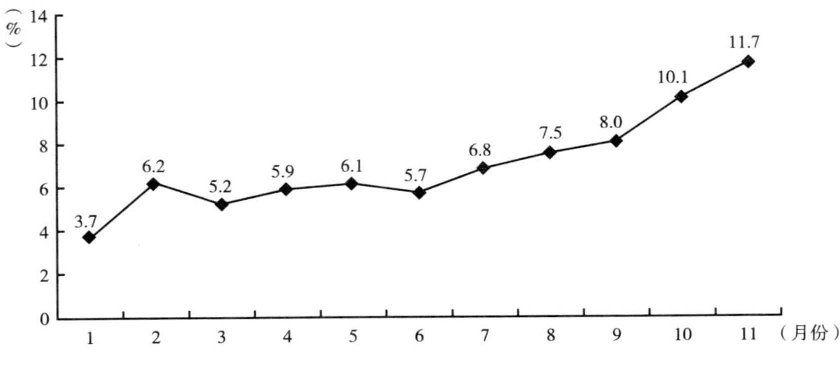

图15 2010年居民食品价格指数月度变化

资料来源：国家统计局 http://www.stats.gov.cn/。

（三）餐饮业对外交流更加深入和频繁

中华美食是中华悠久历史文明和灿烂文化的缩影和重要组成部分。

随着中国在全球经济地位的提升，特别是金融危机后，中国成为全球关注的焦点，而同时对于中餐的关注也提到了新的高度。

在2008年，奥运会曾是中华美食对外交流的重要窗口；在2010年，餐饮的对外交流更加深入和频繁，主要体现在以下三个方面。

1. 上海世博会的美食交流

为期半年的上海世界博览会是全球美食交流最好的平台之一，而对于东道主中国来说，更是全面展示中华美食的好机会。为了集中展示中国饮食文化的魅力，上海世博会组织者特开设中华美食街，邀请33家代表全国33个省区市经典美食的餐饮企业向全球游客提供餐饮服务，展示中华美食，包括全聚德、狗不理、五芳斋、知味观、得月楼等中华老字号也都亮相世博会。此外，以真功夫、大娘水饺、永和豆浆等为代表的中式快餐企业，以俏江南、巴国布衣等为代表的现代中式正餐企业也都纷纷在世博会上向全球展示各自的美食。

2. 广州亚运会的美食交流

2010年11月12日开幕的广州亚运会是中国2010年举办的又一盛会，同时也是亚洲美食交流的重要平台。

以上两个盛会所带动的美食交流不仅仅是在会场内，更广泛的交流在于场外的对城市美食的体验。

3. 中国美食节亮相巴黎

由世界中国烹饪联合会和中国烹饪协会主办的“中国美食节”于2010年10月13~22日在法国巴黎举行，并获得成功。在世界中国烹饪联合会会长、中国烹饪协会常务副会长杨柳的带领下，中国餐饮业代表团在巴黎举行了中华美食推广活动，在联合国教科文组织总部展示了中华美食，并与法国餐饮界及法国中餐业界展开了一系列交流活动。

除了以上通过大型活动、节日进行交流外，中外餐饮业内人士之间的互访也更加频繁，中国本土餐饮企业也逐步尝试开展海外业务。

（四）产业结构性调整仍在继续

金融危机加快了中国餐饮产业的结构性调整，在2010年，这种结构性调整仍在继续。

1. 区域差距逐步缩小

东北地区以及中西部地区餐饮业平均发展速度依然高于东部地区，餐饮业占全国比重进一步提高。以四川成都、重庆为代表的中西部城市把餐饮产业作为重要产业来布局发展，其城市餐饮业发展程度已经超过经济发达地区。

2. 大众化餐饮的发展依然是产业发展主流

火锅、快餐、休闲餐饮等连锁经营餐饮企业具有更快的发展速度，同时团购电子商务网站的兴起降低了一些高端餐饮的消费门槛，把高端餐饮推向大众消费群体。

三　2010 年中国餐饮产业与资本市场

（一）餐饮上市公司运营概况

2010 年 9 月 28 日，重庆乡村基在美国主板纽交所上市，成为中国首家在美国主板纽交所上市的餐饮企业。中国餐饮上市公司增至 7 家，其中福记食品已经停盘（见表 2）。

表 2　中国餐饮上市公司一览

餐饮上市公司	上市时间	上市地点	餐饮类型
西安饮食	1997 年 4 月 30 日	上海证券交易所	综合
福记食品服务(已停盘)	2004 年 12 月 17 日	香港证券交易所	团餐、送餐
味千拉面	2007 年 3 月 30 日	香港证券交易所	快餐
全聚德	2007 年 11 月 20 日	深圳证券交易所中小板	正餐
小肥羊	2008 年 6 月 12 日	香港证券交易所	火锅
湘鄂情	2009 年 11 月 11 日	深圳证券交易所中小板	正餐
乡村基	2010 年 9 月 28 日	纽约证券交易所	快餐

资料来源：根据餐饮企业上市情况整理。

对于 2010 年上市餐饮公司的分析分为两类，一类为具有快速复制能力的快餐、火锅类上市公司，另一类则是注重单店效益的商务正餐类。

1. 具有快速复制能力的快餐、火锅类上市公司

（1）味千拉面。2010 年上半年，味千拉面实现营业额 11.88 亿元港币，同比增长26.79%（见图16），净利润2.013亿元港币，同比增长44.82%（见图17），总门店数量扩大至450家。在经历了上市后快速扩张、金融危机的冲击后，味千拉面在2009年减缓了扩张步伐，加强内部管理，注重门店经营效益，年平均单店营业额提升至499万元港币（见图18），在营业额只增长18.71%、毛利率并没有大幅提升的情况下，净利润大幅提升了43.48%；2010年，味千拉面开始重新走上快速扩张道路，并同时注重扩张的质量，上半年新增门店达52家（见图19），接近2009年全年水平，同时净利率提升至16.94%（见图20），年平均单店营业额有望超过500万元港币。

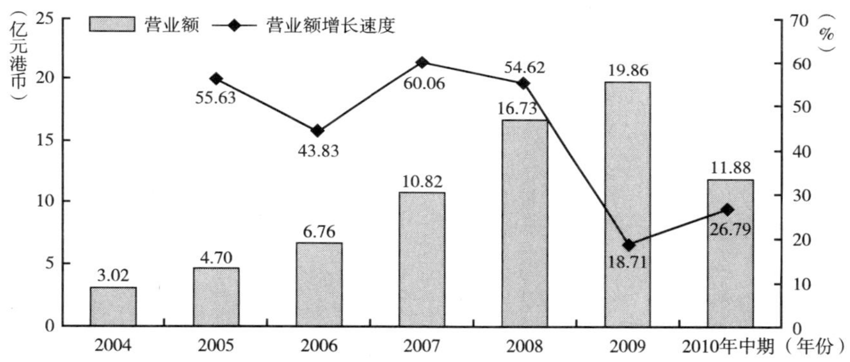

图16　味千拉面营业额及增长速度

注：2010年中期为同期增长速度。

资料来源：味千拉面2009年年报与2010年中报。

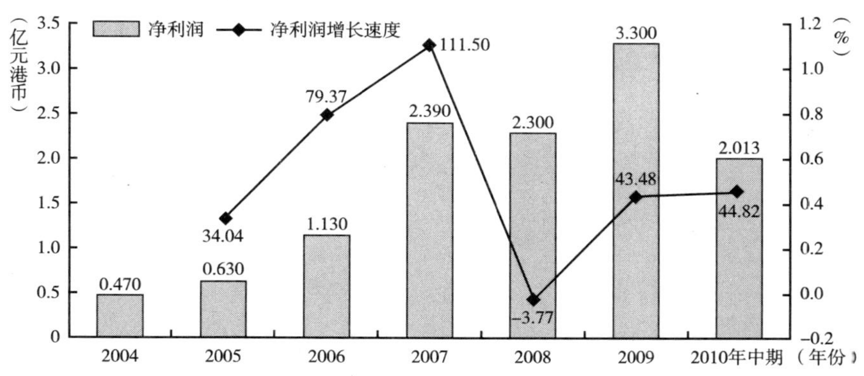

图17　味千拉面2005年至2010年中期净利润和增长速度

注：2010年中期为同期增长速度。

资料来源：味千拉面2009年年报和2010年中报。

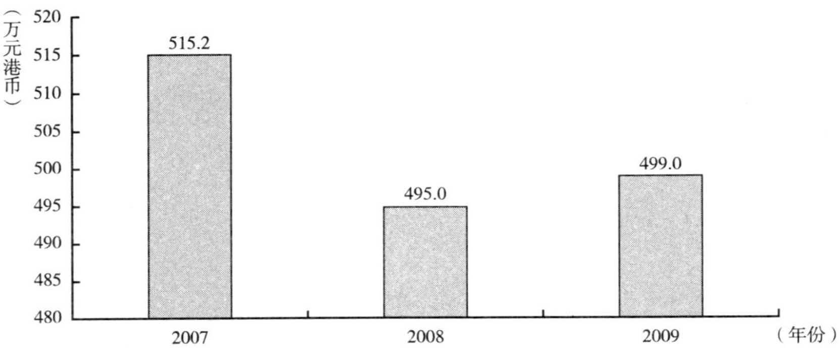

图 18 味千拉面单店营业额，2007 ~ 2009 年

资料来源：根据味千拉面 2009 年年报和 2010 年中报整理。

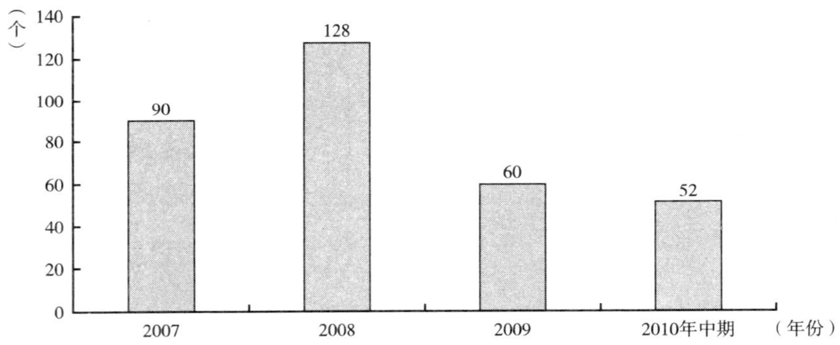

图 19 味千拉面上市以后的每年新增门店数量

资料来源：味千拉面 2009 年年报和 2010 年中报。

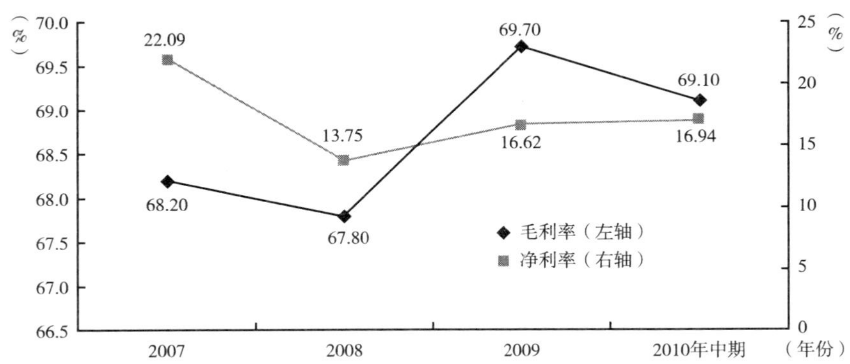

图 20 味千拉面 2007 年至 2010 年中期毛利率

资料来源：根据味千拉面 2009 年年报和 2010 年中报整理。

（2）小肥羊。2010年上半年，小肥羊实现营业额7.5亿元，同比增长20.52%（见图21），净利润3960万元，同比降低6.14%（见图22），主要因为原料成本大幅上升了32%，自营餐厅和特许经营餐厅分别达到179家和301家，比2009年末增加了18家和8家，同店销售增长了6.9%。从小肥羊上市后的经营来看，有类似味千拉面之处，在上市之初的1～2年内，往往以粗放式门店扩张为主，小肥羊2009年共新开门店79家（自营34家，特许45家），在2010

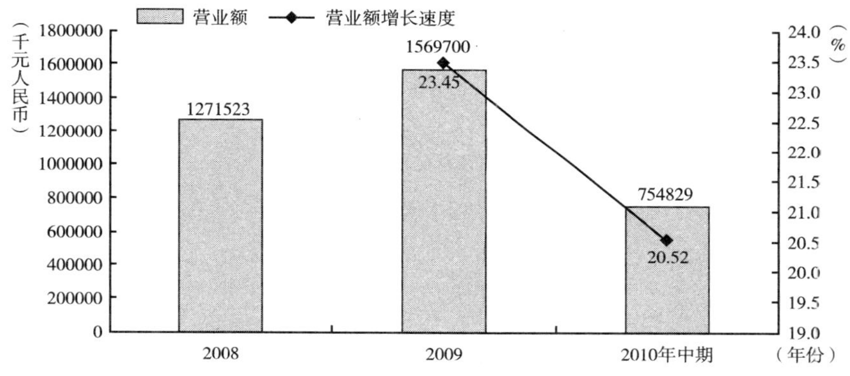

图21　小肥羊营业额及增长速度

注：2010年中期为同期增长速度。
资料来源：小肥羊2009年年报与2010年中报。

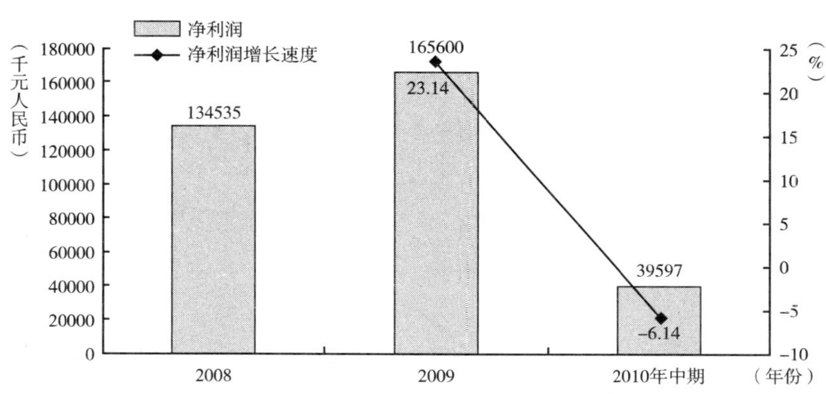

图22　小肥羊净利润及增长速度

注：2010年中期为同期增长速度。
资料来源：小肥羊2009年年报与2010年中报。

年，在面临原料成本大幅上升、2009 年同店销售增长缓慢的情况下，小肥羊也开始注重内部管理与扩张的质量，2010 年的新增门店以自营为主，员工成本、租金成本以及其他营业成本增长控制在 15.9%、11.7%、17%。

总体来看，2010 年味千拉面与小肥羊在经历快速扩张与金融危机之后，更加注重内部管理和成本控制，从粗放式增长向精细化增长转变。

2. 以商务正餐为主的上市餐饮企业

（1）全聚德。2010 年前三季度，全聚德实现营业额 9.85 亿元，同比增长 12.32%（见图 23），净利润 8080.9 亿元，同比增长了 20.56%（见图 24）。截至 2010 年 6 月，公司新开直营企业共 12 家，其中有 8 家企业仍然处于亏损状态。在这 8 家亏损企业中，1 家为本年度新开企业；3 家企业经营情况稳定向好，

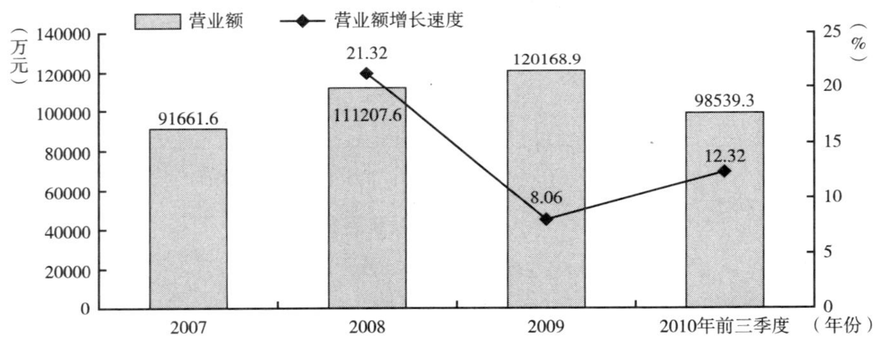

图 23　全聚德营业额及增长速度

资料来源：全聚德 2009 年年报及 2010 年第三季度报。

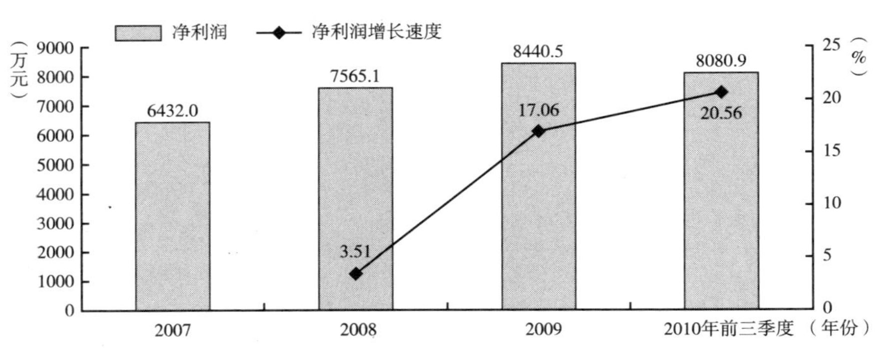

图 24　全聚德净利润及增长速度

资料来源：全聚德 2009 年年报及 2010 年第三季度报。

预计将在5年折旧摊销完毕后实现赢利[①]，与预计2~3年赢利仍有较大出入；另有4家外埠企业在经营上存在一定困难，弥补累计亏损额压力较大，对公司整体利润有一定的负面影响。从地域的利润贡献来看，北京是利润的主要贡献地区，占2009年全年利润总额的109%，重庆、长春、青岛、哈尔滨和郑州地区都处于亏损状态（见图25）。外地门店的市场培训及门店业绩挖掘依然是全聚德未来业绩增长需要解决的关键问题。

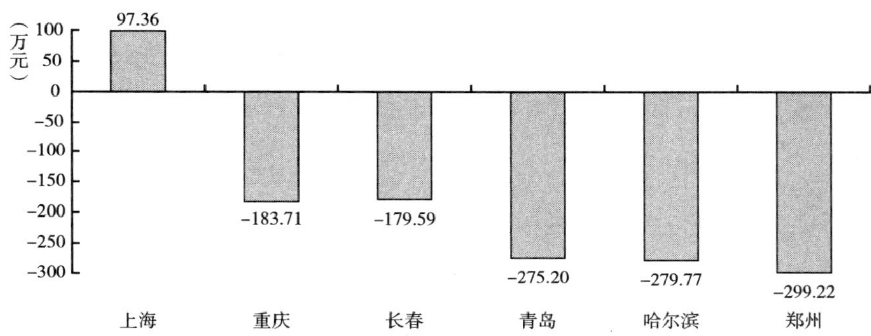

图25　全聚德2009年度北京以外地区利润总额

资料来源：全聚德2009年年报。

（2）湘鄂情。2010年前三季度，湘鄂情实现营业额6.73亿元，同比增长21.87%（见图26），净利润5810.9万元，同比只增长了1.63%（见图27）。上

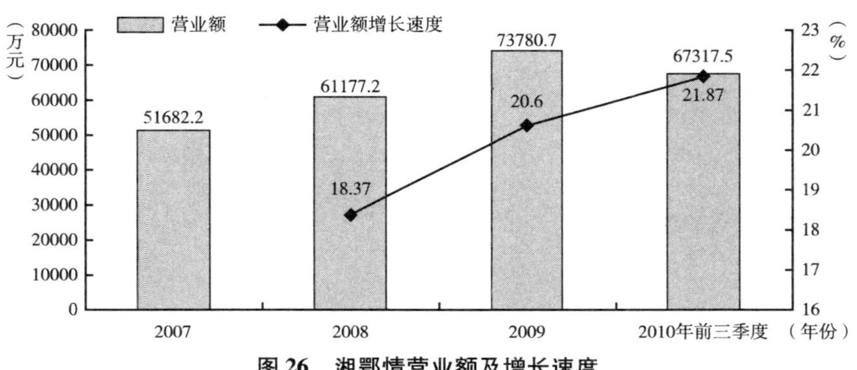

图26　湘鄂情营业额及增长速度

资料来源：湘鄂情2009年年报及2010年第三季度报。

① 数据引自全聚德2010年半年报。

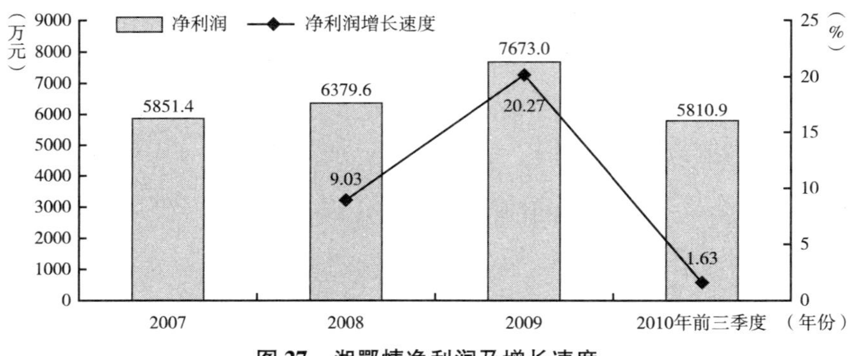

图 27　湘鄂情净利润及增长速度

资料来源：湘鄂情 2009 年年报及 2010 年第三季度报。

市一年来，湘鄂情利用募集资金一方面投入公司配送基地、中央厨房、人力资源培训等项目的建设，为公司连锁扩张提供支撑；另一方面通过新建或收购的方式快速扩张公司连锁经营网络，目前已完成对上海店、西藏店的收购，北京广渠门、西单二期、海运仓、南京店也已于前三季度开业，公司预计 2010 年全年新开业门店达到 10 家，快速扩张也带来了前期大量费用支出，导致第三季度净利润同比增长速度大幅下降。从地区发展来看，北京依然是湘鄂情业绩稳定增长的重要地区，2010 年上半年占全国的营业比重达到 75.8%，湘鄂情在北京、湖北、湖南以外地区的扩张开始见效，尤其是以收购方式完成的门店扩张，能快速带来营业额提升，其他地区的营业额比重从 2009 年的 3.9% 迅速提升至 7.9%（见图 28）。

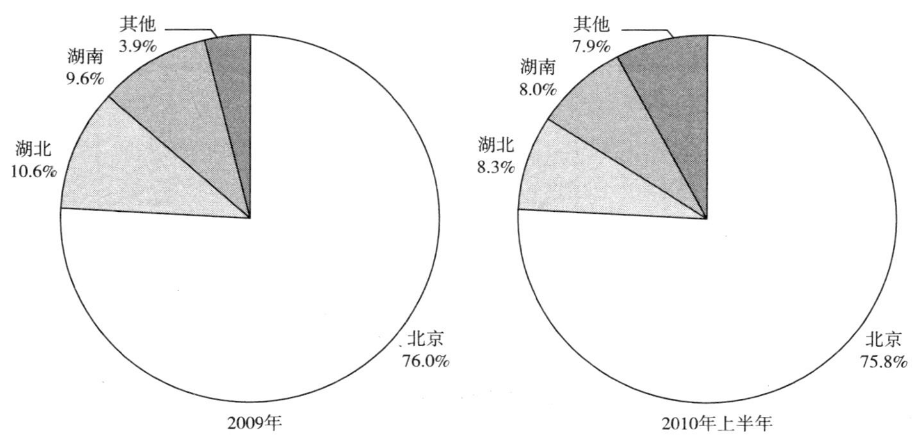

图 28　湘鄂情地区营业额分布

资料来源：湘鄂情 2009 年年报及 2010 年半年报。

上市第一年的快速扩张几乎是餐饮上市企业的共同特征，对于以正餐服务为主的湘鄂情来说，以新建或收购的方式开设新店，快速扩张仅仅走出了上市后发展的第一步，如何在快速扩张之后，保证服务的质量、培育新店市场则更为关键。

（二）餐饮企业与风险投资

风险投资关注中国餐饮企业，从2005年到2010年已经有5年时间。在这5年时间里，约有24家餐饮企业获得了风险投资，其中21家餐饮企业是在2007年、2008年和2009年这三年获得风险投资的，但至今只有小肥羊已经成功在香港上市，乡村基已经在美国纽约证券交易所上市，其他22家餐饮企业仍处于培育期，如果按2~4年上市培育期来看，由于2010年上市餐饮公司很少，在2011年、2012年和2013年预计会迎来餐饮公司密集上市期（见表3和图29）。

表3　风险投资在中国餐饮企业主要项目：2005年至2010年1月

时　间	投资机构	金额	餐饮类型	餐饮企业
2005年底	顶新集团、SIG、IDG、沈南鹏、东元集团	1260万美元	茶餐厅	一茶一坐
2006年8月	3i与普凯基金	2500万美元	火锅	小肥羊
2007年1月	寰慧投资(GGV)	1068万美元	茶餐厅	一茶一坐
2007年6月	红杉、海纳亚洲创投基金SAI	2500万美元	火锅	重庆小天鹅火锅
2007年7月	凯雷	不详	休闲餐饮	巴贝拉
2007年10月	今日资本、联动投资	3亿元人民币	快餐	真功夫
2007年10月	晨兴创投	数千万美元	快餐	丽华快餐
2007年11月	红杉、海纳亚洲创投基金SAI	2000万美元	快餐	乡村基
2007年12月	凯雷亚洲增长基金	2100万美元	咖啡	迪欧餐饮集团
2008年1月	长安创新北京投资咨询有限公司	5000万元人民币	西餐	亚洲蕉叶饮食集团有限公司
2008年2月	德诚盛景	不详	休闲餐饮	北京好伦哥
2008年4月	华生资本	3000万美元	咖啡	浙江两岸食品连锁有限公司
2008年4月	IDG技术创业基金	500万元以上	火锅	重庆奇火锅
2008年9月	橡树资本	2300万美元	茶餐厅	一茶一坐
2008年9月	深圳创新投资	10亿元人民币	烧烤	百富烤霸

续表

时　间	投资机构	金额	餐饮类型	餐饮企业
2008 年 11 月	英联控股	5000 万美元	火锅	呷哺呷哺
2008 年 12 月	鼎晖投资	3 亿元人民币	正餐	俏江南
2008 年 12 月	鑫华投资	3000 万元人民币	快餐	红高粱
2009 年 2 月	美亚投资	3000 万元人民币	快餐	上海盛记一品锅贴
2009 年 3 月	上海复星平耀	1000 万美元	快餐	浙江老娘舅餐饮有限公司
2009 年 5 月	不详	3 亿元人民币	综合	上海唇齿香浓餐饮管理有限公司
2009 年 6 月	松禾资本	17600 万美元	团餐	金谷园
2009 年 9 月	凯达创投	5000 万元人民币	正餐	吴地人家
2010 年 1 月	深圳创新投、昆吾九鼎投资等	不详	正餐	净雅餐饮

资料来源：作者根据互联网资料以及企业公布材料整理。

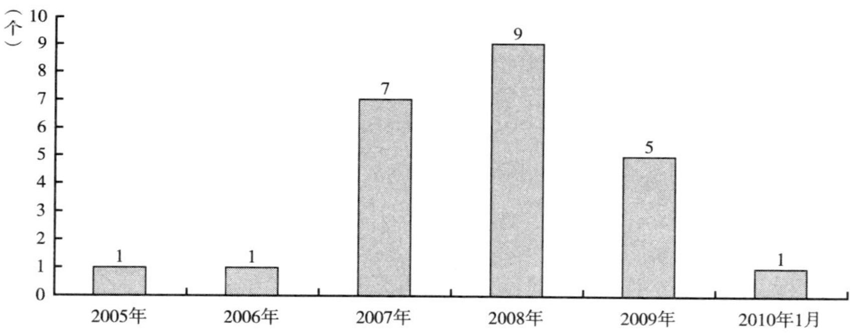

图 29　风投投资餐饮企业的家数，2005 年至 2010 年 1 月

四　2010 年中国餐饮业年度热点回顾

（一）中国美食节亮相巴黎

2010 年 10 月 13 ~22 日，由世界中国烹饪联合会和中国烹饪协会共同主办的“中国美食节”在巴黎举行。此次美食节主要由中国美食节招待晚宴和中国美食周两部分内容组成。在 13 日举行的招待晚宴上，法国上议院议员赛欧先生、联合国教科文组织副总干事暨法国酒店餐饮联合会那威主席、法中友好基金会雷彬

主席、中国驻法国大使馆许建功参赞、教科文中国常驻团苏旭一等秘书、法亚餐饮协会林光洲主席等各界人士270余位客人应邀出席。而在接下来的18～22日，中国美食周在联合国教科文组织总部举行，来自全世界近200个国家参加联合国教科文组织2010年年会的各国代表都可以在这5天内品尝到中华美食的味道和体验中华餐饮文化，这是中国第一次在联合国相关组织举办美食节，通过这个平台让全球更多国家了解了中华美食与文化。

中餐在全球享有盛名，这在很大程度上是历史积累的结果。在过去很长的时期内，中餐在全球的交流与传播是通过中餐厨师在全球流动完成的，在国外提供中餐服务是很多华裔的职业选择。据统计，全球中餐馆已逾20万家①，比如在法国巴黎就有将近8000家中餐馆②；在美国，中餐馆数量已超过46000家。美式中餐馆在美国年销售额愈200亿美元，美国人每天消费250多万份中餐③。厦门大学人文学院教授周宁认为，中餐是世界上以大规模渗透方式而非依靠国家战略推广最成功的菜系，并且还在不同的地方不断进行着本土化改造。这个观点很好地形容了中餐在全球的传播成绩。

这种以个体渗透为主的传播方式固然有其好处，并且也在历史的积累中取得了成功，但是这种方式缺乏整体感和更深的文化交流。而这次在巴黎联合国教科文组织总部组织的中国美食节，是中国餐饮产业行业协会组织中国烹饪大师，走出国门，在联合国这个全球性平台上展示中华美食与文化的重要尝试，而且获得了成功。如果说过去中餐传播一直走“群众”路线，那么在未来中国经济崛起的过程中，要更多地通过国家层面、行业协会层面向全球推广中餐，以中餐为载体展示中国文化。

（二）全国餐饮业标准建设委员会成立

2010年7月28日，全国餐饮业标准建设委员会成立，标志着中国餐饮业标准建设的进程进一步加快。全国餐饮标委会由来自全国各地餐饮行业中法律法

---

① 资料来源：《美国中餐发展150年历史回顾（一）》，http：//www.c-r-n.com/Jin_ e/ContentDetail.aspx? id =516373922。

② 资料来源：中国烹饪协会 http：//www.ccas.com.cn/Article/HTML/13974.html。

③ 资料来源：《美国中餐发展150年历史回顾（一）》，http：//www.c-r-n.com/Jin_ e/ContentDetail.aspx? id =516373922。

规、产业经济、企业管理、烹饪技艺、营养卫生等各方面的专家、教授、烹饪大师、企业家、工程师等组成，其目的就是要制订符合餐饮行业发展特点和需求的标准。

餐饮业标准建设工作由来已久，但随着餐饮产业工业化和信息化进程的推进，新业态、新技术和新理念的出现，餐饮业标准建设工作成为餐饮业发展道路上亟待解决的关键工作。一方面，很多现存餐饮业标准已经不符合现代餐饮业的发展，甚至不少原有标准在很大程度上影响了餐饮业的发展，比如《饮食建筑设计规范》、《饭店（餐厅）卫生标准》、《餐饮业开业的专业条件和技术要求》等都已经使用了近 10 年，甚至 20 年，因此亟须修订原有标准；另一方面，随着餐饮行业的快速发展，餐饮工业化和信息化进程的深入，现有标准已无法满足规范现代餐饮业健康发展的需要，标准缺位现象越来越突出，比如餐饮业态标准、绿色餐饮标准等（见表 4）。

表 4　已发布实施的餐饮业相关标准和规范

编　号	实施年份	标准或规范名称	颁布或起草部门
JGJ 64 – 89	1990	《饮食建筑设计规范》	建设部、商业部、卫生部
GB 10001 – 94	1995	《公共信息标志用图形符号》	国家旅游局等
GB 14881 – 94	1995	《食品企业通用卫生规范》	卫生部
GB 14930.1 – 94	1995	《食品工具、设备用洗涤剂卫生标准》	卫生部
GB 14930.2 – 94	1995	《食品工具、设备用洗涤消毒剂卫生标准》	卫生部
GB 14934 – 94	1995	《食(饮)具消毒卫生标准》	卫生部
SB/T10267 – 1996	1996	《餐饮业开业的专业条件和技术要求》	商务部
SB/T10264 – 1996	1996	《餐饮业计算机管理软件开发设计基本规范》	商务部
GB 16153 – 1996	1997	《饭馆(餐厅)卫生标准》	卫生部
GB 8978 – 1996	1997	《污水综合排放标准》	国家环保总局
GB 18483 – 2001	2002	《饮食业油烟排放标准(试行)》	国家环保总局
SB/T10374 – 2004	2004	《餐饮业职业经理人评定条件》	商务部
无	2005	《餐饮业和集体用餐配送单位卫生规范》	卫生部
GB 5749 – 2006	2007	《生活饮用水卫生标准》	卫生部和国家标准化管理委员会

续表

编　　号	实施年份	标准或规范名称	颁布或起草部门
SB/T 10426－2007	2007	《餐饮企业经营规范》	商务部
GB 2760－2007	2008	《食品添加剂使用卫生标准》	卫生部
SB/T10443－2007	2008	《早餐经营规范》	商务部发布，中国烹饪协会起草
SB/T10474－2008	2008	《餐饮业营养配餐技术要求》	商务部
GB/T18006	2009	《塑料一次性餐饮具通用技术要求》	国家质量监督检验检疫总局、国家标准化管理委员会
GB/T13391－2009	2010	《餐饮企业的等级划分和评定》	国家质量监督检验检疫总局、国家标准化管理委员会
SB/T10559－2010	2010	《主食加工配送中心建设规范》	商务部

资料来源：根据各部委以及烹饪协会公布资料整理。

尽管餐饮业标准建设是一项非常紧迫的工作，但在开展前更应该做好餐饮产业标准体系的研究工作。目前，我国餐饮业的标准工作往往属于应急工作，缺乏一个完整的标准体系来指导整个行业的标准建设工作，这样很容易造成标准建设的盲目性，为标准而制订标准。餐饮产业的标准体系如果按照标准制订目的分类，可以分成基础性标准，即回答“是什么”问题的标准；餐饮业态标准、规范性标准，即回答“应该怎么做”问题的标准；饮食建筑设计规范、卫生标准等方向性标准，是回答“怎么做得更好”问题的标准；绿色餐饮标准等。在制订标准工作时，在可能的情况下，应该优先完成基础性标准的制订工作，这是规范性标准和方向性标准的基础（见图30）。

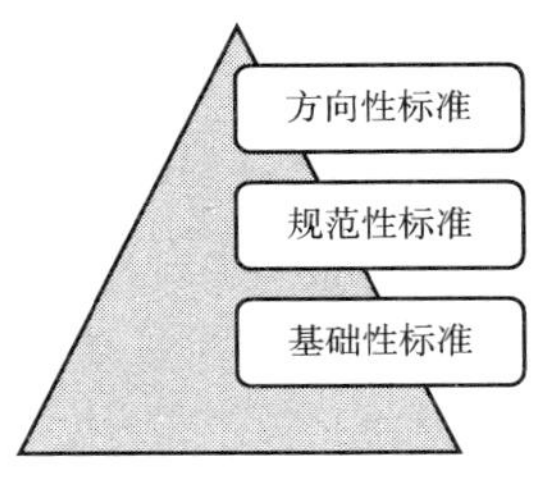

图30　标准体系按标准制订目的分类

此外，餐饮产业标准建设工作是一项长期的工作，标准起草只是标准建设工作的起步工作，仍需要建立一套包括标准起草、试运行、评估、修订、运行、评估、再修订的工作流程，这样才能保证餐饮产业标准较好地符合餐饮产业的发展需求，促进餐饮产业快速、健康发展。

五 中国餐饮业“十二五”发展趋势

（一）城镇化将是餐饮业“十二五”发展的最重要动力

城市化被认为是未来中国新增长动力的重要来源，餐饮业作为城市化进程中的重要受益行业之一，在“十二五”期间仍然具备了强劲的增长动力与增长潜力。预计到“十二五”末期，我国餐饮业零售总额将会超过3万亿元，有望达到3.6万亿元，比“十一五”末翻一番，全国超千亿元省份预计能达到10个。

（二）餐饮产业标准化工作将进一步完善

餐饮业标准建设工作已经在紧锣密鼓地开展中，《餐饮业业态标准》、《饮食建筑设计规范》、《全国绿色餐饮企业创建规范》、《餐饮企业连锁经营规范》、《点菜师服务规范》、《餐饮业配送服务规范》、《快餐经营规范》、《餐饮业现场管理规范》、《餐饮业服务质量星级划分》等标准已经立项，有些标准和规范已经开始起草，“十二五”将是餐饮产业标准逐步完善的重要时期。

（三）餐饮工业化与信息化进程进一步深化

“两化融合”即工业化与信息化融合是我国“十二五”期间的重要发展思路，对于餐饮业来说，通过餐饮工业化、信息化，发展中央厨房、连锁经营，是提高餐饮生产效率、降低生产成本的重要方式，也是餐饮业发展的重要趋势，同时餐饮业标准工作的完善将会推动餐饮工业化与信息化进程的进一步深化。

（四）大众化餐饮依然是“十二五”的发展重点

大众化餐饮是扩大内需、刺激消费的重要载体。2010年，快餐、休闲餐饮、火锅的快速发展趋势将会延续到“十二五”期间。

（五）餐饮企业在“十二五”会密集上市

正如上文分析，在经历了近几年风险投资高峰期后，度过培育期的餐饮企业将会在2011年、2012年、2013年在美国、香港以及中国证券交易市场密集上市。

（六）食品安全仍是“十二五”中国餐饮业的基础工作

食品安全问题在“十一五”期间越来越受到关注和重视。尽管《食品安全法》已经于2009年实施，但食品安全问题仍不断涌现，危害人的健康，因此在“十二五”期间，食品安全问题仍将是中国餐饮业的重要基础工作，尤其在食品安全的监测与执法方面需要进一步加强和落实。

参考文献

国家统计局网站，http：//www. stats. gov. cn/以及各省市统计局网站。

中国烹饪协会网站，http：//www. ccas. com. cn。

国家统计局：《中国统计年鉴》，1999～2010年。

杨柳主编《2006中国餐饮产业运行报告》，湖南科学技术出版社，2006。

杨柳主编《2007中国餐饮产业运行报告》，湖南科学技术出版社，2007。

杨柳主编《2008中国餐饮产业运行报告》，湖南科学技术出版社，2008。

杨柳主编《2009中国餐饮产业发展报告》，社会科学文献出版社，2009。

杨柳主编《2010中国餐饮产业发展报告》，社会科学文献出版社，2010。

味千拉面年报：2007年、2008年、2009年和味千拉面2010年中报。

小肥羊2008年年报和小肥羊2009年年报，2010年半年报。

全聚德年报2007年、2008年、2009年以及2010年中报、第三季度报。

B.7

中国网络购物市场2010年现状及趋势分析

苏会燕　甄宇鹏*

摘　要： 本文详细阐述了2010年中国的电子商务市场的发展状况及特点，即网络购物交易规模高速增长，市场企业类型多样化，网络销售商品日渐丰富，网络交易区域范围扩大化。同时，本文还就2010年当当网上市、淘宝商城光棍节促销两个热点事件进行了分析；最后本文对2011年中国电子商务的发展方向进行了分析和解读。

关键词： 电子商务　家装建材　上市　光棍节促销

一　现状篇：中国电子商务2010年发展状况

提到中国电子商务的发展，我们曾论述中国网络销售进入规模化，中国网络零售实现了三个“1”的突破①；网络消费日益主流化，学生、低收入群体、白领，甚或社会精英都加入到网络购物的行列。与2009年相比，2010年中国电子商务继续保持高速增长，并体现出以下四个方面的特点。

（一）网络购物交易规模高速增长

根据艾瑞咨询的统计，电子商务是2010年中国网络经济领域增长最快的行

---

* 苏会燕，艾瑞咨询集团电子商务行业分析师，产业经济学硕士，主要研究方向电子商务；甄宇鹏，中国社会科学院计算机网络中心经济师，金融系硕士，荣获中国商业联合会、中国信息学会等机构多项奖励。

① 2008年网络零售消费者人数突破1亿人，网络零售额突破1000亿元，同时占社会消费品零售总额的比例突破1%。

业之一，在中国整个网络经济中占比将从2009年的25.8%增至32.7%。2010年中国网络购物交易规模将达到4980亿元，预计占中国社会消费品零售总额的比重将达到3.2%（见图1）。

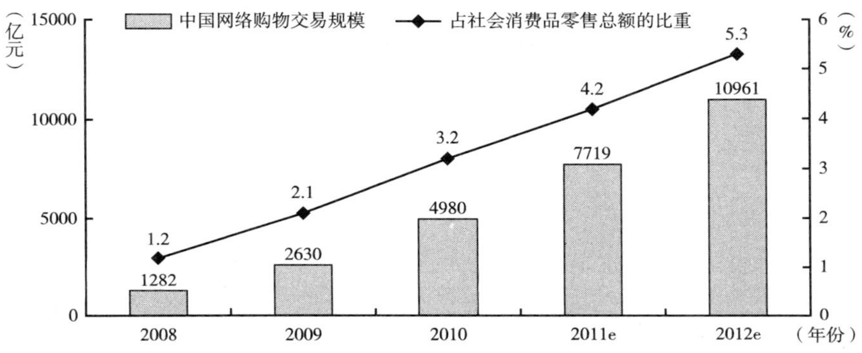

图1　2008~2012年中国网络购物交易规模

资料来源：艾瑞咨询。

推动中国网络购物市场交易高速发展的因素主要有三个方面：

一是中国网络购物用户规模的增长。来自CNNIC的统计数据显示，2010年12月中国网民规模达到4.57亿人，其中，网络购物用户按年增长48.6%。中国互联网的巨大人口红利带动了中国网络购物市场的成长。

二是中国网络购物环境的改善。2010年5月，中国国家工商总局颁布了《网络商品交易及有关服务行为管理暂行办法》，并于2010年7月1日正式实施。该办法首次明确了网店的实名认证规定，要求开设网店者向提供网络交易平台服务的经营者提出申请，并提交姓名和地址等真实身份信息；同时对网络商品经营者和网络服务经营者在境内从事网络商品交易及有关服务进行了规范。2010年6月，中国商务部颁发了《关于促进网络购物健康发展的指导意见》，特别提出要求实施网络商品经营（服务）企业工商登记制度，规范网络购物环境，保障消费者权益。为配合国家的相关政策，淘宝网、拍拍网等中国国内较大的交易平台均开展系列活动，净化网上购物环境。

三是风险资本的注入为网络购物发展提供资金保障。China Venture不完全统计的数据显示，2010年中国互联网投融资笔数达到121笔，其中与电子商务相关投融资占比48.8%，接近60笔，涉及金额达到10.6亿美元。据悉，中国网络购物企业获得的融资，主要应用到网站推广、地区业务扩展、增设新产品线和IT物流系统建设。由此可见，资本的支持不仅丰富了消费者网络购物选择，而且有助于改善消费者的网络购物体验。

（二）市场企业类型多样化

之前我们讨论电子商务企业，主要指淘宝网、拍拍网、京东商城、当当网此类网上直接诞生的企业。2010年中国电子商务市场的突出变化之一是传统企业日渐成为电子商务市场的重要主体。其实，中国的传统渠道商、品牌商早在1~2年前即可以涉足电子商务，但到2010年出现了集中爆发，且线上业务也渐成规模。据悉，格兰仕、TCL、长虹、海尔等传统家电品牌商均开设了自己的B2C官方网站；蒙牛、中粮集团①也推有自己的B2C网站；百丽集团、李宁等服装类品牌企业铺设了B2C官方网站、淘宝商城官方旗舰店、网上授权加盟店和折扣店等全网渠道。此外，2010年苏宁电器的网上商城苏宁易购正式上线，并宣布争取未来三年做成中国最大的3C家电B2C网站。② 对照美国的网络购物市场发展现状，销售额前10名的购物网站中，80%为传统企业开设的网站。值得一提的是，定位于中高端百货的银泰百货，2010年10月也推出了网上商城银泰网。据悉，银泰网试营业首日，注册用户过万人；上线不到三个月，网站的日订单量过亿。③

从主营商品类别来看，除了之前主营图书的当当网、主营3C的京东商城、主营服装的VANCL、主营母婴的红孩子等之外，2010年中国网络购物市场更多细分领域出现了一批代表性企业，如专营鞋类的好乐买、乐淘、名鞋库，专营玩具的趣玩网，专营糕点的21cake，专营钻石的钻石小鸟、珂兰钻石，专营海外中高端奢侈品的唯品会、尚品会，专营箱包的麦包包、烧包包等都渐成规模。

此外，淘宝平台上孕育出一批淘品牌企业，即诞生于淘宝、成长于淘宝、主要销售在淘宝的品牌商，包括阿卡、七格格、裂帛、小虫米子等女装品牌，Justyle、斯波帝卡等男装品牌，小也香水、植物语、芳草集等化妆品品类以及麦

---

① 我买网为中粮集团旗下食品类B2C电子商务网站。

② 新浪科技：《苏宁易购正式上线　三年占据家电网购20%份额》，2010年1月25日。

③ DoNews：《银泰百货网上商城试营业　首日注册用户过万》，2010年8月3日；赛迪网：《银泰网上线第三月日订单过万　欲超京东》，2011年1月10日。

包包等产品品类。这些品牌是中国电子商务从网货时代向网络品牌时代过渡的重要代表。目前，这些品牌开始慢慢走出淘宝，向其他购物平台（包括类似淘宝网的拍拍网、乐酷天这样的平台式购物网站，也包括麦网这样的B2C购物网站）延伸，抑或尝试开办自有的官方网站和线下实体店。

值得一提的，还有日本乐天与中国市场最大的搜索引擎服务商百度公司合资创办的乐酷天也于2010年底上线运营，成为未来中国网上购物平台的有力竞争者之一。

（三）网络销售商品日渐丰富

目前，中国网络销售的商品种类，除了图书、通信、数码、IT、服装、化妆品等主流商品外，还涉及家装、奢侈品、汽车等标准化程度低、单价高的实物类商品。网上交易的商品品类日渐覆盖到居民日常生活的各个方面。纵观中国电子商务市场十几年的发展，网上渠道交易的商品种类至少经历了三轮变化。

第一轮是在2000年前后。网上渠道销售的商品以图书音像制品、点卡、个人闲置物品为主，主要特点是标准化程度高、单价低。主要代表企业是当当网（成立于1999年）、新浪商城（成立于1999年）及云网（成立于1999年）等。来自当当网财报的数据，2010年前三季度，当当网的图书类商品的收入达到13.2亿元人民币，总收入达到15.7亿元人民币。

第二轮出现在2006～2007年。通信、数码、IT类这类单价高的产品逐渐成为网上渠道的重要销售品类。目前中国网上领先的3C卖场京东商城在2004年初转战网上；2005年11月网站的日订单处理量突破500个；2009年6月，这一指标超过20000单。预计，2010年销售额将突破100亿元。2006年易迅商城创建，主营电脑产品、数码通信、家居家电等。另外，2006年12月，国美电器在全国范围内开通“网上支付”功能；同月，苏宁电器的网上商城上线。

服装这类非标准化商品的网上销售也是从这一时期起步的。2005年成立的PPG，基于中国庞大的制造能力和“轻公司”的模式，带火了中国的服装网络购物市场。① 虽然后来PPG因经营不善倒闭，但追随者凡客诚品（成立于2007年

① PPG运营模式详细分析，见《中国商业发展报告（2008～2009）》。

10月）却发展得如火如荼，同时也带动了玛萨玛索（成立于2008年）、欧莱诺（成立于2008年2月）等一批服装网络购物企业的出现。

第三轮起于2008年。除了图书、点卡、服装、3C之外，更多的商品出现在网络渠道，其中包括母婴、化妆品、钻石等。2010年，运动品、食品、家居建材、奢侈品，甚至汽车都开始触网。同时淘宝网上还出现了部分个性化定制商品。

按照通常的理解，家居建材属于标准化程度极低、用户体验性强的商品，很难实现网上交易。但随着中国互联网环境的改善，加上中国商品房交易市场的火暴，家居建材的网上交易渐成规模。来自艾瑞咨询的统计数据，2009年中国家居建材类电子商务网站销售额约为176.7亿元，2010年全年预计将达到228.5亿元，占家居建材行业的比重，预计将从2009年的2.5%增至2.9%。① 目前中国家居类电子商务网站数量达上百家，具体分为四类：一是类似齐家网、篱笆网等家居建材类垂直交易平台；二是淘宝网、拍拍网等平台式购物网站；三是百安居、东方家园、爱朗卫浴等传统家居建材渠道以及家居建材品牌的网上商城；四是搜房、焦点、新浪等房地产门户以及综合门户等网站的建材频道。目前，家居建材类垂直交易平台交易规模的市场份额最大（占60%），其次为平台式（22%）、网上商城（17%）及房地产门户、综合门户（1%）。齐家网的模式较有特点，具体分析见专栏1。

专栏1　齐家网：家居装修行业互联网化

一　齐家网基本情况

齐家网（上海团购网）成立于2005年3月11日，是中国领先的装修、建材、家居等垂直领域电子商务网站。截至2010年10月，齐家网（上海团购网）在全国已建立27个分支机构，核心会员超过300万人，日访问量超过70万人次，2008年平台交易额超过15亿元，2009年超过32亿元，2010年预计将超过65亿元。

---

① 艾瑞网：《2010年中国家居建材电子商务交易规模预计达228.5亿元　电子商务发展空间巨大》，2010年11月1日。

二　BBC的商业模式

齐家网（B）整合数量众多的供应商（B），为25~40岁之间消费者（C）提供一个家装产品购买平台。其中，齐家网作为平台商，监督供应商的资质和服务，为消费者提供可信赖的服务。如果商品出现质量问题，由齐家网作为第一负责人负责处理。作为平台提供商，齐家网的主要收入来自平台交易佣金及其他收入。

三　主要产品服务

齐家网的服务涵盖了装修前后的全过程，如免费设计、验房，装修进程规划，装修、施工、材料等方面的咨询解答（"装修助手"服务）。在资金结算方面，网站推出"装修支付宝"，在业主、网站、装潢公司三方间签署协议，在装修过程中，钱款由网站代为管理，到每个装修节点时，竣工验收30天业主满意后，再由网站提供的第三独立监理方将阶段钱款付给装潢公司。另外，齐家网还建立了先行赔付、假一罚十、价格特搜、7天无理由退换货、十倍差价返还等诚信保障体系。

齐家网此类家居垂直交易平台，一方面通过做细装修过程各个环节的服务，消除消费者网上购买家居装修建材的疑虑，吸引众多消费者到网站上选购商品；另一方面又集合了众多的上游供应商，为消费者提供丰富的选择。在此过程中，使得整个服务过程更趋于标准化，促成了网上家居建材交易的实现，推动了中国家居装修行业的互联网化。2010年淘宝商城推出专门的家装馆，未来中国家居装修行业的互联网化程度将进一步提升。

资料来源：齐家网官网（http：//www. tg. com. cn）。

与之前相比，中国2010年中国网络渠道开始销售汽车这一大宗商品，可谓网上交易商品的一大跨越。2010年9月9日，淘宝聚划算平台推出团购奔驰SMART汽车的活动。活动规则为团购数超过50辆，即团购成功；若团购数满200辆，用户则可以7.7折即13.5万元的团购价购入。据了解，该团购活动上线后仅3小时28分钟，205辆SMART即被抢购一空。汽车网上销售试水成功后，2010年12月6日，吉利汽车宣布在淘宝商城设立旗舰店，成为淘宝上首家销售汽车的企业。关于中国网上渠道出售汽车的现象的详细分析见专栏2。

专栏 2　深度分析：汽车网上销售尚处于初级阶段

一　网上购车交易主要涉及信息流环节的互联网化

目前中国的网上购车交易，仅实现了信息流部分环节的互联网化，包括车型选择、参数对比等。具体到汽车实际的货款交易、车辆提取，以及售后服务等环节初期仍需要在线下实体店内实现。中国市场网上售车尚处于初级阶段。

我们分析出现这种状况的主要原因在于，汽车购买具有涉及环节多、交易金额高、用户购买决策时间长的特点，中国当前的互联网发展水平尚不能支持所有环节。另外，结合国外的发展经验，汽车的购买较为适合“鼠标 + 水泥”的模式，即线上渠道与线下实体店相互补充，以提高消费者购车流程的高效率和便捷性。

二　网上购车交易完善，需要产业链各方协作完成

总结中国各种网上购车模式，从产业链角度分析，网上购车交易的参与方包括传统的汽车生产商和经销商、电子商务平台、银行、保险公司等。从目前提供购车服务的网站来看，一类是汽车生产商和经销商开通的网站，能够为用户提供车型、价格、库存等信息，同时通过网站为消费者提供各种售后服务。另一类是银行网站，如招商银行推出的车易购信用卡分期购车服务，为消费者提供汽车相关的信息，同时结合自身业务提供信用卡分期付款服务。还有一类是淘宝网这样的电子商务平台，凭借庞大的用户基础和详尽的用户信用记录，为汽车厂商提供了商品展示平台和消费意向收集渠道。因此，无论是哪一种汽车网购服务网站，均需要与产业链上的其他参与方合作，才能充分保证用户网上购车的服务质量。

资料来源：http：//column. iresearch. cn/u/suhuiyan/archives/2010/324452. shtml。

除了各种实物类商品出现在网上渠道外，消费者也可以通过互联网实现生活服务类的交易。受网络团购市场的带动，用户可以通过互联网购买餐饮美食、休闲娱乐等生活服务类商品；同时随着网上支付应用范围的扩展，网上缴纳水电费、购买基金、保险等也逐步成为现实。2010 年中国网络团购市场发展状况分析见专栏 3。

专栏3 关注网络团购

一 网络团购：一场互联网引发的革命

网络团购（Online Group Shopping）是指一定数量的用户通过互联网渠道组团，以较低折扣购买同一种商品的商业活动。这种电子商务模式可以称为C2B（Consumer to Business），和传统的B2C、C2C电子商务模式有所不同，需要将消费者聚合才能形成交易，所以需要有即时通信（Instant Messaging）和社交网络（SNS）作支持。

这种崭新电子商务模式的始创者是美国的Groupon公司，其营运模式是每日推出一件商品（Deal of the Day），如果通过网上认购这件商品的用户达到指定数量，全部人就可以用特定的折扣价格购买这件商品，否则交易失败。若交易成功，Groupon公司就向出售商品的商户收取佣金。

两年前，《华尔街日报》以《团购风靡中国》为题，跟踪报道了团购现象在中国的兴盛，并得出"中国零售业正处于从未有过的变化期，团购越来越大行其道"的结论。作为一种既有利于消费者又有利于商家的新型消费模式，网络团购唤醒了中国消费者，利用互联网整合资源、扩大影响力，以集体的力量去跟商家博弈。目前，这种消费模式在上海、北京、广州等大型城市广为流行，随着覆盖面的逐渐扩大，它将成为越来越多的人参与的一场消费革命。

网络团购这种新商业模式，对于消费者说，可以大幅改变其在消费过程中的劣势地位。一方面，团体购买可以将分散的关于商品的信息整合起来，从而在一定程度上消除消费者的信息劣势。另一方面，团体购买带来的数量效应可以成为和商家砍价的重要砝码。同时，对于企业来说，网络团购可以薄利多销，加速资金的回笼。目前我国的市场已由卖方市场转为买方市场，销售渠道已经成为企业的生命线。网络团购的出现使得消费者显露出很多原来没有机会显露的偏好和习惯，而通过对于这些的观察，企业可以更好地把握市场的需求动态，把资金转移到生产消费者需求的商品中来，以做到有的放矢，避免资源的浪费，以节约成本、提高效益。从这点上看，网络团购对于企业的影响将不仅仅集中于销售环节，而且还会影响到生产决策环节。

二 我国网络团购：发展迅猛

2009年美国Gruopon网站的快速发展，引起世界各国的广泛关注。2010年

1月，中国国内开始出现与Groupon类似的企业，3月开始增多，5月同类型网站数量急剧上涨。网络团购市场持续走热，据不完全统计数据显示，截至2010年7月底，中国开业的团购网站超过400家，网站的每周访问用户持续增长，全月整体的访问用户规模达到4625.8万人，占所有网站访问用户的比重为12.4%，占购物网站访问量的19.3%（见表专3－1）。

表专3－1　2010年7月中国团购网站月度访问情况

指标	日均覆盖人数	月度覆盖人数	人均月度访问天数	人均单日访问次数	人均单次浏览页面	人均单日有效浏览时间
单位	万人	万人	天	次	页	分:秒
数据	501.3	4625.8	3.52	1.74	2.31	2:25

注：以月度覆盖人数计算，截至2010年7月，中国网络团购用户占整体网民的比重为12.4%。

资料来源：iUserTracker家庭办公版2010.7，基于对20万名家庭及办公（不含公共上网地点）样本网络行为的长期监测数据获得。艾瑞咨询公司《中国网络团购市场研究报告》，2010年。

目前，团购网站访问用户以年轻网民为主，女性用户比重较高；年龄分布主要集中在30岁以下，团购网站用户年龄分布与购物网站用户的年龄分布基本一致。与购物网站用户相比，团购网站用户更集中于办公室白领和学生，个人月收入出现“两极化”现象。

三　我国网络团购：现状纵览

首先，我们对网络团购的分类及特点进行归纳，如表专3－2所示。

表专3－2　网络团购的分类

分类标准	类　别	特　　点
团购商品种类	服务类	消费有地域性，无法批量生产
	实物类	商品消费无地域性，可批量生产
团购网站分类	新兴纯商业团购网站	先入为主，定位更清晰，但挖掘上游商户资源的能力不足
	城市信息网站	积聚大量的细分行业分类信息，与商户保持良好联系，但提升用户消费黏性是当务之急
	成熟的综合的电子商务网站	利用已积累的商户、用户资源及现有平台品牌优势，提升用户回头率，但售后服务成为发展短板
	具有社交网络的商家	为用户提供信息实时交互通道，圈内交流提升所传播信息的可信度，发展关键是实现上下游通路

资料来源：荆林波、甄宇鹏：《网络团购分析报告》，2010年10月内部报告。

我们在研究中发现，网络团购表现出的一些特点有助于我们进一步研究网络团购的发展模式。这些特点表现为：

1. 成交数量限制

团购交易成立的前提条件是购买数量需要达到最低数量；由于生产、配送等方面的问题，通常团购活动也会设数量上限。

2. 价格折扣低

这是团购交易的目的之一，通过团购获得较低的价格折扣。

3. 时间限制

团购交易属于阶段性的商业促销活动，不是商家持续性策略，因此一般团购活动都会有时间周期。

4. 小额支付

目前国内网络团购交易涉及的金额，多是小额支付；类似房子、汽车之类的大额支付交易，尚未发展起来。

5. 商品毛利高

团购活动本身属于促销行为，目的在于吸引消费者的重复消费，通过商品生产的低边际成本，或高毛利水平，支持低折扣销售。

正是由于网络团购所表现出的这些特点，产生出了“长尾理论”支持下的新商业模式。美国学者安德森在他的著作《长尾理论》中指出，随着网络的发展、搜索成本的下降，“长尾”商品将越来越受到重视，消费者差异化的需求也将更多得到满足。在这种趋势下，消费者发现和自己类似偏好的同伴，并与之形成同盟的几率也大大提高了。互联网的大发展，带来的不仅仅是“长尾”被重视，对商家来说，是对“二八”定律的颠覆。在全新的商业模式下，企业的利润不再依赖传统的20%的“优质客户”，而是许多原先被忽视的客户，他们已经不再是单个的“长尾”消费者，而是一条条细细的“长尾”编织起来的“肥尾”，足可以让企业赚得更多的利润；从企业产品的角度分析，拳头产品主打市场的老套路将趋向末路。

目前我国网络团购的商业模式主要有：

1. 电子商务企业自身经营网络团购

这种模式表现为企业利用已积累的商户、用户资源及现有平台品牌优势，

可以很快提升用户回头率，但售后服务成为发展短板。

2. “团购方式+手机端”模式

团购与位置社交进行深度结合，弥补了单纯团购网的诸多不足，消费者在消费时利用手机进行签到并同步到自己的社交网站上，将商家的品牌进行自发的传播，在消费有效期内（通常是1~3个月）一直进行传播。这种模式弥补了团购网广告效果有限、时间短的弊端，用户可以通过手机签到得到徽章领取更多的优惠，并且趣味性和社交性都要远远强于单纯团购网站。

3. 单纯团购网站

这种模式采取先入为主的方式，限定每日一团，如果当天用户数量达不到标准，则取消近日团购。该模式在争夺用户资源上占有优势，其定位更清晰、准确，但在挖掘上游商户资源的能力上显得不足。

网络团购的发展必然会对企业现有的销售渠道产生冲击，并在很大程度上促使企业改变现有的营销模式。同时，也大大改变了市场运作的结构，原本众多单个买家和卖家之间的交易被买方团体（或者作为其代理者的团购网站）和卖方之间的交易所取代。

然而，任何事物的发展并非一帆风顺，网络团购是新生事物，其发展模式要想发展成为常规模式，还有待时日。对于企业的管理者来说，需要思考的问题是团购兴起后将怎样改变营销格局？面对这样的新格局企业应该怎样应对？

四　我国网络团购：问题初现

我国网络团购发展迅猛的同时，也显现出许多问题，主要表现在以下方面：

1. 消费者权益屡受侵害，维权成本较高

网络团购消费成本低，吸引了众多用户，但在团购过程中，消费者遭遇所购产品与实际有偏差，或存在质量问题，而提出退货要求时，卖方却迟迟不予回应，零散的消费者面对商家时往往处于弱势地位，给维权增添了障碍。

2. 缺乏行业标准，监管力度不够

在团购网站大量涌现的同时，网站经营的非实体性和成本低廉性，再加上相关监管措施不完善，让不良商家有了违法的可乘之机。虽然各管理部门如工商、商务、银行、公安等颁布了一些管理办法，但由于现今还没有一部统摄全局的法规，再加上网络的虚拟性与宽泛性，监管起来有较大难度。

3. 支付服务安全机制不健全，资金安全无保障

目前，团购网站大多要求会员通过支付宝、网上银行等支付平台提前付款，而并不是确认收到货物满意后才完成付款。这一模式涉及网站与商户的资金支付、服务消费等衔接问题，在整个网络购物的消费过程中，缺乏在线支付的担保机制，一旦出现问题需要退款时，一些不规范网站往往借口网站遭攻击、支付宝有问题等理由拖延提现，资金安全无法得到保障。

4. 团购企业诚信度低，售后服务无保障

网络团购企业发展迅猛，其中许多是知名度低、小规模的团购网站，企业诚信难以保证，一些不规范团购网站为吸引商户与用户虚报团购人数，故意在数据上制造虚高，夸大自身的广告效应。还有一些企业实际能提供供应量、服务效率等能力有限，面对大量网购消费者，其服务质量难以保障，造成用户信任程度降低，用户群流失。

5. 用户黏度低，赢利前景不明确

国内不同团购网站之间具有相当高的相似性，推广活动也大同小异，由于众多团购企业所针对的用户群体都处于同一级别，因此在特定区域内的有限商户资源的开发、谈判，成为其争夺有效用户的手段。然而，激烈的竞争使得企业很难在增强用户黏度上取得实质进展，为此，国内团购网站常常加大成本，争夺优质商户资源，提高用户黏度，其赢利前景出现更多的不确定性。

五　我国网络团购：完善之策

1. 加强网购渠道建设，拓宽网购层面

团购企业通过横向交流，增加企业周边资源的互动，扩大团购受众；通过纵向合作，使销售渠道结成相应的利益联盟，实现企业利益再分配；通过纵深式发展，借助价值链、关系链等的传递，整合渠道资源，使团购渠道纵向开拓，实现团购企业间的互利互惠。

2. 建立网购联盟

团购网的个体性决定了它的独立分散性，团购网的个体操作及“每天团购一次”的初衷限制其发展，尽管我国已经出现了比较细化的团购网，定位较清晰。在宽大的界面里，单一的产品图样引人注目却缺乏多样性。因此，建立专业而多样的网购联盟，以方便有效的超链接方式，把团购网站聚集在一个大型专业的平台上，提高网购产品点击率，减少单个团购网寻找客户的时间消耗，从而增大产品或服务的销售几率。

3. 加大技术监控力度

面对众多的网上侵权行为，单用常规的手段很难加以解决，因此，有关部门要不断完善监管技术，建好网络监管平台。通过技术手段对网上信息进行常规巡查，对网络侵权行为全力打击，有效保护消费者与商家的利益。

4. 强化维权意识

消费者与商标权利人也要强化维权意识。具体来说，消费者在进行网购时，应避免盲目购物冲动，要擦亮眼睛，提高警惕，认真识别网购中存在的虚假现象，谨防掉入不法商家的陷阱；商标权利人也应积极调查取证，拿起法律武器维护自己的权益，真正掌握团购的主动权。

5. 加强政府监管力度

目前，我国政府已针对团购行业推出诚信资质认证和评级标准，设置门槛约束团购市场，相关部委等政府职能部门也在酝酿出台相应的措施。为进一步规范网络团购市场，我国政府部门应尽快出台一系列相关法律法规，促使其健康稳步发展。

（四）网络交易区域范围扩大化

中国网络交易范围逐步扩大，中西部地区网络交易发展势头强劲。来自阿里巴巴集团研究中心的数据，2009 年中国的甘肃、新疆、宁夏、青海、西藏等西北地区发展指数较低。但增长趋势良好。其中，企业网商方面，新疆的交易额增长率第一，贵州的网商数量增长率第二；个人网商方面，宁夏和甘肃的交易额增长率分列第一、第二；西藏和云南的网商数量增长率分列第二、第三，表明中西部地区网络交易的增长潜力巨大。① 另据淘宝网公布的数据，2010 年淘宝网上交易额增长最快的三个地区中，有两个为二、三线地区，而 2010 年购买人数增长

① 阿里巴巴集团研究中心：《2010 年网商发展指数报告》，2010 年 8 月。

最多的省份为湖南、河北和河南，均为中西部省份。① 此外，考虑政府支持力度对促进当地电子商务发展的重要性，结合2009年以来，上海嘉定区、北京通州区、四川成都市等出台的电子商务扶持政策，未来电子商务的区域分布将更为均衡。

2010年中国个人消费领域的网络交易国际化现象日渐突出。从进口方面来看，除了之前的海外代购市场外，2010年主营海外奢侈品的购物网站渐成规模，涉及商品包括海外的中高端的服装品牌、化妆品品牌。2010年5月，淘宝网与雅虎日本合建跨国网购平台，同步推出淘宝网“淘日本”和雅虎日本“中国商城”，促成中日跨境网络交易实现。之后，11月份上线的乐酷天，则招募日本的特色商户入驻，方便国内消费者购物日本商品。出口方面，中国的品牌商开始通过与国外购物网站合作，进军海外市场。2010年7月，李宁eBay海外网店正式上线，李宁产品将通过eBay平台销往海外。据悉，李宁eBay网店首先在eBay澳大利亚站点和英国站点上线。

二　热点篇：2010年中国电子商务行业热点分析

（一）当当网纽交所挂牌上市

2010年11月18日，中国电子商务公司当当网正式向纽约证券交易所提交上市申请，交易代码为“DANG”，预计融资规模为2亿美元。当当网在申请文件中称，募集资金将用于扩大产品种类，并改进技术基础架构。2010年12月8日，当当网成功挂牌交易，发行价为16美元，出售1700万份美国存托凭证ADS，融资2.72亿美元。2010年10月26日，拥有实体店、目录、网上三种渠道的麦考林登陆纳斯达克，交易代码为“MCOX”。② 当当网成立于1999年，由李国庆、俞渝夫妇创办，早期主要经营图书、音像类产品，后逐步扩充到日用百货等商品品类。

---

① 东方网：《淘宝盘点2010网购市场　单日峰值交易19.5亿》，2011年1月11日。

② 与麦考林不同，当当网仅有网站这一个销售渠道，商业模式与电子商务鼻祖Amazon更为相近，因此本节选其作为上市重点对象进行分析。

针对当当网上市这一事件，我们认为有以下三点值得关注。

一是当当网上市后的表现或将影响未来几年中国电子商务企业的上市选择。当当网的商业模式与美国 Amazon 的模式极为相似，均是主营图书音像类商品起家，且均是采用自营的模式，而非淘宝商城的购物平台模式。美国资本市场对该模式较为熟悉，如果当当网上市后，资本层面表现良好，美国的相关机构认可当当网的股票，则是美国资本市场认可中国电子商务企业，相信中国电子商务的巨大潜力，这将增强后来者上市的信心，进而影响中国其他电子商务企业上市的进度和选择。

二是股权结构中，当当网的原始创业团队仍占据较大比重。当当网上市前的 IPO 文件显示，上市前股份方面，李国庆、俞渝两位创始人持股约占 43.1%，员工持有 227 万股占 0.7%。① 原始创始人占据较大股权。这是现有中国电子商务企业发展中需要学习和努力的地方。当当网作为 1999 年诞生的中国第一批电子商务网站，其经营发展过程经历了三轮的融资，最近一次是 2006 年 7 月，获得来自 DCM、华登国际和 Alto Global 的联合投资 2700 万美元。即使如此，在长达 10 年多的运营过程中，当当网的原始创业团队仍能保持主导地位，难能可贵。回顾中国互联网史上，因股权占比下降，原始创业团队丧失主导权的例子颇多，后续大多引发了企业运营动荡。因此，我们建议，电子商务企业在吸纳风险投资的同时，勿忘创业团队的主导地位，为企业的长期运营奠定基础。

三是当当网上市后，募集资金的用途及运营策略反映了当前中国电子商务市场的现状。从资金用途上来看，当当网表示募集的资金将用于扩大产品种类，扩大物流仓储的建设，改进技术基础架构。正如上文提到的，中国的电子商务市场正处于大发展的时期，用户的需求不断激发，希望能够实现一站式购物，即在一家电子商务网站上购买到多种商品；同时运营单一商品的风险较高，市场容量有限，直接竞争对手过多，尤其是当当网主营图书类商品的毛利率水平低，因此类似当当网这样的企业亟须扩充产品品类，分散经营风险，促进企业的长期成长。纵观 2010 年全年，京东商城、卓越亚马逊、VANCL 等领先电子商务企业均在加大商品品类的扩充，就连淘宝商城也推出了电器城、名鞋馆、运动馆、家装馆等

① 网易科技：《解析当当网股权结构：普通员工期权占股本 4.8%》，2010 年 11 月 18 日。

细分商品频道。

关于投资扩大物流、仓储建设的做法，这也反映出当前中国电商企业运营的一大重点。由于中国物流业发展水平偏低，电子商务物流需求大与物流企业配送能力有限之间的矛盾日渐凸显，因此京东商城、当当网、卓越亚马逊、VANCL等领先的电子商务公司均自建仓储基地和物流配送队伍的运作方式，包括中国内地最大的购物平台淘宝网也推出物流宝计划，通过收购仓库、参股物流企业、与第三方物流企业合作的方式着力解决平台交易订单的配送问题。

（二）淘宝商城光棍节大促

2010年11月11日，淘宝商城携手150个品牌商家，进行光棍节5折促销活动，商品涵盖服装、鞋帽、家纺、日用品等。活动当天，淘宝商城实现单日交易额9.36亿元，超过香港一天的零售总额（约8.5亿元）。淘宝的统计数据显示，此次活动共有2100万用户参与，每秒超过2万元交易，2家店铺超2000万元，11家店铺超千万元，20家店铺过500万元，总共181家店铺过百万元。①

此前，2010年11月1日，淘宝网宣布淘宝商城启动独立域名（tmall. com），同时宣布将在2010年11月至2011年1月期间，投入2亿元人民币推广淘宝商城品牌。之后，淘宝商城在原“电器城”和“名鞋馆”基础上，增设“运动馆”、“家装馆”、“美容馆”等行业垂直频道。

淘宝网的光棍节促销不是第一次，但2010年这一次的促销，创下了中国电子商务市场日交易指标中多项新高。我们认为针对此次促销，有以下三个方面值得关注。

一是淘宝商城促销的原因：淘宝网此前既有光棍节促销的经历，2010年继续在该节日推出促销顺理成章；但是考虑到此前不久，淘宝商城独立域名刚刚发布，此次促销活动无疑将提高淘宝商城的用户认知度，提升淘宝商城正品品牌的美誉度。

二是淘宝商城促销的效果：从交易规模来看，淘宝商城的此次促销获得极大成功，日交易规模、参与人数、成交笔数等均创下中国市场的多项纪录。同时，参与活动的众多品牌商实现了很好的销售。值得注意的是，此次促销的细分类目

---

① 淘宝网：http：//bangpai. taobao. com/group/thread/66003 -19870685. htm。

中，排名靠前的多是传统品牌商。这表明传统渠道品牌的号召力在互联网渠道已逐步得到复制和宣传。

三是淘宝商城促销反映的问题：首先，此次促销活动“五折”的价格优势，使得用户趋之若鹜，即使在后来送货时间无法保证的情况，仍有很多人坚持购买。这表明，与服务相比，中国的消费者对价格的敏感度较高。其次，此次促销活动造成多家银行的网上支付宕机，表明中国的网上银行支付需要扩容整改，提升处理未来电子商务交易规模大幅上升局势的能力。最后，促销过后物流配送严重滞后，严重影响消费者的网上购物体验，反映出当前中国物流业发展水平与电子商务发展速度之间的矛盾。

三　趋势篇：中国电子商务发展方向

（一）电子商务增长态势依旧

正如上文提到的，2011 年中国电子商务仍将保持快速增长的态势。从需求层面来看，随着中国网民规模的增加及网上购物环境的改善，更多消费者加入到网上购物的行业，且对网上购物的依赖程度不断提升。同时，随着中国拉动内需政策的实施，中国消费者的潜在需求将被不断释放，这也将推动中国电子商务交易规模的增长。从供给层面来看，更多的传统企业将加入到电子商务行业，主要原因是电子商务促进了国内商品的流通，使得二、三线城市及农村地区均可以享受到丰富的商品，这就为中国众多的制造企业开辟了新的商品销售渠道；同时电子商务的开展也为传统的品牌商、零售商扩大用户规模，占据更大市场份额提供了机遇。

（二）电子商务对传统经济渗透加强

电子商务作为一种新兴的零售业态，将对传统的商品流通渠道产生深远的影响。随着网上交易规模的提升、更多传统企业的加入以及交易商品的日渐丰富，2011 年电子商务对传统经济的渗透将进一步增强。一方面电子商务将缩短商品的流转环节，提高流通效率，降低商品的流通成本，使得消费者能够享受到性价比更高的商品。另一方面，电子商务的发展激发了用户的个性化需求，使得市场

的需求能反作用于生产环节，实现商品的生产更加贴近市场的真实需求。此外，电子商务的发展也将带动传统物流业等相关服务业的发展，成为区域市场带动就业、促进消费的重要产业。

（三）电子商务业态将更为多元化

随着互联网及移动互联网的发展，加上更多用户和企业加入到电子商务行业，2011 年电子商务的业态将更为多元化。从接入终端来看，电子商务交易不仅有个人计算机（PC），还会涉及手机、电视等终端设备。从购物网站来看，电子商务领域不仅有淘宝商城、京东商城这样综合性的品牌购物商城，也会出现主营某一类商品的专营店，还有类似 1 号店、我买网这样的网上超市及专营某一品类的网上奥特莱斯。以购买鞋子为例，消费者可以去淘宝商城、QQ 商城购买，也可以去当当网、卓越亚马逊等，同时也可以去好乐买、乐淘等专营鞋子的网站，此外也可以选择名鞋库此类的网上奥特莱斯。未来消费者网上购物的选择将越来越多。

（四）电子商务市场集中化程度或提升

当前中国的电子商务市场正处于上升期。考虑到图书、3C 等标准化程度高的细分领域，市场容量将趋于饱和，企业间的直接竞争将凸显出来。2010 年以来，京东商城、当当网等领先的电子商务企业开始开放平台，快速扩充产品品类，价格战或将成为常态。2010 年末 2011 年初，京东商城图书频道刚上线不久，即与当当网之间展开一场图书价格战，或是一个例证。此外，考虑到风险资本的支持及地方政策的扶持，2011 年中国电子商务市场的竞争将更为激烈，市场的集中化程度或将有所提升。

（五）电子商务企业上市步伐将加快

2010 年麦考林、当当网的上市揭开了中国的电子商务企业登陆资本市场的大幕。从企业运营的角度分析，电子商务企业产品品类的扩充、营销推广、仓储物流及 IT 系统建设均需要投入大笔资金。考虑到中国电子商务市场竞争正E渐加剧，电子商务企业急需要快速做大规模、跑马圈地，电子商务企业的资金需求强劲。上市将成为部分领先电商企业发展的方向。此外，上市也可以使得已注入电子行业的风险资本能够成功退出。预计中国电子商务企业的上市步伐将加快，未来2~3年将迎来中国电子商务企业的上市高潮。

参考文献

艾瑞咨询集团：http：//www. iresearch. cn。

国家统计局：http：//www. stats. gov. cn。

阿里巴巴集团研究中心：http：//www. aliresearch. com。

产业要素分析

Business Factors Analyses

B.8

2010年中国商业地产发展趋势与政策分析

刘 波*

摘 要： 本文首先通过对销售价格、租金以及商业地产开发投资吸引力等指标的分析，介绍了2009年至2010年上半年我国商业地产发展的现状；然后，我们对我国商业地产的发展趋势进行总结，特别是对城镇化和保险资金的进入对商业地产所产生的积极影响进行了系统的分析；在本文的最后，我们梳理了从2009年12月以来我国出台的一些重要的房地产政策，并从商业地产的开发和销售环节对这些政策所带来的不同影响进行阐述，同时跟踪列举出一些房地产企业对商业地产未来的战略规划和目标。

关键词： 商业地产 需求 房地产政策

* 刘波，就职于中国社会科学院财政与贸易经济研究所信息服务与电子商务研究室，在读博士生。

一　我国商业地产现状

2009 年我国房地产市场快速回暖，全年商品房销售面积和销售额分别增长 43.6% 和 76.9%，与 2008 年 -14.7% 及 -16.1% 的数据相比较，可以看出从 2009 年开始我国房地产市场整体开始回暖。在商业地产方面，商业营业用房市场也呈现快速增长的趋势，全年投资完成额达到 4180.7 亿元，同比增长 24.6%，为 2005 年以来最高的增长速度，甚至高于同期住宅开发投资额。① 可以看到，2001～2009 年商业营业用房投资增速比较稳定，保持在 15.4%～39.5% 之间；而在平稳度过金融危机的冲击后，我国的商业地产也迎来了一轮新的快速增长期。2000～2009 年的十年间，商业营业用房投资额及增长率见表 1 与图 1。

表 1　2000～2009 年商业营业用房投资额及增长情况

年　度	2000	2001	2002	2003	2004	2005	2006	2007	2008	2009
投资完成额(亿元)	580.0	755.3	933.6	1302.4	1723.7	2039.5	2353.9	2785.6	3354.5	4180.7
增长率(%)	19.8	30.2	23.6	39.5	32.3	18.3	15.4	18.3	20.9	24.6

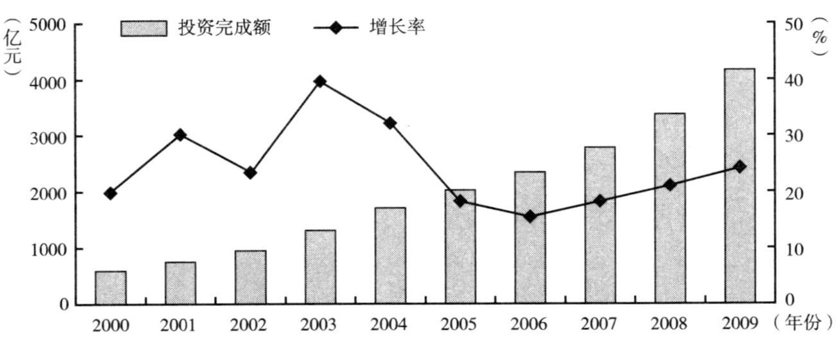

图 1　2000～2009 年商业营业用房投资额及增长情况

资料来源：根据《中国统计年鉴 2010》整理而得。

① 商业营业用房是指商业、粮食、供销、饮食服务业等部门对外营业的用房，如度假村、饭店、商店、门市部、粮店、书店、供销店、饮食店、菜店、加油站、日杂等房屋，不包括办公楼及住宅。

2009 年我国商业营业用房销售面积达到 5328.03 万平方米，比 2008 年增加了 1121.97 万平方米，增长率为 26.7%。从销售面积指标上分析，从 2000 年开始我国商业地产的销售进入高增长时期，在这期间销售面积保持 25% 左右的增长速度，但进入 2006 年后，增长趋势明显放缓，2008 年的销售量受到全球金融危机等因素的影响甚至出现了全年 9.4% 的负增长。但进入 2009 年，商业地产的需求被释放出来，商业营业用房销售面积再次达到了两位数的增长率，为 2006 年以来最高年增长速度，可以认为从 2009 年底开始，中国的商业地产逐渐走出低谷，并呈现逐渐恢复的趋势（见表 2 和图 2）。

表 2　2000～2009 年商业营业用房销售面积及增长情况

年　度	2000	2001	2002	2003	2004	2005	2006	2007	2008	2009
销售面积（万平方米）	1399.31	1696.15	2218.58	2833.10	3100.29	4081.38	4337.79	4644.61	4206.06	5328.03
增长率(%)	39.5	21.2	30.8	27.7	9.4	31.6	6.3	7.1	-9.4	26.7

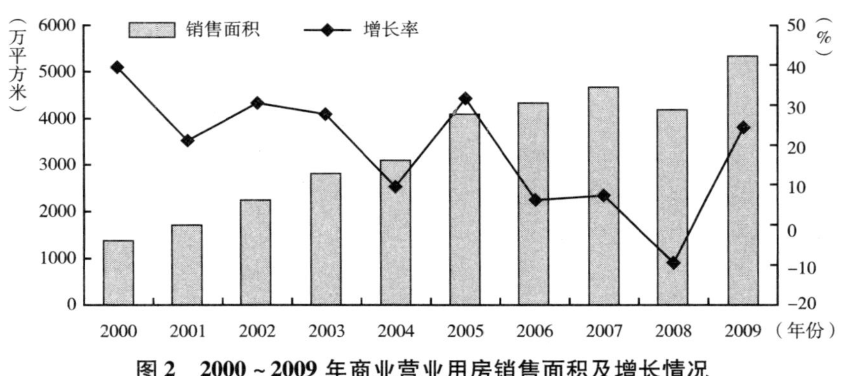

图 2　2000～2009 年商业营业用房销售面积及增长情况

资料来源：根据《中国统计年鉴 2010》整理而得。

2010 年 1～7 月，全国商业营业用房的各项评估指标的增长速度都呈现强势增长趋势。根据中国指数研究院公布的数据，从供给方分析，2010 年 1～7 月，全国住宅、办公用房及商业营业用房新开工面积显著增长，分别同比增长 65.9%、64.0% 和 66.7%，增速较 2009 年分别提高 55.4 个、50.2 个和 43.7 个百分点，其中商业营业用房增速最高，高于住宅和写字楼。从竣工面积考虑，住宅、办公楼、商业竣工面积分别同比增长 10.3%、下降 1.6%、增长 32.1%，商业营业用房增速明显高于住宅和办公楼。从需求方分析，2010 年 1～7 月，全国住宅、办公用房和商业营业用房销售额分别同比增长11.7%、74.3%和47.9%，而住宅、办公用房和商业营业用房销售面积分别同比增长7.1%、39.4%和36.6%，可以看出，由于国家宏观政策的影响，2010年我国住宅需求市场受到较大的影响，各项销售指标增速同比下滑严重，而商业营业用房和办公用房相反表现出旺盛的需求。

进入2010年，商业营业用房的平均销售价格呈现微涨的态势，总结其原因主要有以下两个方面：第一，从2007年开始我国住宅价格就高于商业营业用房价格，按照国际惯例，商业地产作为一种纯投资的地产商品，其价值是高于住宅的，在一个健康的房地产市场上，相近地段的商业地产项目售价要比住宅项目高出30%左右。正是由于近年来"商住倒挂"使得商业地产长期处于价值洼地。2009年按照北京房地产交易网的数据，住宅大约上涨了29%，同期商业物业上涨不到1%。所以，大部分业内人士和投资者都认为在房地产新政后一直徘徊不前的商业房地产应该有一个补涨的行情。第二，中国政府从2009年开始就出台了一系列限制商品房价格过高的政策，特别是"国十条"的推出，使大部分投资者对住宅投资处于观望态势。从住宅市场撤离的资金加上市场上本身较为充裕的流动性使得投资者在通货膨胀的预期下需要找到低风险的保值渠道。资本如同流动的水，总在寻觅价值洼地，2005年以来停滞不前的商业房地产成为这些资金较稳妥的一个去向，从而推动商业房地产价格上涨。根据21世纪不动产商业地产市场研究中心的数据，2010年1~7月，北京市商业项目新开盘的18个项目的价格走势趋于平稳上升，平均价格大约在40000元/平方米，特别是5月份开盘的北京One和西绒线26号这两个项目，销售价格已达到了60000元/平方米。

商业营业用房的租金在2010年的上半年上扬趋势明显，尤其是新政颁布之后大城市的租金价格不断攀升。以北京市场为例，根据21世纪不动产商业地产市场研究中心的数据，北京在2010年1月新开盘的商业项目的整体租金价格维持在4元/平方米/天左右的水平；而到了5月，新开盘项目的租金就整体上扬，达到5元/平方米/天的水平；6月平均租金已达到了6元/平方米/天的水平，上升趋势日趋明显。同时根据仲量联行发布的最新研究报告显示，北京商铺物业市场需求旺盛，市场租金平稳上涨，2010年第三季度优质购物中心首层平均租金环比增长4.2%，达到597元人民币/平方米/月，而市场空置率小幅下降2.5个百分点，达到12.3%。

对于中国城市商业营业用房开发投资吸引力的分析，我们采取中国指数研究院的指标体系，其参考因素包括市场规模因子、潜在需求因子、供求对比因子和

成长速度因子（参见表 3）。代入相关指标数值可计算出各城市参考因素的得分以及总得分，结果显示商业营业用房开发投资吸引力十强城市是：北京位居第一，上海排名第二，苏州居于第三；第 4 至第 10 名依次是：重庆、无锡、宁波、沈阳、广州、杭州和天津。①

表 3　2010 年中国城市商业营业用房开发投资吸引力评价指标体系

序号	因　子	指　　标
1	市场规模因子	2009 年销售额
2		2009 年销售面积
3	潜在需求因子	GDP
4		人均 GDP
5		城镇人均可支配收入
6		存款余额
7		社会消费品零售额
8		市区人口
9	供求对比因子	2009 年销售面积/新开面积
10		2009 年销售面积/施工面积
11		销售额/投资额
12	成长速度因子	2007～2009 年销售额增长率
13		2007～2009 年销售面积增长率
14		2007～2009 年竣工面积增长率

资料来源：CREIS 中指数据。

二　2010 年中国商业地产发展趋势

（一）城镇化扩大中小城市商业地产的需求，世界城市带动大城市商业地产的发展

在 2010 年政府工作报告中，明确提出统筹推进城镇化和新农村建设。坚持走中国特色城镇化道路，促进大中小城市和小城镇协调发展，着力提高城镇综合承载能力，发挥城市对农村的辐射带动作用，促进城镇化和新农村建设良性互动。城镇化新政的推行有利于加快城镇的交通、供水、供电、通信、文化娱乐等

① 详细数据可参考：黄瑜：《当前商业地产市场形势分析》，http：//www.soufun.com/news/2010－08－28/3723522.htm。

公用基础设施建设，直接带动房地产行业的发展；同时城镇化改善中小城市、城镇的消费环境，有利于大批农民进入城市，变农民消费为市民消费，扩大城市居民的商品消费需求。截至2009年，中国城镇化率为46.6%。但按照户籍人口计算我国城镇化率不到30%，与世界平均水平相比我国至少滞后20~25个百分点。假设我国城镇化率能够达到世界城镇化率49%的平均水平，那么将直接增加5万亿元的社会消费品零售额。据有关专家估算，如果在未来十年中国的城镇人口比重能上升到2/3，年均社会消费额可以从目前的10万亿元增加到20万亿元。商业地产正是房地产与商品消费的最佳结合，所以城镇化带来房地产的发展和商品消费的增加将直接扩大商业地产的需求。

同时北京、上海等城市在建设“世界城市”的过程中，也将直接带动商业地产的发展。例如传统世界城市纽约、伦敦、东京等城市的形成是以向外扩张、投资为特点的。简言之，这些城市原本是工业中心城市，随着企业和城市的发展，企业纷纷向外迁移，其核心制造基地逐步迁移出城市，迁到本国其他地区或世界其他国家，而企业总部和商业仍留在城市中，逐渐形成以办公楼为基础的“跨国公司总部”和以商业为基础的“现代服务业集群”。所以发展“世界城市”和打造“国际商贸中心”主要依赖第三产业和现代服务业实现，作为第三产业和现代服务业发展的载体——商业地产势必快速发展。只有商业地产发展起来了，北京等城市才能真正成为“世界城市”。目前北京在发展“世界城市”的同时也在打造“国际商贸中心”，“国际商贸中心”不仅要考虑商贸流通业的发展，更要从城市整体考虑进行软件和硬件设施建设，把北京浓厚的传统商业文明与西方现代化的商业融合起来，这将对北京商业地产提出更高的要求，也带来巨大的发展机遇。

（二）松绑的保险资金进入商业地产领域，一定程度上缓解了新政后的资金压力

2009年10月1日，我国新《保险法》正式实施，新《保险法》中对开放后保险资金可投向的不动产领域进行了规定，主要包括购买自用办公楼、投资廉租房、养老实体和商业物业四类。2010年9月2日，保监会发布保险资金投资不动产和股权的暂行办法，规定保险资金可以投资商业不动产，但是不得变相炒地卖地，不得以商业房地产的方式开发和销售住宅。保险资金进入商业地产领域，这无疑缓解了商业地产在新政后银行信贷紧缩带来的资金压力。根据暂时办法中

对险资不动产投资额度的具体限定，按照2010年第二季度末4.5万亿元人民币保险资金总资产计，将有超过4500亿元的资金流入不动产和不动产相关的金融产品，而这些资金最有可能进入有着稳定租金收入、升值潜力较高的商业地产，尤其是写字楼物业，商业地产将成为最大受益产业。但不少产业专家也认为保险资金获准投资不动产对商业地产的影响非常有限。其主要观点为在新《保险法》与暂行办法出台前，一些资金充裕的保险公司都已经涉足商业地产项目，他们通过购买或自建办公楼的方法进行房地产投资。根据资料显示，从2006年开始，中国人寿人保财险、平安保险、泰康人寿、太平洋保险、民生人寿、太平人寿、生命人寿、中意人寿等公司都先后以购入房地产项目来进驻商业地产领域，其中中国人寿集团在金融街购买了大量办公楼，而太平洋保险集团则以22亿元购入7.08万平方米的金融街丰盛大厦。由于这些保险公司早就进入地产市场，并且目前商业地产的租金水平还处于恢复期，资金回报率并不高，保险公司从风险收益考虑会采取较为保守的姿态，所以4500亿元资金只是理论上的数字，到底会给新政后面临资金压力的商业地产多大影响，还需要进一步观察。

（三）大城市商业地产呈现郊区化趋势，大房地产企业逐渐进入商业地产领域

北京、上海等大城市商业地产呈现郊区化的趋势，这主要是由于城市中心地价飙升导致商铺租金价格上升造成的。投资者从成本因素的角度会关注那些低价商铺楼盘，而这类低价化商铺楼盘往往集中于新开发的城镇及城郊接合区域，故使得商铺开发呈现郊区化趋势。按照房地产开发流程，一般是市郊住宅社区先行发展，之后带动大型超市、购物中心在周边进行扩张，当具有一定规模效应后就形成了城郊住宅商业社区。这类社区的最大特点是不会出现市区购物中心带来的交通堵塞、影响居民日常生活的问题，硬件建设和配套完善，有充足的土地作为保障。但培育这些社区所需的时间也较长，一般会从过去的两年延长到三年至五年。目前上海“一城九镇”的规划思路，就是以新城中心镇为代表的郊区试点城镇，这将成为商业新一轮发展建设的重要区域，并使商铺的开发投资重点集中于城郊地区，逐渐形成新的区域性商业中心。而北京则是以优惠政策吸纳众多大品牌零售、地产企业去城郊接合部拓展。2009年10月，日本零售企业永旺集团宣布进入通州，计划在通州梨园镇建设大型购物中心；TESCO乐购、王府井百

货也已正式签约进驻大兴火神庙购物中心项目；新世界百货开进顺义，沃尔玛将版图扩展到远郊延庆县城。值得一提的是，以奥特莱斯购物公园为代表的新型商业项目已在北京落户，这种新概念商业形式正在成为地产商圈地的最新手段，对市郊周边区域具有很强的经济带动作用。

商业地产的商业模式也在发生变化，最为典型的例子是万达集团进行的三次转型。从 2000 年开始万达采用的是"订单地产"商业模式，这种模式是与沃尔玛、大洋百货等跨国连锁企业以及国内知名企业签订双方发展合同，双方共同选址、技术对接、商定平均租金以及先租后建，通过将主力店低价出租给这些知名品牌带来影响力，再通过高价出售地铺赢利。2004 ~ 2005 年，万达开始进入到"组合店"模式，项目开发四五个独特商用楼，分别作为商业、百货、超市以及电影院，再通过室外步行街衔接起来形成商圈。从 2006 年开始万达商业模式升级为"城市综合体"，与一、二代店比较，万达此后新建的商业中心不再出售，全部留作持有型物业，万达集团的身份也由商业地产开发商转变为商业管理公司，成为商业地产全程运营商。另外值得一提的是，从 2010 年开始，一些大房地产企业为了分散自身运营风险，都进入商业地产领域。2010 年万达在深圳将营建五家酒店；在 2010 年 4 月末至 5 月初的 10 多天时间里，万科也相继有三个大体量商业地产项目被披露，总投资超过百亿元；而已经拥有商业地产面积超过 100 万平方米的保利地产，也计划到 2012 年将商用物业面积继续增加到 300 万平方米，并将投入 300 亿元的配套资金。此外，合生创展、首创置业、龙湖地产等也纷纷抛出了自己的商业地产计划（参见表 4）。

表 4　近期主要房地产企业加大对商业地产投入

房地产企业	主要内容
万　　科	提出"商业地产三步走"战略，拿出不少于 10% 的资金来开发商业地产，到目前为止，万科集中的商业面积已有 300 万平方米
保　　利	将商业物业的投资比例逐步增大到总体投资的 30%，在未来 3 年内，持有型商用物业面积将增加到 300 万平方米
华润置地	公司商业地产在未来资产比例和利润贡献将上升至 40%
中粮集团	未来 5 ~ 10 年，在全国拓展 20 个大型商业地产项目大悦城，总资产将达到 700 亿元规模
金　　地	2010 年将涉足商业地产，初步投资为 20 亿元左右

资料来源：根据网络材料整理而得。

（四）城市综合体成为商业地产新宠，呈现开发热潮

近年来城市综合体的商业模式，越来越受到投资商和开发商的青睐，呈现开发热潮。所谓“城市综合体”，是将城市中的商业、办公、居住、旅店、展览、餐饮、会议、文娱和交通等城市生活空间的三项以上进行组合，并在各部分间建立一种相互依存、相互助益的能动关系，从而形成一个多功能、高效率的综合体。从广义角度分析，城市综合体是伴随着城市发展而产生的历史性城市中心，具备现代城市的全部功能；从狭义角度考虑，城市综合体是商业地产的复合型产品，包含商务办公、商业零售、酒店餐饮和公寓住宅四大核心功能。中国城镇化已成为中国未来发展的必然趋势，而房地产业将是最直接受益的行业。在 2010 年房地产市场阶段性调整的情况下，资产型、经营型商业地产特别是城市综合体无疑将成为刺激消费带动投资的发动机，也成为不同城市的形象名片。万达集团、中粮集团等大房地产企业提出了“主做城市综合体”的发展战略，就是看到了城市综合体可以宣扬企业的品牌效应，带动整个区域的价值提升。杭州、沈阳等有代表性的二线城市也提出了未来城市建设、招商和开发主要以城市综合体为主的战略目标，其中沈阳华府天地总占地面积 17 万平方米，规划总建筑面积约 190 万平方米，容积率高达 12；以城市综合体理念开发的裕景·大连中心总占地约 6.23 万平方米，总建筑面积约 80 万平方米，容积率达 14。① 容积率的大幅提高，使得城市综合体的单位效益也随之增加。除了容积率增加，城市综合体各种业态之间的有效整合和优化配置使得降低成本的同时带来了规模经济效应。根据机构调查显示，城市综合体内的各种业态和物业的运转效率比普通商业物业提高 36%，节能收益提升 42%。

三　房地产政策汇总以及对商业地产的影响

2010 年被称为中国房地产市场迎来的调控年，政策出台之频繁、力度之大都是多年来少见。我们一方面对 2010 年出台的房地产政策进行梳理总结，同时

① 容积率，是指一个小区的总建筑面积与用地面积的比率。对于发展商来说，容积率决定地价成本在房屋中占的比例；而对于住户来说，容积率直接涉及居住的舒适度。一般而言，商业地产不应超过 10，高层住宅容积率应不超过 5，多层住宅应不超过 2。

针对这些政策对商业地产的影响进行全面分析。2009 年 12 月 14 日至 2010 年 11 月 16 日，对房地产市场的中央调控政策共出台 20 多项，颁布政策的部门包括国务院、人民银行、国家发改委、财政部、住房城乡建设部、国土资源部、国家税务总局等。下面根据政策颁布的时间对重要政策进行归纳汇总（参见表 5）。

表 5　房地产新政中重要政策汇总

时　　间	部　　门	政　　策	细　　则
2010 年 11 月 3 日	住房城乡建设部、财政部、人民银行、银监会	《关于规范住房公积金个人住房贷款政策有关问题的通知》	通知规定，第二套房公积金贷款首付比例提高至五成且利率上浮 10%，停止三套房公积金贷款
2010 年 9 月 29 日	国家有关部委	"新国五条"	推出多项铁腕政策，包括加大贯彻落实房地产市场宏观调控政策措施的力度、完善差别化的住房信贷政策、增加住房的有效供给，加快推进房产税改革试点工作等
2010 年 9 月 27 日	国土部、住建部	《关于进一步加强房地产用地和建设管理调控的通知》	该通知要求贯彻落实"国 10 号文"确定的工作任务，进一步加强房地产用地和建设的管理调控，积极促进房地产市场继续向好发展
2010 年 5 月 26 日	国家税务总局	《关于土地增值税清算有关问题的通知》	该通知明确土地增值税清算过程中的若干计税问题。专家指出，在"新国十条"和各地细则均提及要加大土地增值税清算的情况下，通知的出台意味着土地增值税清算从严执行
2010 年 5 月 14 日	国务院	《国务院关于鼓励和引导民间投资健康发展若干意见》	国务院发布关于鼓励和引导民间投资健康发展的若干意见，指出鼓励和引导民间资本进入市政公用事业和政策性住房建设领域
2010 年 5 月 12 日	国家税务总局	《关于房地产开发企业开发产品完工条件确认问题的通知》	通知要求，房地产开发企业应按规定及时结算开发产品计税成本，并计算企业当年度应纳税所得额。有税务专家分析认为，房地产企业的项目完工条件得到明确后，将使得这一税收漏洞得以堵塞
2010 年 4 月 17 日	国务院	《国务院关于坚决遏制部分城市房价过快上涨的通知》（"新国十条"）	通知指出，商品住房价格过高、上涨过快、供应紧张的地区，商业银行可根据风险状况，暂停发放购买第三套及以上住房贷款；对不能提供 1 年以上当地纳税证明或社会保险缴纳证明的非本地居民暂停发放购买住房贷款。通知要求，严格限制各种名目的炒房和投机性购房。地方人民政府可根据实际情况，采取临时性措施，在一定时期内限定购房套数

续表

时 间	部 门	政 策	细 则
2010 年 4 月 14 日	国务院	差别化住房信贷政策	对购买首套自住房且套型建筑面积在 90 平方米以上的家庭,贷款首付款比例不得低于 30%;对贷款购买第二套住房的家庭,贷款首付款比例不得低于 50%,贷款利率不得低于基准利率的 1.1 倍;对贷款购买第三套及以上住房的,大幅度提高首付款比例和利率水平
2010 年 2 月 11 日	银监会	《关于加强信托公司房地产信托业务监管有关问题的通知》	①商业银行个人理财资金投资于房地产信托产品的,理财客户应符合《信托公司集合资金信托计划管理办法》中有关合格投资者的规定。②信托公司以结构化方式设计房地产集合资金信托计划的,其优先和劣后受益权配比比例不得高于 3∶1
2010 年 1 月 7 日	国务院办公厅	“国十一条”	①增加保障性住房和普通商品住房有效供给;②合理引导住房消费抑制投资投机性购房需求;③加强风险防范和市场监管;④加快推进保障性安居工程建设;⑤落实地方各级人民政府责任
2009 年 12 月 22 日	财政部和国家税务总局	“二手”房营业税优惠政策	通知规定,自 2010 年 1 月 1 日起,个人将购买不足 5 年的非普通住房对外销售的,全额征收营业税;个人将购买超过 5 年(含 5 年)的非普通住房或者不足 5 年的普通住房对外销售的,按照其销售收入减去购买房屋的价款后的差额征收营业税;个人将购买超过 5 年(含 5 年)的普通住房对外销售的,免征营业税
2009 年 12 月 17 日	财政部、国土部等五部委	《关于进一步加强土地出让收支管理的通知》	分期缴纳全部土地出让价款期限原则上不得超过一年,特殊项目可以约定在两年内全部缴清,首次缴款比例不得低于全部土地出让款的 50%
2009 年 12 月 14 日	国务院办公厅	“国四条”	一要增加普通商品住房的有效供给;二要继续支持居民自住和改善型住房消费,抑制投资投机性购房;三要加强市场监管,继续整顿房地产市场秩序,加强房地产市场监测,完善土地招拍挂和商品房预售等制度;四要继续大规模推进保障性安居工程建设

从2009年12月开始的我国房地产新政对商业地产究竟带来哪些影响？影响的程度如何？从政策表面来看，不论是“新国十条”还是“新国五条”的目标都是非常明确的，只是针对住宅市场的调控，没有涉及商业。但是，没有提到并不等于没有影响，而且历来在对房地产的调控中商业地产从来没有幸免。

在金融危机后对经济的刺激政策中，商业地产无论是税费减免还是贷款利率优惠，都没有享受与住宅地产一样的政策优惠。一般银行对商业地产贷款审查也较为严格，即使首付50%、10年按揭、1.1倍的贷款利率，也不是很容易能审批通过的。2009年我国信贷总额为95900亿元人民币，货币发行速度达到27.7%。而2010年第一季度，房地产业中长期贷款新增3394亿元，占全部产业中长期贷款的21.9%，比上年同期高9.4个百分点。正是由于过剩的流动性流入了住宅市场，导致住宅资产价格长期居高不下。而商业地产的价格从2005年开始一直保持稳定，在住宅价格上涨的情况下也就出现了“商住倒挂”的现象。

在房地产新政来临之时，商业地产在开发环节上会受到较大的负面影响。具体而言，一方面是由于商业地产对银行贷款过度依赖，另一方面是新政后政府会紧缩商业地产的信贷额度。商业地产开发的资金来源主要依靠银行贷款，而商业银行基本上参与了商业地产开发与运营的全过程，因而间接承担了商业地产市场运行各个环节的市场风险和信用风险。商业地产融资渠道过于依赖银行贷款的原因主要有以下几个方面：第一，我国的资本市场不能与商业地产发展相匹配，目前没有形成产业基金和抵押贷款证券的发行和流通市场；第二，商业地产开发赢利模式有待规范，赢利模式的不透明限制了民间资本的进入；第三，商业房地产开发经营专业性不强，与住宅市场相比风险较大。另一方面，新政后政府会一定幅度削减固定资产投资，而在政府和银行部门的思维模式中，商场、写字楼以及宾馆等商业物业属于“楼堂馆所”，是最先缩减投资的对象，故新政后商业地产很难从政府以及银行方面筹集到资金。所以商业地产开发商由于很难从银行贷到资金，而又苦于没有其他的融资渠道，导致依靠银行生存的商业地产商面临资金链断裂的危险。

面对新政带来住宅市场的巨大压力，商业地产在销售环节会迎来一个利好。“新国十条”、“差别化住房贷款政策”等政策措施的出台，已经对住宅投资客和住宅投机客造成了较大的影响，成交量持续萎缩，大多数投资者都持观望态度。

调控后的信贷政策已经使商业地产的信贷门槛与住宅项目持平，而在通胀预期影响下，投资者会把资金转向存在“价值洼地”的商业地产。根据仲量联行、戴德梁行等房地产研究机构的 2010 年第一季度调研报告显示，经过 6 个季度的低迷之后，北京商业地产出现了全面回暖的迹象，各种需求复苏，租赁成交活跃，租金首次出现增长。在写字楼方面，京、沪、深、穗四大一线城市 2010 年 4 月写字楼新增供应面积约 50.09 万平方米，环比大幅度增长 181.90%；销售面积 62.70 万平方米，环比增长 72.43%，供求比是 1:0.8，其中新增供应量最大的是北京和上海，环比增幅均超过 100%。除了普通投资者，建行、工行在内的 5 家银行也已陆续取得金融租赁公司资质，这 5 家银行注册资本之和达到 137 亿元，另外光大银行、兴业银行也提出了资质申请。这些金融租赁公司的主要业务将是商业地产，通过购买商业地产进而出租的方式获得收益，所以这些租赁公司也将扩大商业地产的需求量，粗略估计这些金融租赁公司将在商业地产行业注入近千亿元的资金。

除了销售环节的利好，外资的进入与人民币升值的预期也会给商业地产的发展带来较大的影响。由于中国优质商业地产与写字楼较少且投资回报率较高，境外投资者从 2003 年开始就涉足中国的优质商业物业，特别是摩根斯坦利、美林、高盛集团和美国花旗集团等国外大财阀都先后在京、沪、深、穗等大城市购买了商铺和写字楼。同时境外投资者一直存有人民币升值的较强预期，保守估计大约有上千亿元的热钱涌入中国的资本市场。房地产在人民币升值的背景下具有很大的升值空间，国外资本的大量涌入势必会推高房地产的投资需求，特别是回报率较高的商业地产将成为这些热钱的最佳去处。这些境外资本进入我国商业地产在短期内会给产业注入充裕的资金，有利于商业物业的长期保值与增长，提高物业管理水平和规范市场交易行为。但从长期而言会给整个产业带来更大的波动性，对此中国政府已出台针对外资投入中国商业地产的相关文件来防范波动性对产业造成的不利影响。2007 年 5 月 23 日，国家颁布了《商务部、国家外汇管理局关于进一步加强、规范外商直接投资商业地产业审批和监管的通知》，要求地方审批部门批准设立外商投资商业地产企业，应及时依法向商务部备案。2007 年 7 月 10 日，国家外汇管理局发布了《关于下发第一批通过商务部备案的外商投资商业地产项目名单的通知》，规定今后将不再批准新的外资商业贷款。同时各地城市商业网点规划的纷纷出台也逐渐规范了商业地产的盲目扩张，使得整个产业

向更加有序、良性的方向发展，特别是对商业地产在我国二、三线城市发展起到了很好的引导作用。

新政带来的另一项重要的变化是在宏观调控对住宅类地产过快增长产生有效抑制后，一些住宅地产商会转向商业地产开发来规避风险及弥补赢利的不足，这对商业地产产品质量的提升和供应增长都会起到促进作用。下面列举主要品牌房地产企业制定的商业地产转型战略。

①万科：2009 年 11 月 16 日万科宣布新战略：万科将加大持有型物业的储备，近期内陆续推出养老物业、酒店及商业配套等多种物业类型，计划未来住宅与开发持有物业比例为 8∶2。2010 年 4 月，万科连续接手北京赢嘉中心、东莞长安镇和西安曲江新区三个商业地产项目。

②保利：2010 年 4 月 13 日，保利宣布未来 3 ~ 5 年，将持有性商用物业的投资比例增大到总投资的 30%，并重点持有核心地段的高品质物业。

③华润置地：从 2010 年开始到 2015 年，商业地产在资产的比例和赢利贡献中所占的比例达到 40% 左右。

④世茂股份：截至 2010 年 5 月，世茂股份在北京、上海、沈阳、青岛、济南、福州、杭州等城市拥有 21 个发展至不同阶段的大型综合地产项目，土地储备近千万平方米，是目前最大规模的商业地产上市公司。其经营定位是城市运营商，而非房地产开发商。

⑤金地集团：商业地产的开发和运作将成为未来金地集团一个重要战略规划，2010 年将把 20% 的资金投向商业项目。

⑥龙湖地产：2010 年 9 月龙湖的第一个百货品牌“三千集”落户成都，龙湖依靠其雄厚的资金实力开始进入百货业。未来 5 ~ 7 年，龙湖投资性商业物业将达到 200 万平方米，预计占到整体土地储备量的 15%。

⑦合生创展：在 2009 年合生创展已明确了“高端物业 + 高档住宅 + 高级商业”三大业务主线，其目标是带动高端业务板块全面发展。在 2010 年 11 月，合生创展先是以 68.75 亿元收购北京通州商业项目，再以 15.59 亿元购入上海金山新城区 E25 地块的一幅商住用地。

⑧福星惠誉：发展战略由单一住宅开发逐步转型为住宅与商业地产齐头并进，2010 年启动开发的商业项目面积达到 40 万平方米，公司远期战略目标是“成为中国领先的商业地产集团”。

参考文献

殷惠勇：《城市综合体是未来的城市灵魂》，2008 年 12 月 13 日《华夏时报》。

黄瑜：《当前商业地产市场形势分析》，http：//www. soufun. com/news/2010 - 08 - 28/3723522. htm。

中国商务部网站：http：//www. mofcom. gov. cn。

中国商业地产网：http：//www. 90598. com。

中国商业地产联盟网站：http：//www. ccrea. com. cn。

中国烹饪协会网站：http：//www. ccas. com. cn。

B.9

中国商业板块2011年走势及展望

李嫄春*

摘　要： 本文首先对商业板块中的百货和超市两大主要子行业分别从基本情况、行业内上市公司整体赢利能力情况、行业发展趋势、投资策略四个方面进行分析，之后又概括了商业板块2010年的走势及其特点，并对2011年的板块走势进行了展望。

关键词： 百货　超市

一　百货篇：寻找外延性扩张与业绩增长之间的平衡点

（一）通胀和政策刺激，为行业稳定增长提供了保障

百货行业在经历了金融危机的大起大落之后，已逐渐回归平稳增长的轨道。2010年1～10月，百家大型零售企业零售额同比增速为22.3%，比上年同期提高了7.4个百分点（见图1）。

通胀和政策刺激保障2011年百货行业持续平稳增长，零售额同比增速预计在25%左右。

1. 温和通胀

2010年下半年以来CPI屡创新高，预计2011年仍将维持在4%以上的水平。从历史数据来看，CPI与百货店销售额同比增速存在着正相关关系，因此预计

---

* 李嫄春，2008年毕业于南开大学国际经济研究所世界经济专业，获得经济学硕士学位。之后一直在金元证券研究所从事商业零售行业研究工作。

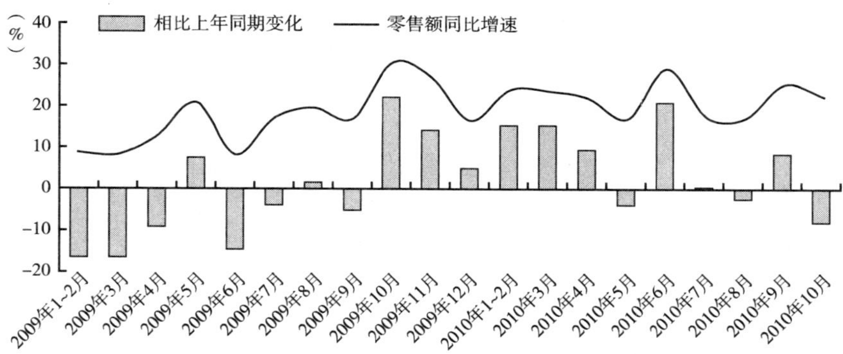

图1　百家大型零售企业零售额同比增速

资料来源：中华全国商业信息中心。

2011年在温和通胀的背景下，百货行业的实际消费增速或有所放缓，但名义消费增速仍将保持较高的水平（见图2）。

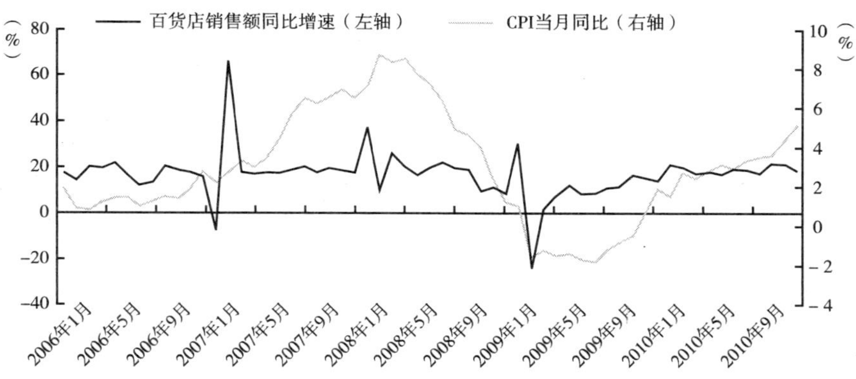

图2　百货店销售额同比增速与CPI

资料来源：WIND。

2. 政策刺激

“十二五”规划中明确提出了要“坚持扩大内需特别是消费需求的战略”，“把扩大消费需求作为扩大内需的战略重点”，要“建立扩大消费需求的长效机制”，“积极稳妥推进城镇化”，“完善收入分配制度，合理调整国民收入分配格局，着力提高城乡中低收入居民收入”。

居民收入增长是消费增长的根本动力，也是百货行业稳定增长的根本保障。

“十二五”规划基本将城乡居民收入年均增速目标定为 7%，与经济增速 7% 的年均目标一致。但预计实际增速将大幅超越规划目标，尤其是收入基数相对较低的农村居民和中西部地区居民。目前，宁夏、黑龙江、山西等多个省区确定 2011 年城乡居民收入增长目标为 10%，陕西省为 14%（见图 3 和图 4）。

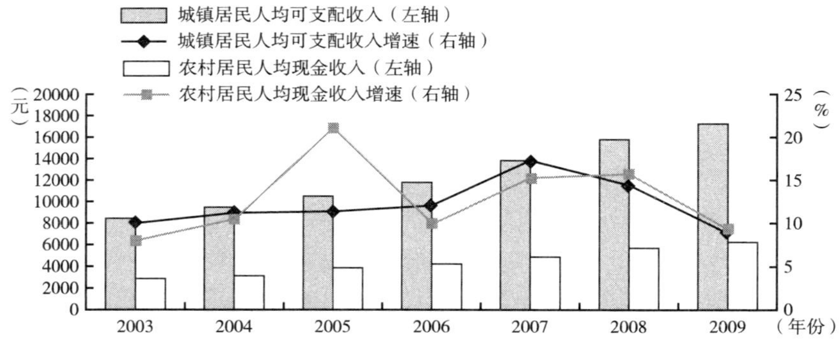

图 3　城镇和农村居民收入情况

资料来源：WIND。

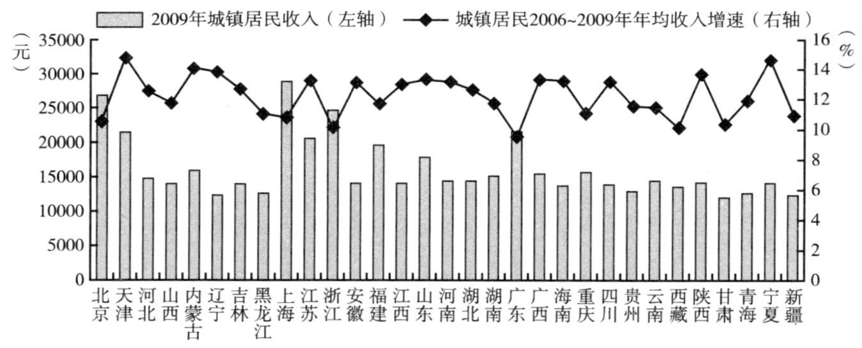

图 4　各省区市城镇居民收入情况

资料来源：WIND。

（二）行业内上市公司整体赢利能力分析

1. 营业收入和利润进入稳定增长区间

2010 年前三季度，百货行业内上市公司整体营业收入和利润的增速分别为

23.7%和32.26%，预计2011年收入和利润增速仍将保持在25%和30%左右（见图5）。

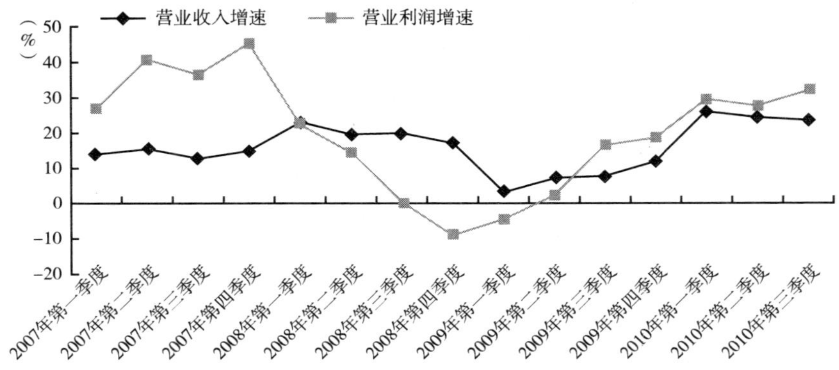

图5　百货行业上市公司整体收入和利润增速

资料来源：WIND。

2. 毛利率和净利率水平基本稳定

从最近几年百货行业内上市公司整体的毛利率和净利率数据来看，毛利率基本稳定在20%左右，净利率在3.5%左右。同时由于开店多集中在下半年，所以一般来讲上半年的净利率较高，下半年尤其是第四季度由于费用相对较多，净利率会低于上半年。预计2011年，百货行业整体的毛利率和净利率水平仍将分别维持在20%和3.5%左右（见图6）。

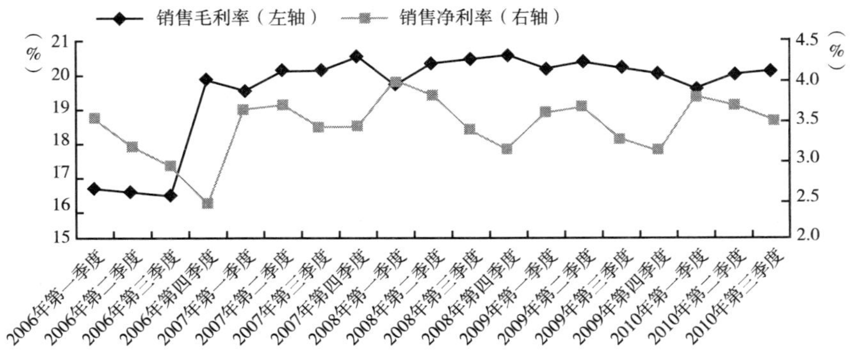

图6　百货行业上市公司整体毛利率和净利率水平

资料来源：WIND。

（三）扩张和模式创新是行业发展的主要趋势

1. 城镇化进程和城市外扩的加快为百货行业外延性扩张创造了条件

对于百货行业来说，新开门店需要商业物业资源支持，尤其是位于城市商圈的商业物业。随着城镇化进程的逐渐加快和城市人口的增加，近几年城市外扩趋势明显，新商圈不断涌现，从而为百货行业的外延性扩张创造了条件（见图7和图8）。

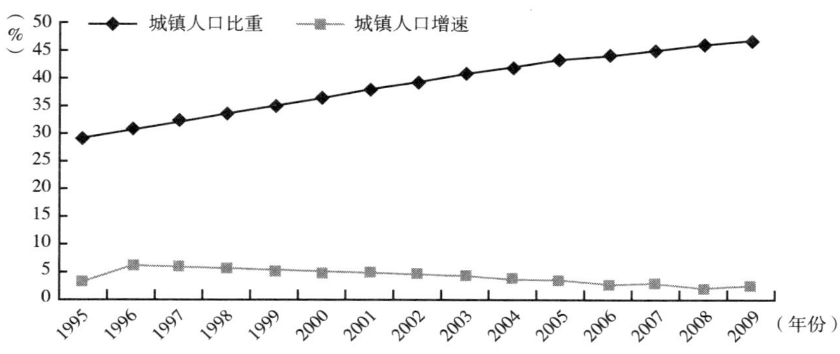

图7 城镇人口占比和增速

资料来源：WIND。

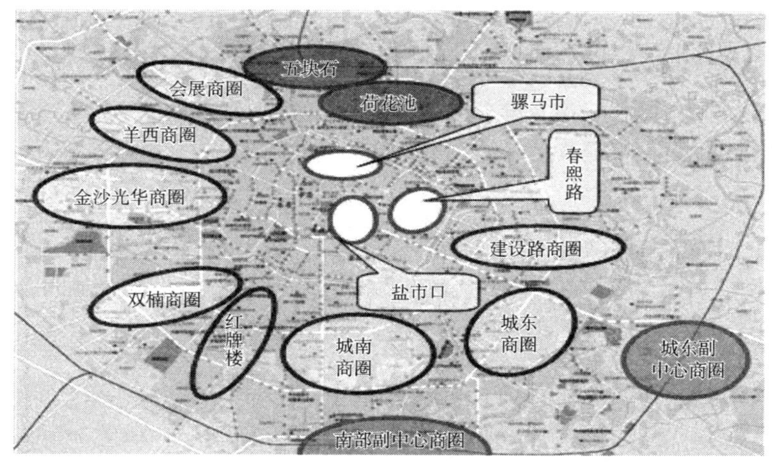

图8 成都市商圈情况

资料来源：成商集团公告。

2. 渠道下沉，布局二、三线市场

一线城市尽管具有强大的消费市场基础，但是随着百货店数量的增加，不仅

商家之间的竞争更加激烈，优质商业网点资源也越来越稀缺，租金水平上涨迅速。因此，竞争相对缓和、租金成本较低、消费市场发展潜力巨大的二、三线城市逐渐成为连锁百货外延性扩张的主要阵地。

3. 新模式不断成熟

奥特莱斯和购物中心业态虽然在中国起步较早，但发展缓慢。近几年，随着消费市场的迅速发展，消费者个性化需求增加，奥特莱斯和购物中心业态以其“一站式”满足消费者休闲购物多项需求的特点，逐渐发展成熟。另外，随着网络购物的飞速发展，许多百货公司也开始探索网上销售B2C模式。

（四）投资策略：寻找外延性扩张和业绩增长之间的平衡点

从估值来看，目前行业整体的绝对估值和相对估值均高于历史平均水平，体现出在宏观经济增长不确定的情况下，百货板块具有一定的抗跌性（见图9）。

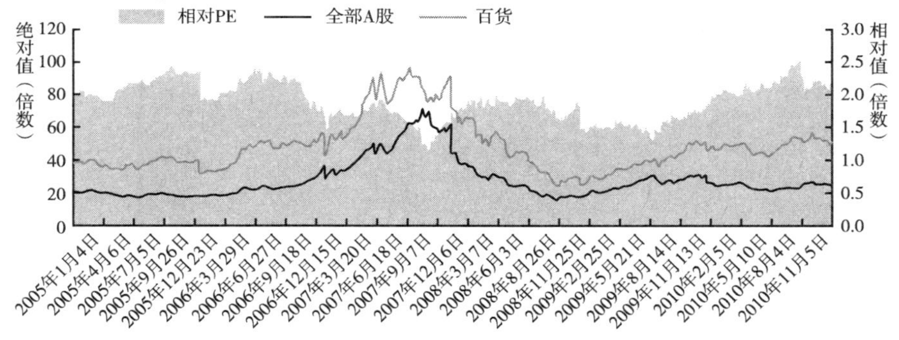

图9 百货与全部A股估值比较

资料来源：WIND。

从基本面来看，一方面对于国内目前的百货公司来说，仅靠内生性增长，业绩增速有限，同时随着同一市场新进入竞争者数量的增加，将面临市场份额被瓜分的风险。所以，必须通过外延性扩张，维持和扩大市场份额，从而取得业绩的较快增长。但另一方面，外延性扩张在一定时期内会对业绩有所拖累。新开百货门店一般需要经历1～3年的培养期，才能逐渐开始赢利。同时，由于租金和人力成本呈不断上升趋势，新开门店所在商圈的成熟度一般也会弱于老店，预计未来几年百货行业整体新店培育期或有所延长，开店成功率也会降低。

因此，需要在外延性扩张和业绩增长之间寻找一个平衡点。主要有以下几条投资主线：

①新店投入与公司收入和利润规模相比较小，对业绩影响不大；

②储备项目地理位置优越，预计培育期较短；

③业绩拐点逐渐显现。

二 超市篇：关注拐点

（一）通胀持续升温，超市行业直接受益

在通胀背景下，超市行业是最直接受益品种，主要体现在两个方面。

1. 有助于同店收入提升

超市行业主要销售以生鲜食品为主的生活必需品，需求的价格弹性相对较小，加上本轮CPI水平提升，主要是由于食品价格上涨引起的，因此直接有助于超市同店收入的增加（见图10）。

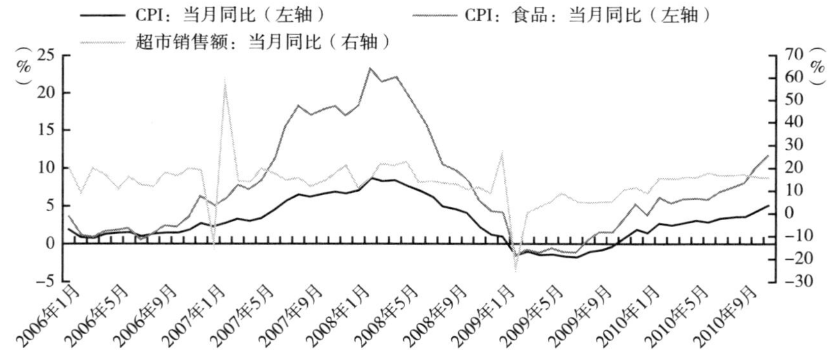

图10 CPI与超市销售额增速

资料来源：WIND。

2. 有助于提升超市的综合毛利率

一方面，CPI持续提升，由于存货因素，将提高超市的前台毛利率；另一方面，超市打折促销的压力和力度也会相应减小。

尽管国家在政策层面对通胀进行调控，但预计2011年CPI仍将维持在4%以上的水平。

（二）行业内上市公司整体赢利能力分析

1. 收入和利润增速不匹配的情况在逐步改善

2008年下半年以来，超市板块上市公司普遍进入了一个收入增速放缓，但利润同比下降的阶段，主要由于新开门店培育期延长以及打折促销力度加大。另外，部分公司还有自身的一些原因，例如转型、经营调改、并购等，短期内会影响利润释放（见图11）。

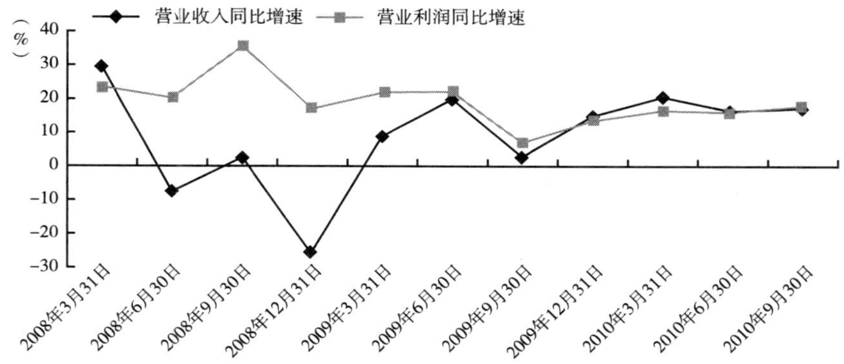

图11　超市板块营业收入和营业利润同比增速

资料来源：WIND。

2. 综合毛利率和净利率基本稳定

超市行业整体综合毛利率水平基本保持在20%左右，未来随着超市公司经营管理水平的提升和规模效应的扩大，综合毛利率有望稳步提升。超市行业整体的净利率水平也基本保持在2%～2.5%，还有很大的提升空间（见图12）。

（三）行业发展的主要趋势

1. 外延性扩张是不变的主题

超市公司从根本上就是赚取购销差价，并且经营的大多是同质化商品，必须通过扩大规模来降低单位商品的成本。此外，当超市公司发展到一定阶段，其内生性增长空间有限且提升缓慢，只能依靠外延性扩张来获得较高的增长速度，像沃尔玛这样成熟的公司，从未停止过外延性扩张的步伐。

外延性扩张的方式主要是自建门店和并购，其中并购将越来越频繁，尤其是要进入新的区域，并购当地的连锁超市企业，将更快发挥规模效应。国内近年来超市

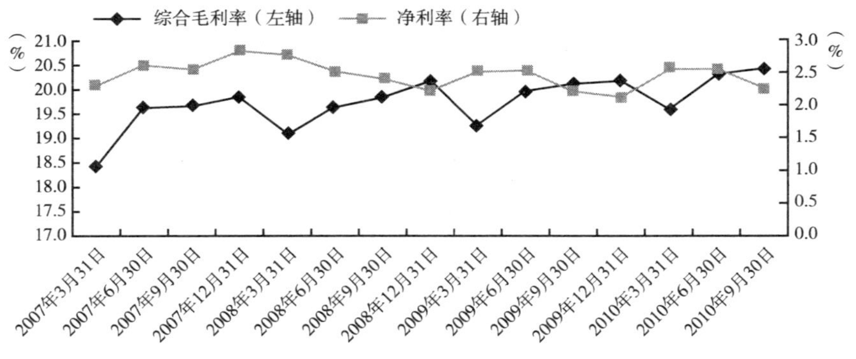

图 12　超市板块综合毛利率和净利率

资料来源：WIND。

行业并购事件不断，目前有并购和被并购意愿的公司也有很多，但由于并购后整合存在一定的难度，所以连锁超市公司在选择并购标的的时候也较为谨慎（见表 1）。

表 1　2010 年超市行业并购事件

并购企业	被并购企业	时　间	事件概况
家乐福(中国)	河北保龙仓	7 月 16 日	家乐福与保龙仓宣布将通过股权合作形式组建合资公司——河北保龙仓家乐福商业有限公司,双方分别持股 51% 和 49%
步步高	家润多浏阳店	9 月 26 日	10 月,浏阳创意实业发展有限公司家润多浏阳店的一份公告称:旗下家润多世纪店、永安店、新天地店和未开张营业的礼花路店,全部转让给步步高商业连锁有限公司
京客隆	首联超市	12 月 3 日	京客隆向北京产权交易所提交收购挂牌转让的北京首联超市有限公司全部股权的申请,最低交易金额为 1. 21 亿元人民币
华润万家	广州宏城超市	12 月 5 日	广州市政府、广州市属企业越秀集团分别与华润集团签署相关协议,华润集团收购越秀集团旗下水泥和超市业务

资料来源：联商网。

在扩张区域方面，渠道下沉趋势明显。随着一、二线城市的超市数量逐渐饱和，竞争日益激烈，新开门店选址难度也在加大，租金成本也相对较高。因此三、四线城市，尤其是三线城市逐渐成为连锁超市企业开店的重要区域。尽管在三、四线城市开店，平销一般会低于一、二线城市，但租金和人力成本较低，同

时竞争也相对缓和，毛利率水平较高。

2. 行业集中度逐渐提高

随着优质的连锁超市不断进行外延性扩张，尤其是并购事件不断发生，未来超市行业的集中度也会不断提高。

3. 租金和人力成本上升

超市新开门店基本上是租赁物业，目前全国范围内的商业物业租金均呈上升趋势，因此未来在租金成本上的压力也会相应增加。但另一方面，大部分超市的其他收入里有很大一部分是转租收入，转租收入的增加或将对租金上涨有所缓解。此外，超市基层员工数量较多，工资接近当地最低工资标准，随着未来各地最低工资标准的上调，必将面临劳动力成本上升的压力。

4. 开始向其他领域延伸

首先，在超市业态内部延伸，发展不同档次和定位的超市，满足不同消费人群的需求，例如华润旗下的OLE、华联综超的BHG等。其次是向其他业态延伸，例如武汉中百和步步高开始进军购物中心业态、人人乐尝试3C店等。另外，随着网购的飞速发展，一些超市企业也开始涉足网购。

（四）投资策略：关注拐点

从估值来看，超市板块目前的绝对估值和相对估值均处于历史较高水平。而从基本面来看，行业未来的增速是否与目前的高估值相匹配，还有待进一步观察。因此，建议关注业绩出现拐点，未来有望步入高速增长期的公司（见图13）。

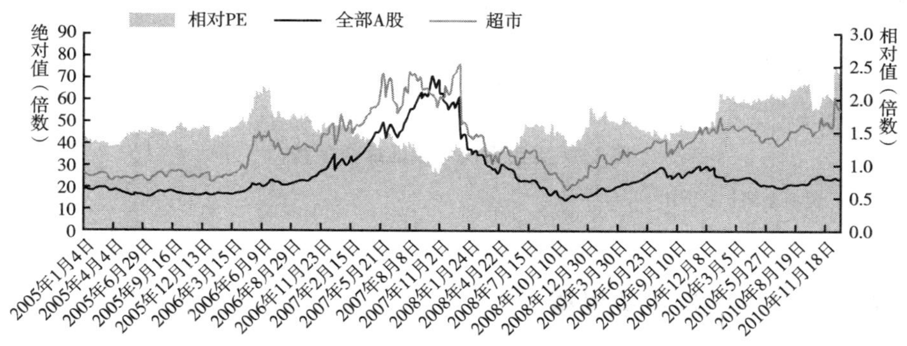

图13 超市板块与A股绝对估值和相对估值比较

资料来源：WIND。

三　2011 年商业板块走势及展望

（一）商业板块 2010 年走势分析

从商业板块 2010 年整体来看，收益率一直高于上证综指，但波动较大。申银万国零售指数在 7 月 2 日触及年内最低点 3638.24 点后开始反弹，并于 11 月 11 日创出年内最高点 5515.22 点，随后又一路下调，12 月 31 日收于 4699.43 点。

商业板块走势的波动更多反映的是市场情绪的变化而非基本面的变化。例如第三季度，市场掀起了“吃、喝、玩、乐”消费热，商业板块涨幅远远超越大盘，相对估值也一路攀升到历史最高水平。而“十一”之后，由于美国宽松的货币政策导致全球流动性泛滥，资源品价格暴涨，市场情绪又开始转向“煤”飞“色”舞，相比之下，商业板块走势又弱于大盘（见图 14）。

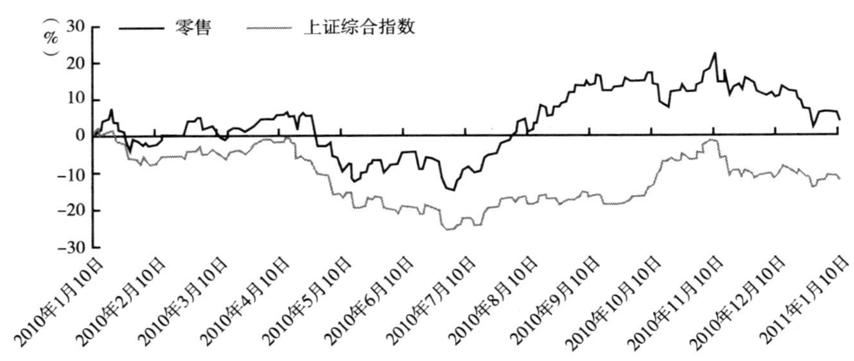

图 14　商业板块与上证综指走势

资料来源：WIND。

（二）商业板块走势展望

基于之前分别对百货和超市行业基本情况的分析，我们认为整个商业零售行业 2011 年仍呈稳定增长态势，且基本与目前的估值水平相匹配。预计 2011 年商

业板块走势会随着估值基准逐渐推移到2012年，会有20%左右的涨幅，但其间仍会受到大盘和市场情绪变化的影响，最终表现为波动式上升的形态。

参考文献

WIND资讯。

联商网，http：//www. linkshop. com. cn/index. htm。

中华商业信息网，http：//www. cncic. org/。

B.10

快速消费品分销问题研究

中国连锁经营协会　利丰研究中心*

摘　要：本文访问了内地30家领先的零售商，介绍了中国快速消费品分销的最新情况。

关键词：零售　快速消费品　分销

改革开放30多年来，我国分销渠道①发生了历史性变革，传统的“生产商→各级批发商→零售商→消费者”分销渠道不断缩短、变宽，以直销最为典型的现代分销模式日渐兴起。这种历史转型与我国生产领域的规模化、零售业采购批量化、消费者需求多样化是分不开的，也顺应了我国经济发展的历史趋势。

分销渠道的历史性变革与连锁经营在国内零售领域的蓬勃发展紧密相关。在短短的十几年间，连锁经营凭借其独特的竞争优势，迅速在我国推广，并取得了较好的经济实效。连锁经营特有的运作方式对分销渠道转型具有积极的拉动作用，且仍具有极大的发展空间，必将成为我国零售业经营模式的主流，也将进一步促进分销渠道不断向高级化、现代化转变。

2008年突如其来的金融危机给我国外贸业一个措手不及，至今余波未平。

---

* 中国连锁经营协会是中国连锁经营领域唯一的全国性行业组织。目前，协会拥有企业团体会员900多家，连锁店铺16万个，包括本土和跨国零售商、特许加盟企业、供应商等。其中，零售会员企业2009年销售额达到1.6万亿元人民币，占社会消费品零售额的13%。协会团体会员涵盖零售、餐饮、服务等行业中的50多个业态，主要是国内知名和在华外资连锁公司、重要供应商及相关中介机构。利丰研究中心是香港利丰集团旗下的研究机构，专注研究内地商贸经济、分销零售及物流业发展等范围的问题。

① 分销是指在产品从生产商到消费者传递过程中涉及的一系列经营活动。分销渠道是指产品从生产商向消费者传递时，直接或间接转移所有权所经过的途径，通常由生产商、批发商、零售商、消费者组成。其中，批发商是指以批发业务为主的商业机构。批发是指将产品批量转售给为了转卖或者商业用途而购买的人的活动。

金融危机使我国对外贸易举步维艰，出口转内销成了外贸企业的无奈之举，但是苦于外贸企业在国内没有自己的分销团队，外贸产品“嫁接”国内渠道显得力不从心。

在这种经济背景下，如何发挥连锁经营模式的优势，加速推进我国分销渠道转型，如何建立外贸转内销的长效机制等问题显得十分迫切。如何解决这些问题是本研究的基本出发点。

一 我国分销渠道的历史转型

改革开放 30 多年的实践证明，我国分销渠道从无到有、从小到大、从传统到现代一直悄然发生着变革。目前，这种变革在渠道形状、结构、多元化和内部关系等方面已表现出明显特征。

（一）中间环节逐渐减少，分销渠道日益扁平化

习惯上，人们将“生产商→各级批发商→零售商→消费者”模式的分销路径称为传统分销渠道，其形状呈“金字塔”结构。因其具有较强的辐射能力，曾为我国流通业发展发挥了巨大作用。但是，随着经济形势的发展变化，这种多层次分销渠道已经明显不能适应现代市场的要求。于是，“短”而“宽”的现代分销模式应运而生。一方面，以国外生产企业（如雅芳、安利、戴尔等）的直销模式进入我国市场为契机，直销模式、“直销 + 经销”模式、助销模式纷纷被生产企业所采纳。其中，最为典型的当属直销模式，它实现了企业与消费者直接接触，免除了全部的中间环节，分销渠道演变为“点”对“点”的直线，产品流通路径大大缩短。另一方面，零售业规模扩大以及连锁经营模式的兴起，使零售终端采购规模加大，产品流通渠道变宽。以沃尔玛、家乐福、麦德龙等为首的外资零售巨头之所以是很多制造企业的“座上宾”，缘于其庞大的采购订单。本土零售企业也纷纷实施统一采购、联合采购的办法扩大了采购规模，采购目的地也跨越中小型批发商，直接奔向更高一级的经销商或生产商，以减少中间环节，节约交易成本。面临这种供应链两端直接接触的事实，处于中间地位的经销商或被淘汰，或被迫转型，尤其是二、三级批发商的生存空间迅速缩小，导致分销渠道逐渐缩短、变宽，传统分销渠道“金字塔”向扁平化方向转变。

（二）渠道重心下移，零售终端更拥有主动权

在20世纪末期，经销商是整个分销渠道的核心，对上下游企业具有较大的话语权和控制力。进入21世纪，随着零售商规模的扩大、连锁经营模式的兴起，渠道主角发生了转换，渠道重心由经销商下移至零售终端，“终端为王”时代到来。零售企业站在市场的最前端，拥有最多、最准的前沿信息，正是这种优势使零售企业成为渠道的主角，甚至控制者。从来自供应商对零售商的各种抱怨和牢骚中，可以看出今日零售商地位之重要。这说明渠道重心向下移动，主动权逐渐转移到零售商手中。

（三）注重分享与协作，渠道商之间呈伙伴关系

在传统分销渠道中，渠道商之间的关系表现为以“买”和“卖”为特征的简单交易关系。至于对方企业的文化、创新理念、管理模式等内部问题，大都被视为“你的事”，而不是“我的事”，也不是“我们的事”，就像同一瓶子中的油和水一样，虽然紧密接触，但互不混淆、互不渗透。这种简单的渠道商关系随着竞争的加剧而加入新的内容，信息共享、共同制订业务计划、企业文化融合、联合培训、联合促销等新形式的分享与协作关系成为渠道商关系的重点，简单交易关系逐步向伙伴关系转型。在伙伴关系中，渠道商之间由“你”和“我”的关系转变为“我们”的关系，由油水关系变为鱼水关系。分销，在本质上就是一种分享与协作的过程，是需要各方共同努力才能实现的市场行为。因此可以说，渠道商关系由“交易关系”向“伙伴关系”的转型，是分销渠道的本质回归。

（四）分销手段创新，渠道多元化成必然趋势

电话、互联网等现代通信技术的广泛应用标志着信息时代的到来，加上现代物流的兴起，使产品分销手段更加高效、快捷，更加符合现代生产和消费的需要。近几年，零售企业对网络分销、电话营销、目录营销等其他分销渠道进行了有益的探索，尤其是以互联网为媒介的网络分销取得了很大的进展。目前，我国已经形成B2B、B2C、C2C、G2C、G2B、G2G等网络分销模式。据专家预计，2010年全球B2B电子商务市场的规模将达到26万亿美元，未来几年全球年增长率将会保持在45%左右。2009年，我国连锁百强中，有31家已开展了网络零售

业务，其中有近1/3的企业是在2009年或2010年初开通的。估计2010年，连锁企业将拓展多种营销渠道，网络零售业务将是一个重点。同时，电话营销、电视购物、呼叫中心、目录营销等现代分销手段也在连锁企业中日益兴起，分销渠道向多元化趋势发展。

二　连锁经营与我国分销渠道转型

（一）我国连锁经营的发展现状

1. 整体规模迅速扩大

目前我国连锁业已具有相当规模。截至2008年底，我国连锁零售企业门店总数达到168502个；从业人员达到197.08万人；营业面积和销售额分别为10197.8万平方米、20466.5亿元；销售额占国内社会消费品零售总额的比重达到19.9%。以连锁百强企业为例，根据中国连锁经营协会统计，中国连锁百强企业年销售总额从1998年的384亿元扩大到2008年的11999亿元，11年内增长了30倍（见图1）。

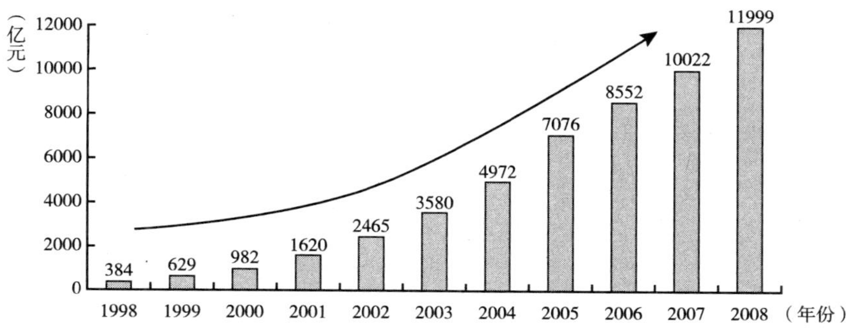

图1　1998~2008年中国连锁百强企业年销售额

资料来源：《中国连锁零售企业经营状况分析报告（2008~2009）》（中国连锁经营协会）。

2. 行业集中度稳步提升

行业集中度是反映一个行业成熟程度的重要指标。近几年，连锁业行业集中度正稳步提升。以超市行业为例，中国连锁经营协会发布的《中国连锁零售企业经营状况分析报告（2008～2009）》显示，2005～2008年，CR_4和CR_8分别从35.16%、56.90%上升到38.02%和59.56%（见图2），已经达到相当高的水平。

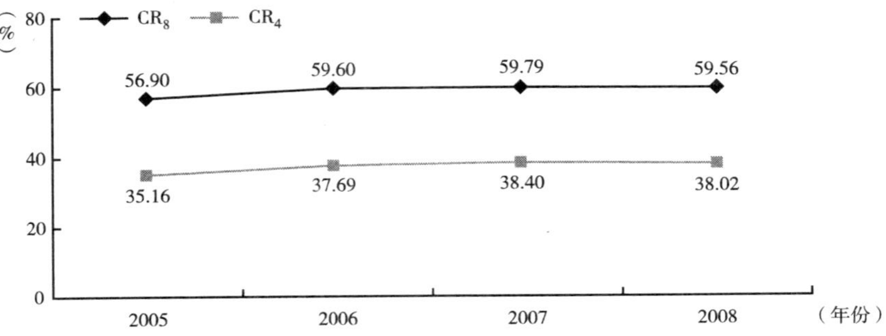

图2　2005～2008年超市行业集中度

资料来源：《中国连锁零售企业经营状况分析报告（2008～2009）》（中国连锁经营协会）。

3. 业态覆盖日益齐全

连锁经营以其强大的竞争优势，迅速从超市业扩展到百货、便利店、仓储会员店及其他零售业态，涵盖家电、药店、建材、餐饮、化妆品等几乎所有的服务业种。目前，已经形成以专业店、大型超市、百货店为主，便利店、专卖店等为辅的连锁业态格局。据国家统计局资料，截至2008年底，超市、专业店、专卖店、便利店、百货商店、仓储会员店等业态都大量存在连锁经营形式，且门店数量、营业面积、从业人员、商品销售额均具相当规模（见表1）。

表1　2008年连锁经营在主流零售业态中的分布

业态类型	门店总数（个）	营业面积（万平方米）	从业人数（万人）	商品销售额（亿元）
专业店	93656	5111.2	74.48	12315.3
超　市	38312	3284.3	77.79	4483.3
百货店	3805	1110.4	18.53	1943
专卖店	14651	319.6	12.42	1112.7
便利店	16196	184.2	9.79	276
其　他	1882	188.1	4.07	336.2

注：表中超市包含大型超市。

资料来源：《中国统计年鉴2009》（中国统计出版社，2009），作者计算整理。

4. 连锁店分布区域不断扩大

在零售业开放的十几年间，连锁经营模式凭借其强大的区域辐射能力，不断从我国沿海到内地、从大城市向中小城市渗透。在零售业开放之初，外资商业企业首先在东部沿海地区和内地大都市开始圈地布网，以点取胜。随着中国加入WTO保护期结束，零售市场全面开放，以外资为首的大型超市、百货企业纷纷以连锁形式向我国内地推进，向中小城市所在地区铺开。2009年沃尔玛在万州、家乐福在大邑县、TESCO在丹东和铁岭开店等都证明了这一趋势。同时，国内区域型连锁企业如百联集团、大商、重庆商社、合肥百货、山东银座、利群集团等也紧跟其后，抢占区域乃至国内各级市场。步步高计划在3年内将连锁店覆盖90%的湖南县城，5年内覆盖90%的江西县城。种种迹象表明，连锁企业在地域分布上大有覆盖全国之势。虽然目前布局仍然是中东部地区、大中城市占优，但是从长远来看，连锁经营模式必将在全国各地找到适合生存的土壤。

5. 经营业绩总体向好

据WIND、国泰君安证券销售交易总部数据分析，最近四年，虽然我国连锁企业经营收入和利润增幅放缓，但收入和利润绝对额仍不断上升。以20家连锁A股上市公司为例，2005～2008年平均营业收入从38亿元上升到79亿元，年增长率均在20%以上（见图3）。

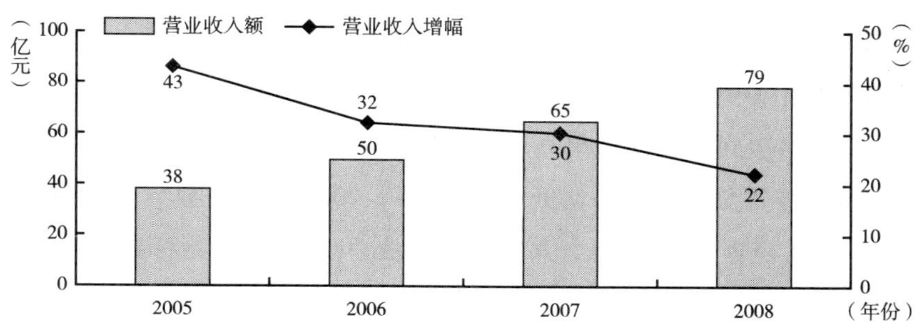

图3　20家连锁A股上市公司营业收入

资料来源：《中国连锁零售企业经营状况分析报告（2008～2009）》（中国连锁经营协会），作者整理。

其净利润从2005年的0.76亿元上涨到2008年的2.13亿元，年增长率均超过20%（见图4）。另外，赢利能力和偿债能力在2005～2008年间都有改善。总体上，在竞争日益加剧的环境下，连锁业取得这样的经营业绩是十分不容易的，也彰显连锁经营的强大生存能力和竞争能力。

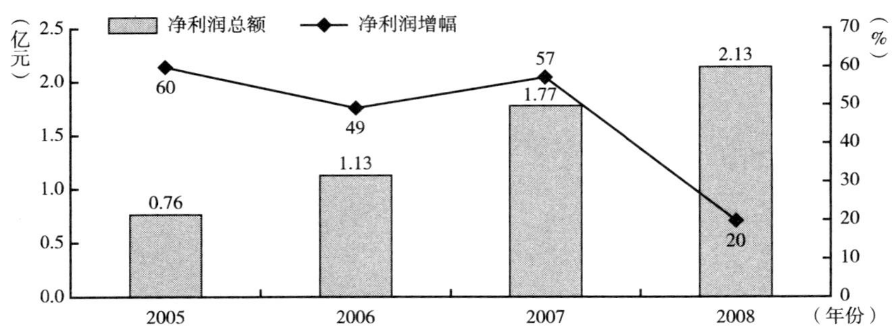

图4　20家连锁A股上市公司净利润

资料来源：《中国连锁零售企业经营状况分析报告（2008～2009）》（中国连锁经营协会），作者整理。

（二）问卷调查：从连锁经营视角透视分销渠道转型

在金融危机余波未平的背景下，为了深刻认识连锁经营在我国分销渠道转型中的地位和作用，促进我国分销业发展，由中国连锁经营协会和利丰研究中心合作发起了一项极具针对性的问卷调查，有关的问卷设计、问卷回收、分析方法等基本信息参见附录。问卷调查的基本结论主要有以下几个方面。

1. 连锁经营在分销渠道中的地位持续上升

销售额占社会消费品零售总额的比例，是衡量商业行业在经济体中地位的重要指标之一。本次问卷统计结果显示，2008年连锁企业销售总额占当年所在城市社会消费品零售总额的平均比例为22.62%，2009年这一数字为24.85%，预计2010年达到28%（见图5）。其中7家企业2009年这一指标数值超过30%，最高3家企业达到35%，连锁经营在消费中的地位将不断提升。

从经营状况来看，在23家企业中只有5家销售额出现下降，最大下降幅度为同比5%，其他18家企业年销售额均出现不同程度上升，最大上升幅度为同比12%；在赢利方面，有11家净利润同比增长，8家企业与2008年持平，只有4家企业出现利润下降（见图6）。

2. 批发环节不可忽视，且向“少而大”转变

从参与调查连锁企业的采购渠道看，虽然各个企业通过经销商采购的商品比

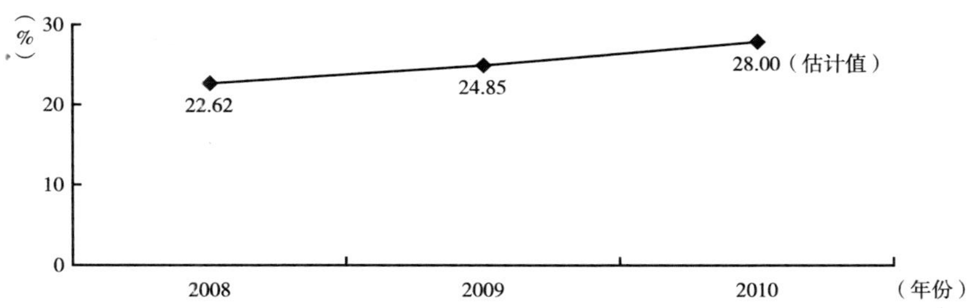

图 5　连锁企业销售额占社会消费品零售总额比重

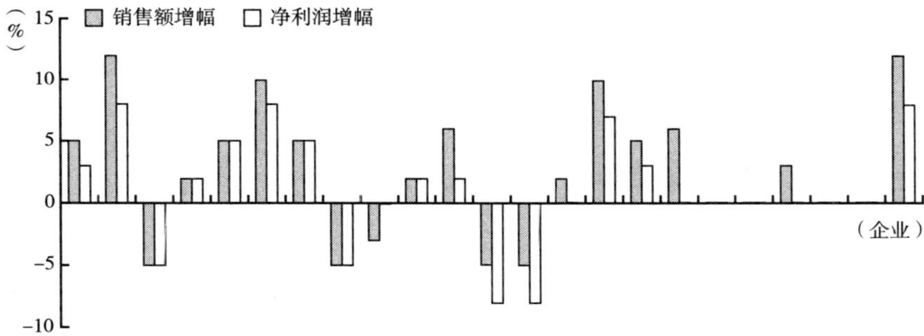

图 6　参与调查的 23 家连锁企业 2009 年经营情况

例不尽相同，甚至相差很大，但平均而言，在总采购额中约超过 60% 的商品来自于经销/代理商，仅有 40% 左右的商品直接采购自生产商（见图 7）。从企业规模上看，规模越大采自经销商的比例越小，最小为 45%；规模越小，采自经销商的比例越大，最大为 82%。可以看出，向经销商采购仍然是连锁企业的主要渠道，批发环节的中介功能不容忽视，加大建设大型批发企业和批发市场的力度，仍然是下一步渠道转型需要加强的重点。

就零售企业与供应商之间交易方式而言，代销①模式被广泛采用，这对传统

① 在本报告中，代销（也称寄卖、寄售）是指供应商委托经销商代为销售商品，经销商不具有商品所有权，合同期结束后，经销商仅就已销商品进行货款清算，未售出商品可以退还给供应商；买断是指产品所有权买断，即经销商在收到供应商的商品后即期支付货款给供应商，做到银货两讫，并且，对所经销的商品，除有质量问题外，不再将商品向供应商退货；联营是指由经销商提供销售场所以及相关的店面管理办法，供应商自主实施如人员配备、采购、定价、促销、售后服务等销售活动的联合经营方式，在这种模式下，经销商不需要出资购买供应商的商品，一般不参与供应商经营活动，而以获取场地租赁费和销售分成为主。

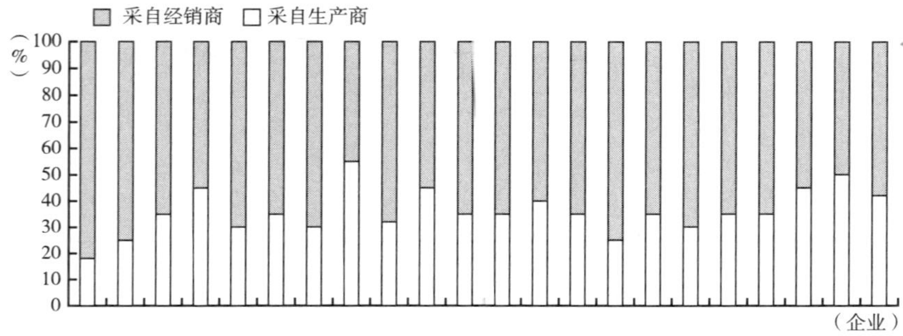

图7　连锁企业采购渠道构成

渠道中的批发环节具有改造作用。在本次调查中，零售商平均约82.05%的商品采用代销模式，买断经营的商品仅占11.22%，代销比例最大值为95%，最小也达到72%，与买断经营和联营相比，代销模式占交易方式的主导地位（见图8）。

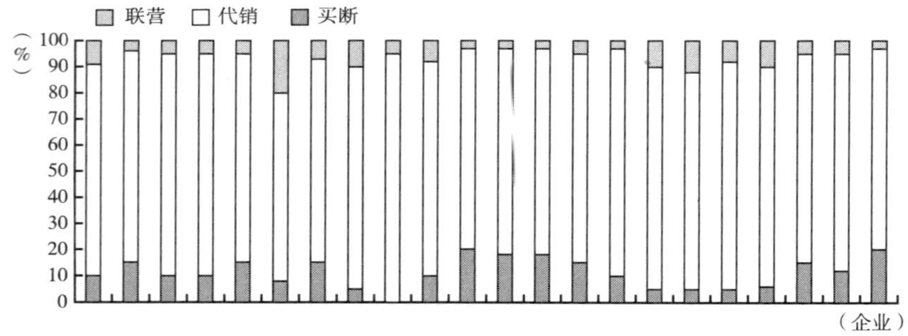

图8　连锁企业交易方式构成

在代销方式下，经销商要承担较大资金压力，以其中22家企业为例，在1273亿元的年采购总额中，约有670亿元（1273×64%×82.05%=668.5）资金需要由经销商垫资，占采购总额的一半以上。即使平均到单个经销商，也会是一个很大的数字，尤其是对于二、三级经销商而言，这是它们被淘汰或转型的重要原因。也验证了前文的分析，在传统的分销渠道中，中间商数量不断减少，尤其是二、三级经销商无法适应连锁经营模式下的大批量采购，从而被逐出批发市场，最终导致分销渠道变短、变宽。

3. 供应商配送仍然是连锁企业主流供货模式

本次问卷调查结果显示，在30家连锁企业的采购商品中，平均59.56%的

商品是供应商完成配送的；31.87%的商品通过零售商自建配送中心完成商品配送，通过第三方物流完成配送的商品比例仅为8.57%（见图9）。

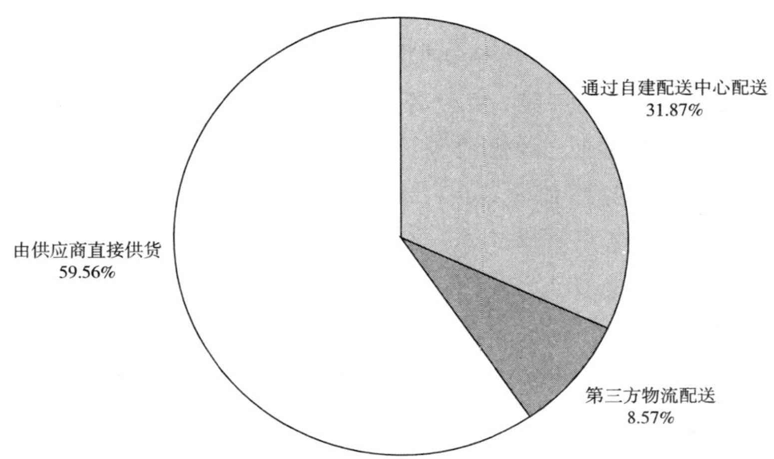

图9 连锁企业商品配送方式

与企业销售规模联系起来看，本次问卷调查表现出这样的特征：企业规模越小选择由供应商配送货的比例越高；规模越大的企业通过自建物流中心配送的比例越高（但未占主导）；无论在哪种规模情况下，通过第三方物流实施商品配送的比例都比较小（见图10）。

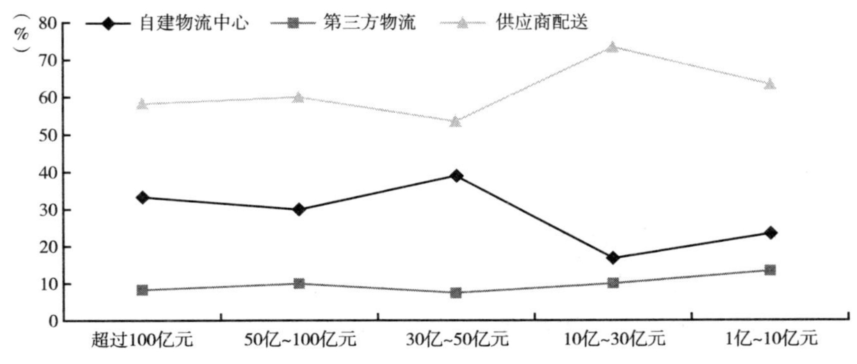

图10 连锁企业规模与供货模式

4. 网络购物兴起，引领分销渠道向多元化方向发展

随着现代信息技术的广泛应用，以及新一代消费群体成长，方便、快捷的分销方式越来越受到消费者，尤其是35岁以下年轻消费者的推崇，甚至成为他们最主要的购物渠道之一。根据iResearch的研究，2009年中国网络购物交易规模（实物类商品为主）继续高速增长，达到2630亿元，较2008年增长105.2%。网络购物的兴起，给连锁经营企业极大的渠道转型动力，建立以网络销售为主的其他分销渠道纷纷被企业采纳，并付诸实践。本次问卷调查显示，在30家连锁企业中，建有网络销售平台的有12家，占样本总量的40%，而且大部分是自主开发、独立运营。在另外18家（占样本总量的60%）没有实施网络销售的企业中，有8家企业明确表示有建设网络平台计划。已经建设和计划建设网络销售平台的企业总数占样本总量的2/3（见图11）。

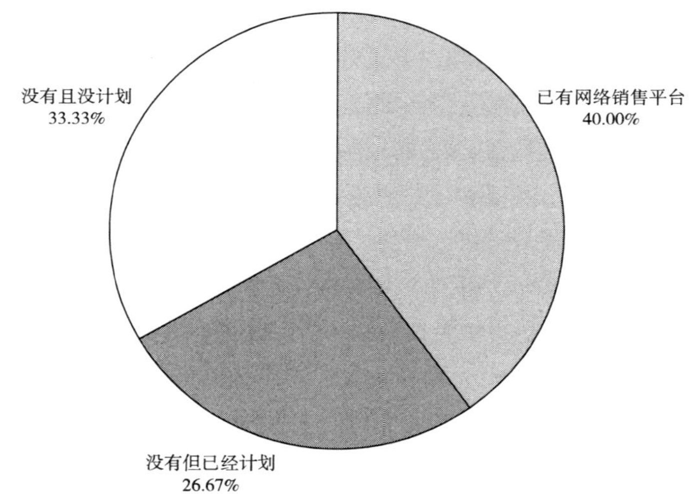

图11　连锁企业网络销售平台建设情况

另外，据调查结果，有40%的企业已经采用商品目录、网络、实体商店和呼叫中心等相结合的多元化销售方式。说明以网络分销为引领的新型分销手段已经起步，多元化趋势明显。

5. 渠道商之间合作满意度较高，关系较为融洽

本次调查问卷把合作满意度和相应分值分为五个等级，分别是不满意（1分）、比较不满意（2分）、一般（3分）、比较满意（4分）、满意（5分）。问卷调查结果分析表明，连锁企业与供应商合作的总体满意度为3.93分，处于中等偏上水平（见图12）。

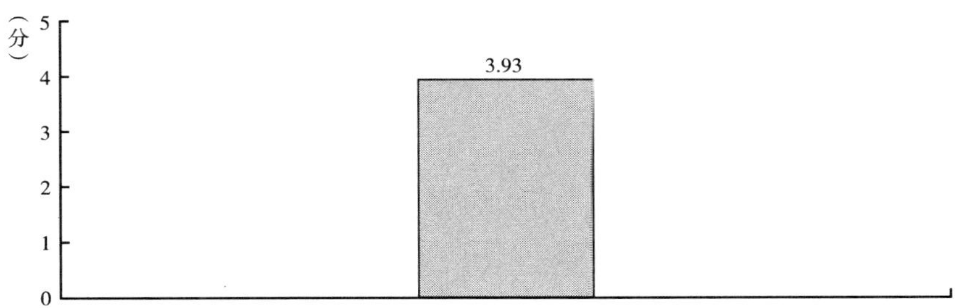

图 12　总体合作满意度

在决定总体满意度的“与供应商建立战略合作伙伴关系”、“与供应商在营销领域的合作”、“与供应商在供应链方面的合作”、“供应商客户服务能力”四个结构指标中，营销领域的合作表现最为满意，分值为 4.43 分，供应链方面合作满意度最低，为 3.57 分。通过回归分析，四个结构指标与总体合作满意度的相关系数分别为 0.071、0.110、0.184、0.181，其中，供应链合作、客户服务能力对总体满意度的影响较为明显（见图 13），但目前的满意度分值不高，应该是未来改进和完善的重点。

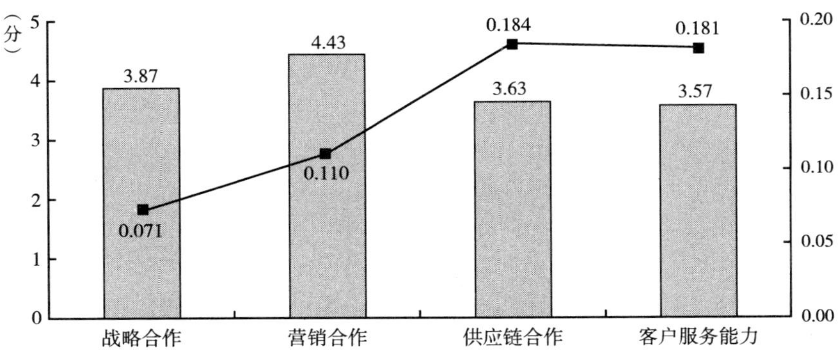

图 13　合作满意度的结构指标值及相关系数

为了深入了解供应商在工商合作方面的总体表现，本次问卷调查特选择来自国内外包括日用化学品①、生理用品和食品饮料三个领域的 16 个知名品牌作为

① 日用化学品指人们平日常用的化学制品，包括洗涤用品、香精香料化妆品、口腔清洁护理用品等。

测评对象，要求被调查企业对其供应商合作表现打分。问卷统计结果显示，总体上，16 个品牌的平均得分为 3. 90 分，供应商在工商合作方面总体表现较好（见图 14）。

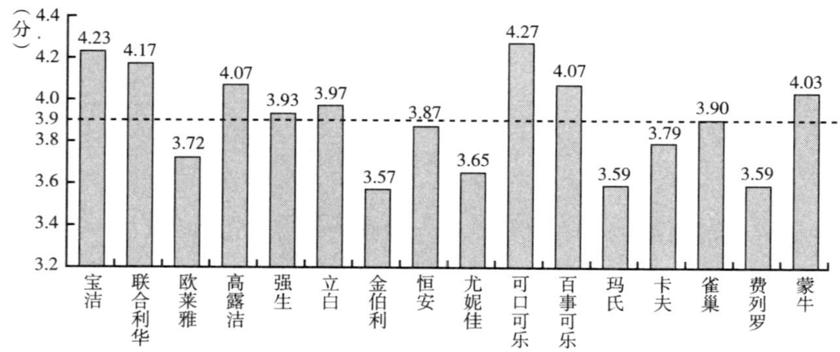

图 14　知名品牌供应商合作表现评分结果

从产品类型看，按照品牌所述消费品类型划分，在日用化学品、生理用品、食品饮料三个领域的品牌中，日用化学品牌供应商合作表现最好，平均得分为 4. 02 分；其次是食品品牌供应商，得分为 3. 89 分；生理用品分值为 3. 76 分（见图 15）。

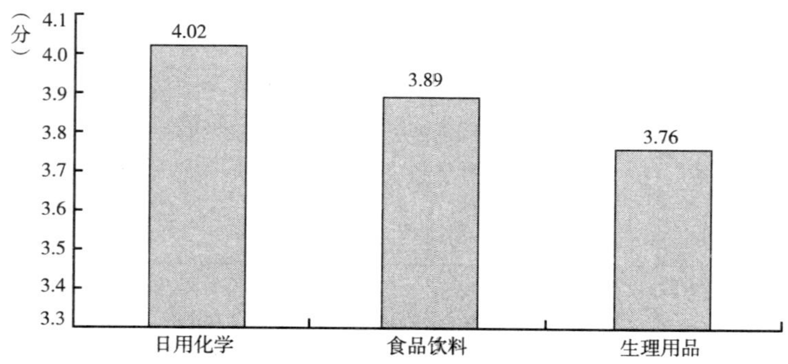

图 15　不同类别品牌的供应商合作总体表现评分结果

按照品牌发源地分类，美国品牌的供应商合作表现最好，得分为 3. 99 分，其次是国内品牌，得分为 3. 86 分，欧盟为 3. 84，日本品牌供应商合作表现最低，分值为 3. 65 分（见图 16）。可以看出，美国品牌对我国渠道商合作具有重要的示范作用，是我国企业应该积极借鉴的。

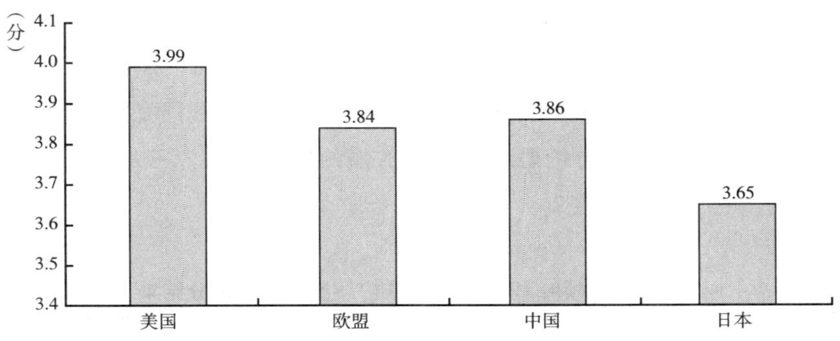

图 16　不同国家品牌的供应商合作总体表现评分结果

从以上分析可以看出，供应商与零售商之间的合作虽然在不同合作领域、不同产品类别、不同国家品牌之间仍存在差距，但总体而言，渠道商之间的关系正迈向和谐、共赢的“伙伴关系”，突破了原有的“交易关系”界限。

6. 渠道商之间的合作相当全面，关系较为紧密

本次调查问卷把合作紧密程度和相应分值分为五个等级，分别是没有合作（1 分）、很少合作（2 分）、较常合作（3 分）、密切（4 分）、非常密切（5 分），通过对战略合作、营销合作和供应链合作的三大领域中的 19 个具体项目的测评得出结论，连锁企业与供应商之间的合作内容相当全面，且合作紧密程度较高。

在三大结构指标中，战略合作、营销合作、供应链合作紧密程度的分值分别为 4.21 分、4.22 分、4.26 分，处于较高水平。其中，供应链合作紧密程度最高，其次是营销合作，战略合作略低（见图 17）。

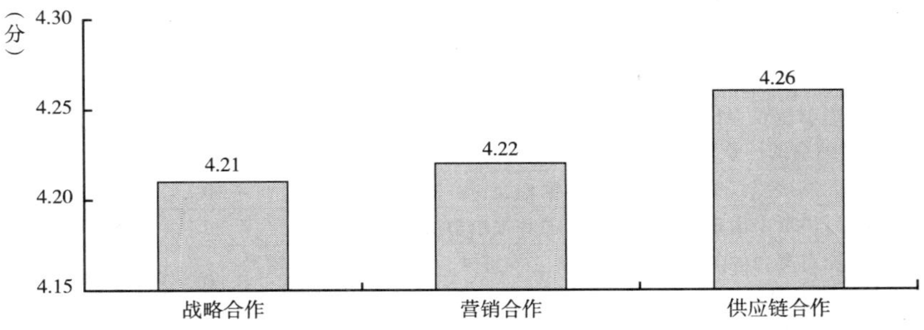

图 17　三大领域的合作密切程度

在 19 项具体指标中，有 17 项指标的分值超过 4 分，说明整体合作程度较为紧密。其中第 2、7、10、12、13、16 项六项指标分值较高，都在 4.30 分以上，合作较为紧密。但是，在第 18 和第 19 项合作中，合作紧密程度相对较低，分值在 4 分以下，这也是现代分销渠道中需要加强的现实问题。三大领域及 19 项具体合作内容的得分情况见表 2。

表 2　三大领域 19 项具体合作内容紧密程度评分结果

合作领域	具体合作内容	紧密程度（分）	重视程度（%）	综合得分（分）
战略合作	1. 了解贵公司的业务战略，经常与贵公司进行高层次沟通，建立了密切的业务伙伴关系	4.27	12.82	4.21
	2. 与零售商共同制订业务发展计划，并进行高质量的业务结果回顾	4.30	28.21	
	3. 与贵公司积极开展项目合作，如消费者研究、联合促销、供应链优化、防损保护管理等	4.17	15.38	
	4. 关心双方的赢利情况，采取有效措施创造共同价值	4.07	17.95	
	5. 针对不同零售业态配合实施不同的营销策略	4.10	7.69	
	6. 能够根据零售商的需求，提供产品和服务的解决方案，帮助零售商扩大销售规模及提高赢利能力	4.27	17.95	
营销合作	7. 定期提供消费者购物习惯分析，帮助零售商更好地了解消费者需求	4.30	22.86	4.22
	8. 能够与零售商在品类管理方面紧密合作	4.03	14.29	
	9. 能为零售商进行数据分析，分享研究成果并提供建议	4.00	17.14	
	10. 及时分享新品推出、价格变化和促销等销售计划，与零售商共同制订订货预测和促销计划	4.30	22.86	
	11. 提供有效吸引客流和提高顾客忠诚度的建议，制订品牌互动等活动计划	4.27	11.43	
	12. 能够加强促销员管理，减少零售商的人力和管理成本	4.33	11.43	
供应链合作	13. 主动与零售商分享供应链流程和核心考核指标，结合零售商实际，共同制订库存周转、缺货率、物流成本控制目标	4.33	25.00	4.26
	14. 能够与零售商共同进行销售预测，避免销售损失	4.23	19.44	
	15. 能够提供及时、准确、完整的商品信息给零售商，实现商品信息的一致性和同步性	4.13	11.11	
	16. 能够按照订单及时、准确、足额地交付商品	4.40	13.89	
	17. 对供货中出现的问题及时沟通并提出解决方案	4.27	25.00	
	18. 拥有高效的流程避免损坏或包装短缺，与零售商共同制订防损保护计划	3.80	0	
	19. 在与零售商合作中注重数据管理和服务，不断改进物流技术的应用，以提高整体物流效率	3.97	5.56	

7. 品牌联合开发是生产商与制造商协作的重点之一

开发自有品牌已经成为商业企业提升自身竞争力的主要手段之一。联合开发商业企业自有品牌，不但有利于商业企业增强自身竞争力，还有利于加强与生产商之间的协作关系。目前，在我国大型超市中，以生鲜商品和日常用品为主的自有品牌已为数不少，但与外资企业如沃尔玛、家乐福等相比，仍有很大差距。

在本次参与调查的30家连锁企业中，有27家企业拥有自有品牌，占企业总数的90%，并且在这27家企业中有26家（占参与调查企业的86.67%）明确表示，在未来时期将继续加大自有品牌的开发力度。没有自有品牌的企业仅有3家，占企业总数的10%，其中1家计划在一年内开发。如果计划实施，一年以后，在30家连锁企业中有28家将拥有自有品牌，占企业总数的93.33%。可以预计，在未来的一段时期，品牌联合开发是加强零售商与生产商相互协作的重点之一。

三　连锁经营与外贸转内销问题分析

（一）目前我国外贸遇到的困难

到2008年我国外贸依存度已超过60%，大大超过同期国际水平。经济对外依存度越高，经济发展受到国际经济环境的影响越大，系统性风险越高，以及随之而来的贸易摩擦、反倾销制裁、汇率问题等麻烦越多。从2008年下半年金融危机爆发以来，我国外贸业发展面临诸多难题。

1. 进出口总额下降

据商务部统计数据，从2008年7月开始，我国进出口总额急速下降，当月进出口总额为2480.7亿美元，到2009年2月达到谷底，仅为1249.5亿美元，下降幅度近50%，随后几个月有所回升，但仍“风光难再”。外贸锐减给制造业和外贸商业企业带来了极大挑战，甚至宏观经济形势也受到不利的影响。

2. 贸易保护主义抬头，“摩擦压力”加大

受国际金融危机影响，世界各国经济形势恶化，借此机会，以美国、欧盟为代表的国家和地区纷纷拿起贸易保护主义的大棒，打压我国产品出口，导致我国外贸受阻，面临的贸易救济调查越来越多。从数量上看，商务部相关资料显示，从2008年10月至2009年5月，我国遭遇来自十多个国家和地区的69起反倾销、反补贴、保障措施、特保措施（“两反两保”）等各类贸易救济调查，涉案金额91.56亿美元。从地域上看，2009年与我国发生贸易摩擦的国家遍及五大洲，其中美国、印度是最为突出的两个国家。另外，保护手段也出现了新的动向，除提高关税外，实施最低限价以及以食品安全、气候和减排问题为借口，主张实施包括碳关税在内的新的贸易技术壁垒等，使我国外贸企业防不胜防。总之，目前我国面临的贸易摩擦范围之广、数量之多、金额之大，是前所未有的，“摩擦压力”巨大。

3. 内外贸对接仍存在“缝隙”，长效机制尚未形成

受本次金融危机影响，我国外贸企业纷纷在国内市场积极试水，但是形势并不容乐观，转型之路还面临诸多难题。主要表现在下几个方面：第一，从外贸企业自身情况来看，多数外贸企业没有国内营销渠道，缺乏一支熟悉国内市场的销售队伍；所经营产品多是按照国外标准设计，且大都是贴牌产品，在国内缺乏知名度，不符合国内市场需求特点。第二，从交易方式来看，内地渠道商一般都是采用寄售方式，先销售后付款，使外贸企业的资金不能及时回流，资金风险加大。第三，从分销渠道来看，国内市场传统的“一、二、三”级批发体系已经不复存在，而大型的批发商尚为数不多，难以满足外贸企业大量出货的要求。第四，补税对大量的中小型外贸企业来说，也是一个最直接也最难过的门槛。另外，在市场秩序方面，外贸产品被模仿的现象多发，也使外贸企业利益受损，等等。这些方面都是我国外贸企业转内销过程中实际出现的问题，致使出口转内销困难重重，建立长远的“无缝隙对接”机制仍任重道远。

（二）连锁经营在出口转内销中的积极作用

1. 统一采购，缓解外贸企业销量之急

金融危机使外贸企业对外出口举步维艰，国内大型批发商“知音难觅”，临时组建自己的销售团队不太现实，“外贸大集”虽红红火火，但面对以集装箱为单位的库存压力，销量仍然是外贸企业转内销最急切的问题之一。连锁企业的规模采购可以缓解外贸企业的销量之困。统一采购是连锁经营模式主要特征之一，相对于一般的单体商店而言，采购规模较大。近几年，我国连锁门店日益

增多，整体规模不断扩大，同时，采购数量也大幅度增加，采购倾向越来越向上游延伸。连锁经营企业与外贸企业对接，不但可以使连锁企业自身享受批量采购的价格优惠，降低采购成本，而且可以缓解外贸企业在国内市场缺少大订单之急。

2. 统一销售，排除外贸企业渠道匮乏之困

在我国，长时期的内外贸分割体制造就了企业的一个特殊分类：外贸企业和内贸企业。内贸企业只关注国内市场，几乎没有出口业务；外贸企业专门做出口，国内没有市场，更没有自己的分销渠道。金融危机给这种分割体制一个深刻的启示，使外贸企业在转内销过程中因渠道缺失而感到困难重重。外贸企业的内销商品如果“嫁接”到连锁企业巨大的销售网络，可以使商品在不同市场同时上架，减少外贸企业销售成本。从长远来看，只要条件允许，外贸企业应在国内市场上建立自己的连锁经营商店，并纳入外贸企业转型战略。目前，以外销为主的帝语国际（控股）有限公司已经开始在国内走连锁之道，计划到2012 年开出 500 家“帝语美居”连锁店。为了帮助出口转内销企业，政府部门也积极鼓励外贸企业在国内实施连锁经营。2009 年 4 月，山东省青岛市工商局已专门出台有关政策，支持企业实施品牌连锁经营。可以说，连锁经营借助规模销售优势，为缺乏国内分销渠道的外贸企业开拓国内市场找到了一个极佳切入点。

3. 资金保障，降低外贸企业资金周转之险

相对而言，连锁经营销售规模大、商品周转率高、资金流动性好、赢利能力和偿债能力较强，对于外贸企业而言，与连锁商店合作的资金风险相对较低。据悉，为了减轻供应商与零售商之间的账期问题，由银行、零售商、供应商三方合作实施的“供应链金融”已开始试点，其基本模式是，零售商担保，由银行先支付供应商部分货款，销售完成后，零售商偿还剩余货款及银行账款。另外，从信誉方面而言，连锁企业信誉好于整体零售业水平。在国际信誉研究院 2006～2009 年间发布的“中国企业信誉 100 排行榜”中，苏宁电器连续居于中国零售企业信誉第一位。目前“以信誉求发展”几乎是所有连锁企业的头条标语。连锁企业较好的信誉基础是外贸企业实施内销战略的重要保障，可以有效减少呆账、坏账等相关难题，降低资金风险。

四　促进分销渠道转型的政策建议

（一）促进内外贸一体和流通业发展

中国政府对内外贸易采取不同政策，外贸企业可以享有出口退税等优惠，待遇较内贸企业为佳。不过，随着中国国民生活水平不断提升，可支配收入和购买能力增加，政府可考虑适当调整内外贸政策，鼓励企业内销以平衡过去依赖出口的经济结构。

政府应重视建立一批具国际竞争力的流通企业，强化批发分销商的功能，借此促进内外贸市场一体发展。在出口加工企业打入内销市场的过程中，批发代理商可扮演更积极的角色，协助企业理顺和解决各种资金或瓶颈问题，从而实现内外贸对接，综合协调国内外市场资源的调配和运用。

（二）重视连锁业发展，发挥其对分销渠道的改造作用

十多年来，虽然连锁经营在我国迅速发展，也取得了不小的成绩，但是与国际连锁企业相比，仍有很大的差距。并且，连锁业内部仍存在同质竞争严重、管理水平落后、技术进步缓慢、乱收费等共性问题。所以无论从微观的企业层面，还是从宏观的政府层面都应该首先在观念上重视连锁经营模式的发展。在企业层面，应积极学习西方成功管理经验，自觉规范企业行为，提升企业自身品牌形象和商誉，加强现代科技水平在分销领域的应用，打造企业未来成长的广阔空间。在宏观层面，政府部门应加强连锁经营领域相关政策法规出台与实施，强化行业监管，为连锁业发展提供优良的市场环境。

（三）深化“双百市场工程”，继续发挥批发环节的中介功能

为加强农产品现代流通体系建设，商务部决定从2006年起在全国实施“双百市场工程”。计划重点改造100家大型农产品批发市场，着力培育100家大型农产品流通企业。可以以此为契机，将更广泛的消费品大型批发市场和大型批发企业纳入规划，使“双百市场工程”不仅仅涵盖农产品，而且也包含整个消费品领域，做大做强批发环节。其重点是，政府应重视建立一批具国际竞争力的流

通企业，强化批发分销商的功能，借此促进内外贸市场一体发展。在出口加工企业打入内销市场的过程中，批发代理商可扮演更积极的角色，协助企业理顺和解决各种资金或瓶颈问题，从而实现内外贸对接，综合协调国内外市场资源的调配和运用。此举一方面可促进内销，平衡中国经济结构，对整体经济发展有利；另一方面可促进外贸商品对内销售，丰富国内市场商品种类和消费者的选择，为整体市民带来益处。

（四）搭建可持续的内外贸对接平台，建立长效机制

出口转内销已经不再是临时性问题，已不能使用权宜之计来解决，需要建立相应的可持续发展机制来扭转局势，这也是我国实现内外贸一体化、避免国际经济形势动荡带来不利影响的客观要求。从长远来看，可以从以下几个方面入手。第一，政府出资建设外贸城，接入外贸企业，打造外贸转内销产品批发零售集散地，发挥集聚效应。第二，搭建电子商务平台，实现外贸产品分销渠道多元化。筹建模式可以采用企业自建，政府补贴；政府出资筹建；与第三方联合开展业务等方式。帮助外贸企业，尤其是中小企业拓宽分销渠道。第三，引导外贸企业转型求变，不但要向高增值转型，而且还要加强自由品牌开发，建立自己的营销团队，培养核心竞争力，开拓国内渠道。第四，创新渠道商之间的结算方式，减轻外贸企业转内销过程中的资金压力。引入第三方金融机构的“供应链金融”就是一个很好的尝试。第五，出台针对出口转内销企业的税收优惠政策，化解中小企业外贸转内销的资金困难，并加强监管。第六，提供外贸企业做内销的优惠政策。多年来，中国政府对内外贸易采取不同政策，外贸企业可以享有出口退税等优惠，待遇较内贸企业为佳。不过，随着中国国民生活水平不断提升，可支配收入和购买能力增加，政府可考虑适当调整内外贸政策，给外贸企业做内销提供优惠条件，鼓励企业内销，以平衡过去依赖出口的经济结构。

（五）推行总经销/总代理经营模式，化解零供矛盾

目前，在百货业内最为流行的品牌联营模式所引发的零供矛盾问题备受各方关注，联营模式也备受争议。2009 年 5 月晨曦百货与其供应商琮意盛世对簿公堂，让人对国际金融危机下的零供现状有了更真实的认识。商务部门也坦承，中

国百货业目前普遍采用的联营扣点制度造成了巨大的经营弊端。因此，在渠道商关系由“交易关系”向“伙伴关系”转型时期，化解零供矛盾十分迫切。在这种形势下，规范百货零售企业行为，积极推进总经销/总代理经营模式①，提高自营比率，是化解目前渠道商关系危机的有效方法之一，也是顺应分销渠道历史转型的必然要求。

（六）注重科技手段在分销中的应用，实现渠道多元化

进入21世纪，现代通信技术应用和消费者需求变化使分销渠道多元化成为可能。尤其是以互联网技术为基础的新型分销渠道日益兴起，以B2B、B2C、C2C等为代表的电子商务模式纷纷涌现。以此为契机，实体商店加网络销售、电视购物、电话营销、目录营销的多元化的分销渠道将更加流行。所以，从企业方面来看，应该积极学习、吸收现代科学技术，并尽快应用到现代分销渠道中去。从政府角度来看，相关部门应顺势出台相关鼓励政策和监管措施，在税收、管理、资金等方面给予支持，并加强监管。

（七）企业应转型求变

虽然中国政府的加工贸易政策在金融危机发生期间有所放松，以解加工贸易企业的燃眉之急，但待经济回稳后，中国政府可能会重新调整其对加工出口贸易政策的方向。故此，出口加工企业须把握时机，向高增值转型，并应寻求内销市场的发展潜力和空间，探讨内外贸一体发展的可行性。外贸企业做好内销关键是建立自主品牌和专业的设计及营销队伍，培养核心竞争力，而不应视为在外贸转差之时清理库存的权宜之计。

（八）推广“农超对接”，提高超市生鲜产品经营效率

实施“农超对接”，建立生鲜加工配送中心，是大型的连锁超市提高生鲜产品经营效率的有效途径。在采购方面，“农超对接”省去了流通的中间环节，有

---

① 此处，总经销经营模式（或称总代理经营模式）是指供应商在指定区域内授权某商业企业（多为批发企业）为总的出货平台，并由其承担下游销售网络开发与建设、经销商的培训、广告投入、售后服务等活动的经营模式。在这种模式下，供应商与经销商之间的交易方式多为买断经营。这样，既克服了联营模式的种种弊端，又可以引导批发商向大而强的方向发展。

效缩短了果蔬从采摘到上架的时间，还可以减少采购成本。在物流方面，生鲜加工配送体系可以保证采购规模化、运输专业化、配送快捷化，从而减少物流环节的损耗，节约物流成本，优化分销渠道。目前，“农超对接”在某些连锁超市已经成功运行，并取得了明显实效。当前，应该把它作为一种新型的运作模式在大型超市中推广，并根据企业实际情况建立生鲜配送中心。通过这种模式的实施，继续发挥生鲜产品吸引客流的积极作用，提高经营效率。

在以上政策建议中，已经试点成功的模式可以向珠三角地区重点推广；尚未付诸实践的，尤其是关于外贸转内销的优惠政策可以在珠三角地区先行先试。广东是中国的外贸大省，但是在针对出口转内销方面面临着行政壁垒林立、审批程序烦琐等问题。政府可以珠三角为试点，透过粤港合作“先行先试”，优化现有的政策措施，待有关措施成熟后才在全国其他省份推广。例如，针对内外贸商品检测标准要求不一的问题，粤港两地政府可就检测认证服务建立互认机制和信息共享制度，促使两地商品/进出口监管部门互相承认由中国合格评定认可委员会（China National Accreditation Service for Conformity Assessment-CNAS）或香港认可处（Hong Kong Accreditation Service-HKAS）发出的检测验证报告，实行在粤港一证两地互通。这不仅有助优化商品进出口的整体流程，减省行政成本，亦可协助国家在产品检测和认证标准方面，了解国际的惯常做法，协助加快与国际接轨。此外，根据过往内销展览会的成功经验，粤港两地亦可加强合作，与内地重点城市设立长期批发及展销中心，提供平台让中小企业以合适的价格参与，从而协助它们发展内销市场。

附录：调查问卷的背景资料

（一）问卷调查的背景及目的

近年来，分销发展迅速。2008 年开始的全球性金融危机给内外贸的分销模式带来了深刻的影响。在此背景下，本次以连锁经营企业为对象的问卷调查的基本目的是，发现连锁经营对分销渠道转型的积极作用与存在问题，促进分销发展。

（二）问卷设计方法

本次调查问卷由中国连锁经营协会和利丰研究中心合作设计，属于自填式问卷类型，问卷结构主要包括基本信息、合作的关注重点、协作相关信息三个部分，共包含17个题目，其中填空式、是否式、表格式、选择式题目分别是9个、3个、3个、2个。

（三）问卷发送与回收

问卷发送与回收采用寄送方式，共寄出问卷30份，收回问卷30份，回收率为100%，可以作为研究依据的有30份，有效回收率为100%。

（四）问卷分析工具与方法

主要使用的分析工具有Excel和SPSS统计软件，主要分析方法有频数分析、线性回归分析、描述性统计分析。

（五）问卷调查的样本特征

在参与调查的30家连锁企业中，填写企业基本信息的有29家。从企业性质方面看，29家连锁企业包括国有、外商独资、民营、中外合资、国有股份制、股份有限公司六种类型，其分布情况见附表1。

附表1　参与调查企业的性质结构

企业性质	个数(个)	占样本总数比例(%)	企业性质	个数(个)	占样本总数比例(%)
国有企业	6	20.69	国有股份制企业	1	3.45
外商独资	5	17.24	股份有限公司	2	6.90
民营企业	14	48.27	合　计	29	100
合资企业	1	3.45			

从企业规模方面看，在29家连锁企业中年销售额超过100亿元的企业数量最多，有11家，占37.93%；没有企业年销售额小于1亿元。详见附表2。

附表 2　参与调查企业规模结构

当年销售额	企业个数	占样本总量的比例（%）	当年销售额	企业个数	占样本总量的比例（%）
1 亿元以下	0	0. 00	50 亿～100 亿元	3	10. 34
1 亿～10 亿元	3	10. 34	100 亿元以上	11	37. 93
10 亿～30 亿元	5	17. 24	合　　计	29	100
30 亿～50 亿元	7	24. 14			

参与问卷调查的 30 家企业中，有 25 家是 2008 年连锁百强企业，占样本总数的 83. 33%，这些连锁百强企业具有较高的市场占有率、较广的地域分布、较高的品牌知名度、较先进的技术和组织水平，基本能够代表我国连锁企业的发展现状和趋势。

综上所述，本次调查问卷在设计、发放与回收、分析工具的使用、样本选择等方面比较合理，能够保证研究的科学性和可行性。

专题分析

Special Topics

B.11

2010 年中国奢侈品市场运行概况

潘 笋 林景华*

摘 要： 随着中国经济的起飞，中国奢侈品需求大增。因此，许多奢侈品零售商视中国为极其重要的市场，并希望乘中国经济飞速发展之势在中国抢先占据重要的地位。不过，要赢得中国的市场，品牌商必须充分了解其有别于发达国家如美国、日本等的市场特征。

关键词： 奢侈品 零售业

一 中国奢侈品消费市场概况

2010 年，全球奢侈品的销售开始呈增长趋势。根据贝恩咨询公司在 2010 年

* 潘笋，利丰研究中心研究人员，伦敦卡斯商学院（Cass Business School，London）管理学硕士；林景华，利丰研究中心研究人员，香港大学经济学硕士。利丰研究中心是香港利丰集团旗下的研究机构，专注研究内地商贸经济、分销零售及物流业发展等范围的问题。

10 月发布的《全球奢侈品市场》估计，2010 年的全球奢侈品①的销售将达 1680 亿欧元，较 2009 年的 1530 亿欧元上升 10%。全球奢侈品的销售自 2009 年下跌 8%后，在 2010 年已差不多恢复至金融危机前的水平（2007 年全球奢侈品的总销售为 1700 亿欧元）。贝恩估计，美国、欧洲及亚太地区（不包括日本）于 2010 年的奢侈品销售升幅分别为 12%、6%及 22%；其中，中国的奢侈品销售将上升 30%②至 92 亿欧元，升幅显著高于全球平均水平。

展望未来数年，中国奢侈品销售增长的强劲势头将持续，普华永道估计中国将于 2015 年前成为全球第三大奢侈品市场。

而胡润《2010 中国富豪消费价格指数报告》指出，内地富豪于 2010 年的消费价格指数（Luxury Living Index）③ 由 2009 年的 4.6%上升至 2010 年的 11.3%（见图 1）。奢华房产是一个主要的增长驱动，其价格指数在所有类别的商品中最高，达 45.1%。强劲的市场需求推动中国奢侈品价格涨幅持续扩大。

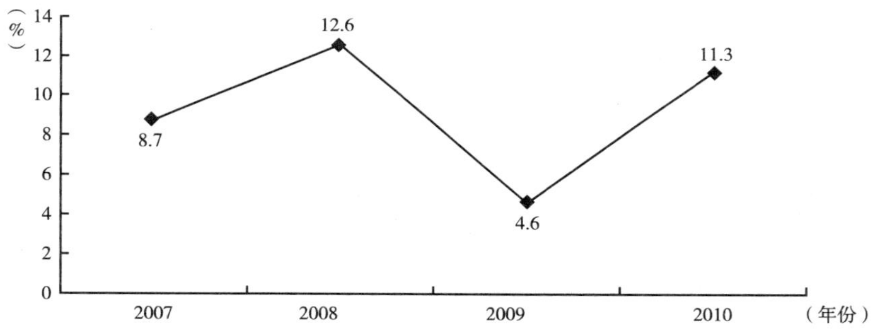

图 1　中国消费价格指数，2007～2010 年

中国奢侈品市场快速增长，不少奢侈品品牌皆越来越重视中国市场。目前大部分世界知名的奢侈品品牌已经相继进入中国市场，而中国市场占许多品牌的总销售比重亦不断提升，例如中国已经代替美国成为万宝龙（Montblanc）最大的销售市场。而路易威登和爱马仕在 2010 年分别有 25%和 38%的销售收入来自亚

① 贝恩的分析报告中的奢侈品销售不包括服务、酒店、餐厅、酒类、豪华车、游艇和私人飞机。

② 增幅按欧元计。如按人民币计算，中国销售增幅为 23%。

③ “2010 胡润富豪消费价格指数”分析了 58 种与高品质生活方式相关的商品，包括房产、汽车、手表、珠宝、烟酒等 8 大类，对比它们在 2010 年 6 月 1 日与 2009 年 6 月 1 日的市场价格，一年内，它们的平均价格涨幅为 11.3%。而同期汇率变化为：欧元贬值 14.6%，英镑贬值 11%。

洲（除日本外），其中来自中国市场的收入正不断提升。

目前不少国际奢侈品品牌以集团式经营，例如法国路易威登集团（旗下品牌包括路易威登 Louis Vuitton，马克·雅可布 Marc Jacobs，罗意威 Loewe，芬迪 Fendi，纪梵希 Givenchy 等）、法国巴黎春天集团（旗下品牌包括古奇 Gucci，宝缇嘉 Bottega Veneta，伊夫圣罗兰 Yves Saint Laurent，巴黎世家 Balenciaga，宝诗龙 Boucheron，塞乔·罗西 Sergio Rossi，亚历山大·麦昆 Alexander McQueen，斯特拉·麦卡特尼 Stella McCartney 等）、瑞士历峰集团（旗下品牌包括登喜路 Dunhill，卡地亚 Cartier，伯爵 Piaget，万宝龙 Montblanc，珂洛艾伊 Chloé 等）、利邦（拥有或代理品牌包括卓诺迪 1881 Cerruti 1881，肯迪文 Kent & Curwen，阿尔蒂 Altea，都本 D'urban，君皇仕 Gieves & Hawkes 和英特曼素 Intermezzo）及宝姿等（经营品牌包括宝姿 PORTS、宝马生活方式 BMW Lifestyle、阿玛尼 Armani、法拉利 Ferrari 和谭燕玉 Vivienne Tam 五个零售品牌）。表 1 显示部分奢侈品集团在 2010 年中期营业收入摘要。亚洲，尤其是中国市场对奢侈品集团的重要性正不断提升。

表 1　部分奢侈品集团在 2010 年中期营业收入摘要

路易·威登集团(LVMH Group)
2010 年上半年路易·威登集团的营业额增长 16% 至 91 亿欧元,净利润大幅增加 53%。其中欧洲、美国(除夏威夷)及亚洲(除日本)的营业额分别增长 11%、18% 及 21%。只有日本下跌 6%
法国巴黎春天集团(PPR Group)
2010 年上半年度,法国巴黎春天集团的总销售额同比增长 3.6%,而在亚太地区(不包括日本)的总收入增长 22.2%。西欧、北美洲及日本则分别增长 1.8% 和 1.7%。而日本却下降 6.1%
爱马仕集团(Hermes Group)
爱马仕集团上半年总营业收入同比增长 20%(不考虑汇率因素),达到 10.7 亿欧元。其自营店的营收同比增长 25%,除日本外,其在欧洲、美洲和亚洲(除日本)的专卖店营收分别增长 17%、26% 和 45%
历峰集团(Richemont Group)
截至 2010 年 9 月底,历峰集团六个月的销售额增长 27%(假设固定的汇率),若不考虑收购网络平台 Net-A-Porter. com 的作用,历峰在固定汇率条件下的销售额实际增长为 22%。美洲地区和亚太地区(不包括日本)增长最多,分别是 37% 和 36%;日本只增长了 4%
宝姿(Ports)
宝姿营业额在截至 2010 年 6 月 30 日六个月达到人民币 7.889 亿元,比 2009 年同期(7.310 亿元)上升 7.92%。零售分部在 2010 上半年营业额达到人民币 7.324 亿元,同期相比上升 9.36%,而 2009 年同期是人民币 6.697 亿元
利邦集团(Trinity Group)
截至 2010 年 6 月 30 日,利邦营业额达到 9.2 亿港元,比 2009 年同期增长 20.3%。中国内地市场、港澳市场和台湾市场的收入分别同比增长 16.2%、29.6% 和 15.7%

资料来源：作者根据各公司 2010 年中期业绩报告整理。

二 中国奢侈品消费市场背景分析

（一）消费者收入增加，奢侈品消费力不断提高

近年中国经济飞速发展，居民生活水平不断提高。根据国家统计局的数字，中国城镇居民收入增速稳步上扬，其中最高收入群①的平均每人可支配收入在2000～2009 年间的复合年增长率达 15%，是所有组别当中最高的（见图 2）。同时，居民恩格尔系数不断下降，由 1990 年的 54.2% 下降至 2009 年的 36.5%，居民更多地消费包括奢侈品的非生活必需品。

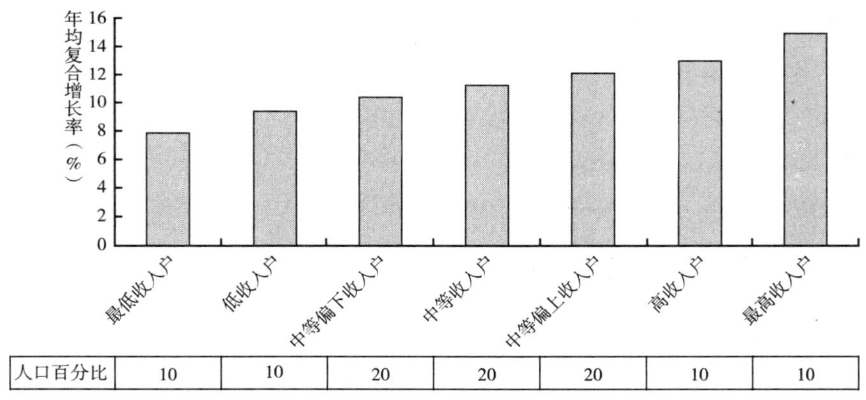

图 2　城镇居民家庭平均每人可支配收入增长（2000～2009 年）

资料来源：作者根据历年国家统计局资料整理。

事实上，中国的富裕人口正不断增加。根据《2010 年胡润财富报告》②，截至 2009 年 12 月 31 日，全国共有 875000 名千万元富豪和 55000 名拥有超过 1 亿元资产的富豪，分别比 2008 年增长 6.1% 和 7.8%。北京拥有最多的富裕人士，

① 城镇家庭收入分组方法是将所有调查户按户人均可支配收入由低到高排队，按 10%、10%、20%、20%、20%、10%、10% 的比例依次分成：最低收入户、低收入户、中等偏下收入户、中等收入户、中等偏上收入户、高收入户、最高收入户等七组。

② 调研门槛是拥有 1000 万元人民币以上资产的个人，资产包括自己创办的企业价值、自住房产等。

千万元富翁达151000人。单北京、广东和上海三个省市就拥有全中国近一半的千万元富翁（见表2）。

表2　中国富裕人口及其居住地区

排名	地区	拥有超过千万元资产富裕人士(人)	占总人数百分比(%)	拥有超过1亿元资产富裕人士(人)	占总人数百分比(%)
1	北京	151000	17	9400	17
2	广东	145000	17	8200	15
	广州	49200	6	3810	7
	深圳	45600	5	3160	6
3	上海	122000	14	7300	13
4	浙江	116500	13	6760	12
	杭州	47300	5	2590	5
	温州	20400	2	2130	4
	宁波	13500	2	860	2
5	江苏	62600	7	4300	8
	南京	22100	3	1680	3
	苏州	15600	2	930	2
6	福建	33500	4	2100	4
	厦门	11500	1	640	1
	福州	10200	1	540	1
7	山东	30500	3	1720	3
	青岛	11100	1	570	1
8	辽宁	26800	3	1710	3
	大连	11000	1	690	1
	沈阳	7660	1	510	1
9	四川	22100	3	1520	3
	成都	13500	2	730	1
10	河南	15200	2	1040	2
11	河北	14500	2	1110	2
11	天津	14500	2	1030	2
13	山西	13300	2	1110	2
14	湖北	12500	1	900	2
14	湖南	12500	1	670	1
16	陕西	11000	1	680	1
17	内蒙古	10200	1	700	1
18	重庆	9700	1	650	1

续表

排名	地区	拥有超过千万元资产富裕人士(人)	占总人数百分比(%)	拥有超过1亿元资产富裕人士(人)	占总人数百分比(%)
19	黑龙江	9600	1	670	1
	哈尔滨	5790	1	370	1
20	江西	8200	1	680	1
21	安徽	7100	1	760	1
22	吉林	6300	1	430	1
23	云南	4800	1	430	1
24	广西	4600	1	330	1
25	海南	3500	0	130	0
26	贵州	2700	0	240	0
27	新疆	2600	0	210	0
28	宁夏	700	0	80	0
29	甘肃	650	0	70	0
30	青海	500	0	40	0
31	西藏	350	0	30	0
	总数	875000	100	55000	100

资料来源：胡润财富报告，2010年4月。百分比由作者计算。

而美林和凯捷在2010年9月出版的《2010年亚太区财富报告》指出，中国内地的全球高净值人士①的人数于2009年达47.7万人，较2008年增加31.0%，他们的财富较2008年飙升40.4%至2.35万亿美元。中国是亚太区内继日本后第二大富裕人士集中地。

根据欧睿信息咨询的数据，中国内地的中产阶级②人口在2008年达到8550万人，并且预测在2011年前增加到1.04亿人。有鉴于此，中国奢侈品市场的空间非常巨大，随着中高端消费人群增加，预计中国的奢侈品消费动力将维持，更多的品牌将重点挖掘中国市场。

（二）消费升级态势持续

随着可支配收入的增加，消费者除了对基本生活用品如食品、住房和基本衣

① 全球高净值人士（不包括主要住宅的可投资资产至少为100万美元）。

② 根据国家统计局，中产阶级指的是年均收入6万~50万元人民币的人。

着外，自由开销如医疗、娱乐、教育和奢侈品的消费等会逐渐增加。消费者对产品质量等要求也随之提高。

毕马威（KPMG）在2010年5月发布的《精准的策略：中国奢侈品市场已向纵深拓展》显示，在购买奢侈品的动机排名中，大部分都跟自身的选择和感受有关，而非产品的功能。其中，“宠爱、善待自己”从2008年的36%上升到2009年的44%。自我奖励在2008年和2009年的调查中成为促使消费者购买奢侈品最重要的因素，分别占44%和54%。说明中国消费者越来越重视自身的品位，尤其是女性（见表3）。此外，2009年的调查中有42%的受访者表示会为了正式的场合而购买奢侈品。

表3　前6大购买奢侈品的目的，2009年

单位：%

	总体	男性	女性
奖励自己	54	46	62
宠爱、善待自己	44	27	62
为了一些重要/正式的场合	42	41	43
展现个性	40	37	43
展现自信	36	37	35
享受奢华体验、优质生活	35	38	31

资料来源：毕马威，2010年5月。

毕马威表示，有41%的受访者在2009年称他们无力购买奢侈品，但他们表示将来打算购买。这充分说明中国消费者会随着收入的增加而更重视品牌和商品的质量。

（三）预计二、三线城市未来会成为奢侈品业的重要支撑

随着二、三线城市居民收入增加及对奢侈品品牌的认知提升，二、三线城市奢侈品销售正快速增长。根据罗德公关及奢侈品市场调查与研究公司信天翁在2010年7月发布的《2010年中国奢华品报告》，二线城市的受访者中有近三成表示会在一线品牌服饰上花费更多，消费意欲高于其他地区。

三　中国奢侈品市场现状分析——运行特点及发展

（一）消费群特征

1. 中国的富裕消费群普遍比较年轻

中国的富裕消费者普遍较国外富裕消费群年轻。《2010 年胡润财富报告》指出，中国拥有 1 亿元资产以上的富裕人士平均年龄和拥有千万元资产以上的富裕人士平均年龄分别为 43 岁和 39 岁，平均比国外富豪年轻 15 岁。

2. 中国奢侈品消费群主要为男性

与海外市场明显不同，中国的奢侈品消费群体以男性为主导，年轻企业家及生意人等都是重要的客源。事实上，根据福布斯和中国建设银行的报告，2010 年，中国高净值人士①中男性占 76.9%，女性占 23.1%（见图 3）。纵然如此，随着女性在就业市场中的地位不断提升，女性消费者的消费力正不断提高，其庞大消费潜力不容忽视。

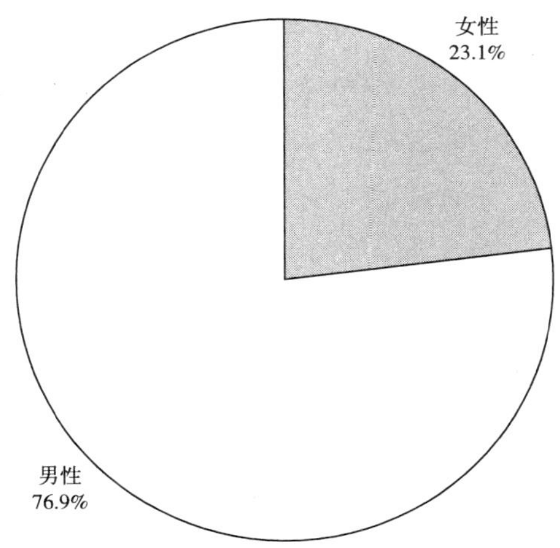

图 3　中国高净值人士的性别比例，2010 年

资料来源：福布斯和中国建设银行，2010 年 12 月。

---

① 高净值人士：私人可投资资产超过 1000 万元的人士。

3. 中国奢侈品消费者非常关注品牌知名度

中国奢侈品消费者非常重视品牌知名度。根据《2010中国奢华品报告》，传统奢侈品品牌在中国依然占强势。根据《2010中国奢华品报告》，2010年中国消费者考虑购买的奢侈品品牌中，最青睐的时尚类奢侈品品牌前三甲为：路易·威登（Louis Vuitton）、香奈儿（Chanel）和古奇（Gucci）。另外，据胡润2011年1月发布的《中国富豪品牌倾向报告》指出，中国内地富豪青睐的不同种类的品牌中，全部都是海外知名品牌，如卡地亚、爱马仕等（见表4）。

表4　中国千万元富豪最青睐的时尚品牌

商品类别	品　牌	商品类别	品　牌
珠宝	卡地亚	时装	乔治·阿玛尼
手表	百达翡丽	配饰	爱马仕
复杂功能手表	百达翡丽	书写工具	万宝龙
珠宝手表	卡地亚	护肤品	雅诗兰黛
时尚手表	古奇	豪华手机	Vertu

资料来源：胡润：《2011至尚优品——中国千万富豪品牌倾向报告》，2011年1月。

中国的奢侈品消费市场主要由海外的品牌主导，而中国本土奢侈品品牌屈指可数，只有少数品牌如创世（Trands）、东北虎（NE·TIGER）和贵州茅台（Kweichow Moutai）等能够获得消费者的青睐。这些本土品牌正努力提高产品附加值从而进军高端市场，如东北虎（NE·TIGER），过去几年在美国、法国、意大利和俄罗斯设立工作室，目标是打造中国第一奢侈服装品牌。

4. 送礼为重要奢侈品消费用途

中国人自古以来就注重“礼尚往来”。除自用外，送礼也为重要的奢侈品消费用途。根据罗德公关及信天翁的报告，在大中华地区的奢侈品用途中，个人使用占84%，为亲朋好友购买的占29%。另外，送礼尤其是商务馈赠占28%。其中，28%的一线城市受访者表示购买奢侈品用做商务馈赠，二线城市比例则达36%（见图4）。一些配饰如钱包、围巾、眼镜、皮带和领带是最受欢迎的送礼单品，占37%。

5. 中国游客热衷在境外购买奢侈品

由于中国对进口高档手表、香水、化妆品、皮具、箱包等奢侈品一直采取限

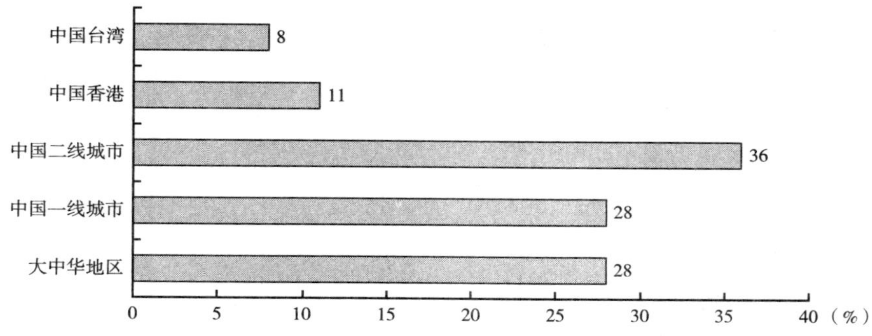

图4　奢侈品消费中商务送礼在不同地区的百分比

资料来源：罗德公关及信天翁，2010年8月。

制政策，多年来实行高额关税，个别商品亦加征特别消费税，进口奢侈品价格大大高出海外市场。境内外价差明显，人民币持续升值，加上近年来出境旅游限制的放宽等因素，中国消费者喜欢在境外购买奢侈品。根据贝恩咨询公司的数字，2010年中国消费者购买的奢侈品中有56%是在中国境外（包括香港和澳门）消费的，消费总额达872亿元。不少业内人士指出，中国游客的奢侈品消费已成为不少海外（尤其是亚洲地区）市场的重要推动力。事实上，不少奢侈品品牌也加大开展亚洲市场如中国台湾及新加坡等的力度，争取中国旅客客源。

香港由于其位置毗邻大陆，被中国内地消费者视为最受欢迎的奢侈品购买地。的确，大批的内地游客造访为香港的零售业尤其是高端零售商带来强劲的消费需求。例如香港著名的珠宝饰品制造零售商周生生，其香港和澳门店铺在2010上半年的营业额中有42%的销售来自内地游客。

事实上，外国零售商对中国游客逐渐增多的出境游也愈加重视。如英国高端百货公司哈罗斯（Harrods）、塞尔福里奇（Selfridges）与福南特和梅森（Fortnum & Mason）便促使英国政府对中国游客放宽签证的政策，其中一个重要原因是希望中国游客的到来可以促进持续不振的英国零售业的发展。

6. 中国奢侈品消费者需求差异明显

中国市场呈多样性，地理、气候、历史背景等差异令不同城市的消费者在奢侈品消费模式上有很大的差异。例如东部沿海城市市场较早开放，当地的消费者较早接触国外潮流时尚；反之，内陆城市居民对奢侈品消费及品牌认知则尚未成熟。又例如，中国北部地区天气较为寒冷，当地消费者在奢侈品服装的消费较高。

（二）奢侈品品牌在中国市场的经营战略模式分析

海外奢侈品品牌在中国扩张的形式主要包括：①由集团直接投资经营直营店（如路易·威登集团、乔治·阿玛尼、香奈儿等顶级品牌）；②透过品牌代理商，如山东迪尚集团、上海欧宏投资管理有限公司、迪生创建国际有限公司等进入市场。

1. 奢侈品品牌加快直营

过去不少奢侈品品牌都选择与代理商或授权商合作，利用它们对中国市场的认识进入中国市场。可是，随着中国市场规模日渐壮大以及品牌商对中国市场的了解增加，近年不少品牌商都选择舍弃中间商，逐渐收回代理或品牌授权直接进入中国开店，以便加强对品牌及产品的质量控制。自行经营亦便于维护店铺风格的一致性及独特性，并同时有助提升客户服务水平。

例如，巴宝莉在2010年7月宣布计划花费巨资7000万英镑收回其内地全部共50家的特许经营店，并计划在内地开设10家直营店。事实上，过去几年不少奢侈品品牌商将代理权收回转型为直营：2010年5月，Tommy Hilfiger和迪生创建国际有限公司宣布将提前于2011年2月解除在内地的代理合约；2008年1月，万宝龙宣布收回中国代理商手中所有的店铺；法国皮包知名品牌珑骧（Longchamp）也在2010年表示已经决定买下全部中国分销店，将其转为直营模式。登喜路（Dunhill）、蔻驰（Coach）也不再以代理的形式销售，2008年开始从香港俊思集团买回香港、澳门和中国内地零售业务，以直营作主要营运模式。古奇于2009年计划新开的店面全部都采取直营方式。范思哲（Versace）亦计划于2009年在中国开25家直营店。拉夫·劳伦（Ralph Lauren）于2009年1月从迪生创建国际有限公司收回Polo和Ralph Lauren品牌的亚洲地区销售权，重点建立自己的零售店铺。

另一方面，不少中间商近年也面对巨大的压力如品牌商对营运的管制，以及高昂的代理或授权费用。有鉴于此，亦有内地代理或品牌授权商选择收购品牌业务。例如YGM贸易公司在2009年9月收购英国奢侈品品牌雅格狮丹（Aquascutum）的亚洲业务。2010年12月，利丰集团旗下奢华男装零售商利邦收购世界著名时装品牌Cerruti 1881，掌握了该品牌全部的控制权：此收购可消除利邦在续签特许权协议时的任何不明朗因素，以及在签署协议时潜在增加特许

权费用的风险；收购后利邦可灵活增加产品种类，包括非服装产品线，如以 Cerruti 1881 品牌生产的皮革产品、香水和手表等业务。

2. 构建旗舰店建立品牌形象

专卖店及高端百货商场的专柜或店中店是中国消费者接触奢侈品的主要渠道。而为了更好地展示品牌形象，近年不少奢侈品品牌也建立旗舰店。旗舰店一般设于人流较旺的黄金地段，店内陈列出品牌的大部分产品。国际知名品牌企业在 2010 年在中国加速开设旗舰店，采用体验型零售模式，实现品牌附加值最大化。路易·威登于 2010 年 4 月在上海淮海路和浦东连续开设了两间旗舰店，通过让顾客体验品牌文化从而为他们提供尊贵的品牌服务。瑞士著名钟表品牌积家（Jaeger-LeCoultre）也于 2010 年在上海淮海中路开设了中国最大的旗舰店。其他奢侈品品牌商如爱马仕和阿玛尼也为在优越的地址设立旗舰店而积极购买商业地产。

然而，正是因为这些奢侈品品牌商的扩张和扩店计划，选址设立旗舰店变得愈加困难。许多奢侈品品牌商为了能够推广品牌，不惜成本砸重金扩大店铺面积和提高店面品质如装潢、商品摆设。这无疑增加了位于重要商圈店铺的租金。所以说旗舰店的投资和营运费用通常较高，对品牌推广的意义大于销售意义。

此外，中国消费者喜欢在出境旅游的同时购买奢侈品，许多奢侈品零售商看准这个商机，把店铺开到几个境外旅游热点尤其是亚太地区。有不少品牌经常在澳门、台北和新加坡等地举行产品发布会。

3. 品牌宣传策略

奢侈品品牌商注重表现尊贵的生活方式和独特的个人品位，他们投放大量资源在重点的高端时尚的服装杂志、报纸等刊登广告，并且会邀请一些与自身品牌形象、气质类似的明星做代言。

除此之外，品牌商还会举办如时装表演、展览和拍卖等多种宣传活动，通过媒体重点报道来提升品牌知名度。例如卡地亚于 2009 年在北京故宫的珍宝展，就通过展出珍贵的珠宝首饰充分体现出卡地亚的尊贵形象。又如利邦旗下的 Cerruti 1881 于 2010 年与苏富比拍卖行合作，分别在北京及香港举行现代艺术巨匠：印象主义和 20 世纪初期艺术拍卖展，并于展览期间举办贵宾酒会及晚宴，利用针对性高的宣传推广活动可以增加品牌的知名度。奢侈品品牌商特别注重老顾客的购物体验，他们也非常重视 VIP 贵宾体制和有针对性的推广活动。

（三）奢侈品消费市场的布局分析

自20世纪90年代奢侈品品牌进入中国市场以来，目前奢侈品品牌布点大都覆盖了国内一线及各省会城市。表5分析了几个奢侈品品牌在中国城市的零售网络，表中的城市排名是根据中国社会科学院在2010年5月发布的《2010年中国城市竞争力蓝皮书：中国城市竞争力报告》得出的。排名较前的城市可视为较有发展潜力和综合竞争力。如表5所示，奢侈品品牌大部分的店铺都设立在中国最有竞争力的城市。一线城市如上海、北京和深圳是奢侈品零售商最青睐的城市。而作为中国的时尚之都，上海已经吸引了许多奢侈品零售商在其优越的商业区设立店铺。确实，上海对展示品牌设计、宣传品牌文化等有着极具战略性的地位。

随着中国消费者购买力日益提升，奢侈品品牌近年加速扩张营销网络，尤其是积极向二、三线城市扩张，如商务和休闲旅客经常到访的陕西西安、山西太原、云南昆明、内蒙古呼和浩特等。刚在2010年将50家特许经营店转为直营的英国奢侈时尚品牌巴宝莉（Burberry）在2011年1月表示，希望其在5年内将现有在中国的店铺数目增加到100间，它在2010年已经进入太原和常德。路易·威登自2007年以来已经进入了太原、呼和浩特、乌鲁木齐等二、三线城市；登喜路在2010年进入了昆山、满洲里、江阴和张家港；菲拉格慕（Salvatore Ferragamo）在2010扩大其营销网络至无锡、武汉、南京、长春、常州、石家庄、郑州和太原；而皮革品牌蔻驰（Coach）也预计于2011年底前在中国开设72间店铺；就连英国百货公司哈罗斯（Harrods）也考虑在中国上海开分店。另外，英皇钟表珠宝在2010年与路易·威登集团（LVMH）合作，拓展内地珠宝钟表零售网络。利邦集团在2010年中期年报表示，其零售网络在中国内地的分布为：一线城市占31%、二线城市占36%、三线城市占25%、四线城市占8%。

另外，根据表5的数据，以男性为主导的奢侈品零售商的零售网络要比其他广阔。根据观察，男性为主导的奢侈品零售商通常显得进取，因为他们往往比别人更早进入低级城市。这正好对应了文章前面提到的“中国的奢侈品消费群体以男性为主导”的观点。奢华男装品牌如杰尼亚（Ermenegildo Zegna）、君皇仕（Gieves & Hawkes）、卓诺迪1881（Cerruti 1881）、登喜路（Dunhill）和胡戈波士（Hugo Boss）正好可以抓住中国奢侈品市场的这个特点大展拳脚，扩展其业务。

表5　主要高端服装品牌在华店铺一览（截至2011年1月）

排行*	地市	阿尔蒂 Altea	雅格狮丹 Aquascutum	阿玛尼 Armani	布克兄弟 Brooks Brothers	巴宝莉 Burberry	康钠丽 Canali	卓诺迪1881 Cerruti 1881	登喜路 Dunhill	都本 D'Urban	杰尼亚 Ermenegildo Zegna	范思哲 Gianni Versace
1	深圳	1	3	2		2	2	4	2	5	3	1
2	上海	1	10	10	9	4	5	10	11	7	9	2
3	北京	1	9	7	4	6	5	7	15	3	6	3
4	广州		5	3		2	1	3	2	2	2	1
5	天津		3	1	1	1	1	1	2	1	2	2
6	大连		2	1		2	2	2	2	2	1	1
7	青岛			2		1	2	1	3		1	1
8	苏州		3	1	1	2	1	3	1	2	1	1
9	杭州			3		2	2	1	3		3	1
10	沈阳		3	2	1	2	2	2	4	2	3	1
11	东莞											
12	长沙		3			2	2		2		1	
13	无锡			1	1	1	1		1		1	
14	武汉		3	1	1	2	2	1	2		2	
15	厦门				1	1			3	2	2	
16	宁波		1			1	2	2	2		1	
17	南京		1	1		1	1	1	2		1	1
18	合肥		5				1		1		1	
19	成都		4	2	2	3	2	1	4	1	3	1
20	佛山								1			
21	东营											

续表

排行*	地市	阿尔蒂 Altea	雅格狮丹 Aquascutum	阿玛尼 Armani	布克兄弟 Brooks Brothers	巴宝莉 Burberry	康钠丽 Canali	卓诺迪 1881 Cerruti 1881	登喜路 Dunhill	都本 D'Urban	杰尼亚 Ermenegildo Zegna	范思哲 Gianni Versace
22	济　南					1	1	1	1		1	
23	长　春		1	1	1	1	1	1	1	1	1	
24	鄂尔多斯											
25	珠　海											
26	烟　台							1	1			
27	常　州		1			1			1			
28	中　山											
29	呼和浩特		2				1	1	1			
30	福　州				1	1		1	2		1	
31	南　昌		2				1	1	1	1		
32	西　安		3	1		1	2	2	2	2	2	1
33	包　头		1									
34	郑　州					1	2	1	2	1	1	
35	重　庆		4	1		1	1		4	1	1	
36	南　通								1			
37	石家庄		2				1	1	2		1	
38	温　州			1		1			2		2	
39	哈尔滨		4	1		2	1	4	2	3	2	1
40	大　庆											
41	淄　博											
42	扬　州											

续表

排行*	地市	阿尔蒂 Altea	雅格狮丹 Aquascutum	阿玛尼 Armani	布克兄弟 Brooks Brothers	巴宝莉 Burberry	康钠丽 Canali	卓诺迪1881 Cerruti 1881	登喜路 Dunhill	都本 D'Urban	杰尼亚 Ermenegildo Zegna	范思哲 Gianni Versace
43	马鞍山											
44	绍兴		1									
45	南宁		2		1			1	1	1		
46	乌鲁木齐			1		1		1	1	1	1	
47	昆明		3	1		1	1	1	3		1	1
48	克拉玛依											
49	镇江		1									
50	徐州		1						1			
51	唐山		1					1				
52	太原		1			1		1	1		1	
53	舟山											
54	惠州											
55	台州								1			
56	威海											
57	嘉兴											
58	鞍山											
59	泰州											
60	银川		1									
…												
71	湖州		1						1	1		
72	海口		1						1			

续表

排行*	地市	阿尔蒂 Altea	雅格狮丹 Aquascutum	阿玛尼 Armani	布克兄弟 Brooks Brothers	巴宝莉 Burberry	康钠丽 Canali	卓诺迪 1881 Cerruti 1881	登喜路 Dunhill	都本 D'Urban	杰尼亚 Ermenegildo Zegna	范思哲 Gianni Versace
75	兰州		2					1				
87	贵阳					1	1	1	1		1	
96	湛江		1									
97	湘潭		1									
104	邯郸		1					1	1	1		
113	常德		1									
116	三亚										1	
123	丹东		1					1				
133	宜昌		1									
139	郴州		1									
153	淮南		1									
173	昆山				1				1			
—	上虞		2					1	1	1		
—	衡阳		1									
—	满洲里								1			
—	江阴								1			
—	岳阳		1									
—	张家港				1				1			
—	义乌		1					1	1	1		
	总数	3	103	44	26	49	47	64	104	42	60	19

续表

排行*	地市	君皇仕 Gieves & Hawkes	纪梵希 Givenchy	古奇 Gucci	英特曼素 INTERMEZZO	肯迪文 Kent & Curwen	朗万 Lanvin	珑骧 Longchamp	路易·威登 Louis Vuitton	普拉达 Prada	菲拉格慕 Salvatore Ferragamo	托德斯 Tod's
1	深圳	3		1	1	6		1	2	1	2	1
2	上海	7	4	4	3	8	2	4	3	3	6	2
3	北京	8	3	4		5		4	3	3	8	2
4	广州	2			1	3			1	1	2	
5	天津	1	1	1		1			1	1	2	1
6	大连	2		1		2	1	1	1	1	2	1
7	青岛		1	1		1			1	1	1	1
8	苏州	3	1	1	1	3		1	1		2	1
9	杭州	1		1		1		1	2		3	2
10	沈阳	2	1	1	1	2		1	2	1	2	2
11	东莞											
12	长沙			1					1		1	1
13	无锡	1	1	1		1			1		1	1
14	武汉	1	1	1		2			1		1	1
15	厦门	2		1	2	2			1		1	
16	宁波	1				1			1		1	
17	南京		1		1	1		1	1		1	1
18	合肥											
19	成都	2	1	2	1	3			1	2	1	2
20	佛山											
21	东营											

续表

排行*	地市	君皇仕 Gieves & Hawkes	纪梵希 Givenchy	古奇 Gucci	英特曼素 INTERMEZZO	肯迪文 Kent & Curwen	朗万 Lanvin	珑骧 Longchamp	路易·威登 Louis Vuitton	普拉达 Prada	菲拉格慕 Salvatore Ferragamo	托德斯 Tod's
22	济　南	1		1		1						
23	长　春	1				1			1		1	
24	鄂尔多斯											
25	珠　海											
26	烟　台	1				1						
27	常　州			1							1	
28	中　山											
29	呼和浩特	1				1			1			
30	福　州	2		1		2			1			1
31	南　昌	1				1						
32	西　安	2		1		3			1	1	1	1
33	包　头											
34	郑　州	1		1		1			1		1	
35	重　庆	1				1					1	
36	南　通											
37	石家庄	1		1		1					1	
38	温　州			1					1		1	
39	哈尔滨	3		1		4			1		2	
40	大　庆											
41	淄　博											
42	扬　州											

续表

排行*	地市	君皇仕 Gieves & Hawkes	纪梵希 Givenchy	古奇 Gucci	英特曼素 INTERMEZZO	肯迪文 Kent & Curwen	朗万 Lanvin	珑骧 Longchamp	路易·威登 Louis Vuitton	普拉达 Prada	菲拉格慕 Salvatore Ferragamo	托德斯 Tod's
43	马鞍山											
44	绍兴											
45	南宁	1				1			1			
46	乌鲁木齐	1				1			1		1	
47	昆明	1	1	1	1	1			1		2	1
48	克拉玛依											
49	镇江											
50	徐州											
51	唐山	1										
52	太原	1				1			1		1	
53	舟山											
54	惠州											
55	台州											
56	威海											
57	嘉兴											
58	鞍山											
59	泰州											
60	银川											
…												
71	湖州											
72	海口											

续表

排行*	地市	君皇仕 Gieves & Hawkes	纪梵希 Givenchy	古奇 Gucci	英特曼素 INTERMEZZO	肯迪文 Kent & Curwen	朗万 Lanvin	珑骧 Longchamp	路易·威登 Louis Vuitton	普拉达 Prada	菲拉格慕 Salvatore Ferragamo	托德斯 Tod's
75	兰州	1				1						
87	贵阳	1	1	1		1						
96	湛江											
97	湘潭											
104	邯郸	1				1						
113	常德											
116	三亚								1		1	1
123	丹东	1				1						
133	宜昌											
139	郴州											
153	淮南											
173	昆山											
—	上虞											
—	衡阳											
—	满洲里											
—	江阴											
—	岳阳											
—	张家港											
—	义乌	1										
	总数	61	17	31	12	67	3	14	36	15	51	23

＊根据《2010年中国城市竞争力蓝皮书：中国城市竞争力报告》，中国城市的综合竞争力排行。

资料来源：作者根据品牌网页整理。

奢侈品市场竞争白热化，二、三线或较晚进入市场的品牌商面对较大的竞争压力，尤其是在建立分销网络方面。业界人士指出，奢侈品品牌对于选址非常谨慎，除要考虑商场环境、面积、周边消费能力等，也非常重视周边商户，奢侈品品牌多数希望能跟知名度高的对手集聚一起，增加对高端客源的吸引力。不少二、三线或较晚进入市场的奢侈品品牌在选址上面临挑战，如与商场及百货公司等营运者谈判时议价能力较低。有鉴于此，一些二、三线奢侈品品牌集合在一起进入百货或概念店，希望争取较有利的店铺位置及优惠租赁条件，以较短时间渗入市场。

（四）电子商务获得关注

贝恩的 2010 年对中国奢侈品市场的调研结果显示，有六成的消费者是通过网络的渠道了解奢侈品品牌的，成为继“杂志”后第二个主要的渠道。电子商务获得更大关注。各大品牌商近年已加大投资中文网站的建设，进而更有效地宣扬品牌的文化。

事实上，中国网上购物市场近年飞速发展，2010 年中国奢华品报告显示，近半受访者表示愿意尝试从网上购买奢侈产品，其中 54% 的北京受访者和 47% 的上海受访者已为此做好准备，女性支持度较男性高出约一成。2010 年 11 月，阿玛尼（Armani）在意大利奢侈品在线销售商 YOOX 的协助下，率先在中国开设了旗下品牌 Emporio Armani 的网上购物网站，为中国消费者提供了一个方便的购买渠道。该网站旨在吸引一些富裕的年轻一族。YOOX 还打算在 2011 年底推出著名时尚品牌的在线精品店 thecorner. com，并准备在 2012 年把 yoox. com 引进中国。另外，据媒体报道，京东商城也计划推出一家独立奢侈品垂直 B2C 网站 toplife. com。目前，其他较为知名的国内奢侈品网络零售商有：魅力惠、佳品网、我爱奢侈品、第五大道奢侈品网、走秀网、呼哈网、美西网和尚品网等。除此之外，近来国内更是出现了奢侈品团购网站，例如秀团。

然而总的来说，目前奢侈品品牌大多持观望态度，并没有大规模投入在中国的电子商务。与一般消费品不同，大多数奢侈品品牌非常看重消费者的亲身体验营销，为消费者提供尊贵的服务。不少奢侈品品牌商担心网上销售会影响其品牌定位及档次。其他考虑因素也包括物流、售后服务及假货等。不过，在中国市场运营奢侈品品牌成本高昂，而网上零售平台则有助扩大市场、降低成本，尤其适合饰品配件（例如手表、珠宝等）的销售，在线零售平台也有助品牌提供个性化的制作服务。品牌在中国设网上零售平台，有助于扩大品牌在二、三线城市的客户群，提高市场渗透率。

（五）奢侈品品牌推出了专为中国消费者设计的产品系列

为迎合中国的消费者，一些品牌推出了专为中国消费者设计的产品系列（made-for-china）。例如爱马仕在中国以即将失传的手工艺技法为基础，创建了“可消费得起的中国奢侈品牌”“上下”。“上下”于2010年9月在上海淮海路开设首家零售店铺，该品牌包括服装、配饰、家居产品和茶具等，产品由中国设计师设计，由中国人制造，只在中国销售。又例如，中国的富裕消费者的炫耀性消费仍较明显，不少品牌便推出标志更突出的商品，配合中国消费者独特的品位需求。如来自德国的宝马汽车公司为了配合中国消费者的品位，专门设计了宝马M3限量版车型，并应农历虎年在车坐椅上绣了一个“虎”头的标志。而法国时尚奢侈品品牌Chloé（蔻依）在2010年推出专为中国消费者设计的一款中国限量版红色手袋Marcie，庆祝该品牌进入中国5周年。

四　中国奢侈品市场面对的挑战

（一）奢侈品在国内外的价格差明显

正如前述，人民币升值，加上国内对进口高档手表、香水、化妆品、皮具、箱包等奢侈品多年来实行关税及消费税等，奢侈品在国内外的价格差明显，中国消费者在境外如中国香港、法国和意大利购买的奢侈品多于在境内购买的，导致购买力转移。据贝恩咨询公司的报告统计，2010年中国消费者超过一半的奢侈品是在境外购买的。

有鉴于大量购买力外流，近年有不少人提议出台奢侈品关税下调方案，以鼓励国内消费者在境内购买奢侈品，政府亦能在流转税和收益税上增加税源。奢侈品品牌皆非常关注这方面的发展。事实上，中国于2010年加大检查海关的征税的力度，根据海关总署公告2010年第54号规定，内地居民携带自用物品入境超过5000元须征税，而入境非居民旅客携带超过2000元自用物品要被征税。海外代购化妆品、皮具等奢侈品会根据此政策而相应涨价。相信此政策意在将部分境外消费转化为境内购买。

（二）物流配送、人才培训和文化差异等问题仍然存在

中国商业物流配送体系仍未成熟，加上奢侈品通常小批量但频繁地采购生产，物流成本较高。所以对于奢侈品品牌商来说，选择一个专业的良好的合作伙伴显得非常重要。

由于中国奢侈品消费者对品牌的认识较少，售货员培训变得更为重要。售货员如果能够正确地为客人介绍产品的特色、品牌文化、设计的意念、质料及手工的细节、品牌的背景历史等资料，对产品销售及推广亦会更为有效。由于市场竞争激烈，奢侈品品牌商普遍面临难以招聘资深的销售人员和旗舰店店长，以及人才流失的难题。

（三）假冒伪劣产品

假冒伪劣产品一直是奢侈品品牌头痛的问题，而市场上充斥着的假冒伪劣商品许多都是由中国厂商生产的。中国厂商的竞争优势是其低劳动力和生产成本，高生产力和高质量产品。事实上，品牌的知名度越高，被仿冒的风险越大。中国市场上的仿冒品对奢侈品品牌亦带来一些冲击。虽然仿冒品和正货的目标顾客群不相同，可是大量仿冒品在市场上出售可能会降低正货购物者的尊贵感觉。另一方面，一些假冒奢侈品官方网页的出现，也阻碍了奢侈品品牌发展网上销售平台的信心。2009 年，路易·威登就对一家在上海售卖仿冒服装的店铺进行起诉。面对泛滥的仿冒商品，爱马仕的高层在 2010 年表示其集团特地聘请了 40 个员工在全球追踪那些仿冒厂商。

诚然，目前工商部门也重视打击仿冒商品，业界人士也表示政府打假反应快，然而由于一般来说，仿冒品牌罚款很轻，全面打假的难度很高。政府必须加强监管措施打击仿冒商品，令奢侈品市场更健康发展。

参考文献

贝恩：《全球奢侈品市场》，2010 年 10 月 18 日。

贝恩：《2010 年中国奢侈品市场研究》，2010 年 11 月 9 日。

胡润报告：《2010 年中国富豪消费价格指数报告》，2010 年 6 月。

瑞士信贷：《世界财富报告》，2010 年 10 月。

中国社会科学院：《2010 年中国城市竞争力蓝皮书：中国城市竞争力报告》，2010 年 5 月。

美林全球财富管理、凯捷咨询公司：《2010 年亚太区财富报告》，2010 年 6 月。

胡润报告：《2010 年胡润财富报告》，2010 年 4 月。

胡润报告：《2010 中国千万富豪品牌倾向报告》，2010 年 1 月。

信天翁联业商务咨询有限公司、罗德公关顾问有限公司：《2010 年中国奢华品报告》，2010 年 7 月。

毕马威：《精准的策略：中国奢侈品市场已向纵深拓展》，2010 年 5 月。

《奢侈品消费中国再拿第一，大牌在中国走“革命之路”》，中国网，http：//big5.china.com.cn/economic/txt/2010 - 12/27/content_ 21619516_ 3.htm，2010 年 12 月。

《年末奢侈品网购现热潮，品质和服务或成隐忧》，中国经济网，http：//big5.ce.cn/cysc/tech/07hlw/guonei/201101/04/t20110104_ 20679944.shtml，2011 年 1 月。

《中国私人财富白皮书》，福布斯和中国建设银行，http：//www.forbeschina.com/upload/pdf-2.pdf，2010 年 12 月。

《建立品牌途径利弊分析》，香港贸发局，http：//www.hktdc.com/info/web/mi/article.htm? LANGUAGE = tc&ARTICLE_ ID = 1X07A0FL&DATASOURCE = hkthkc，2011 年 1 月。

B.12

中国汽车市场分析

——“十一五”总结及“十二五”展望

冯永晟*

“十一五”期间，我国汽车市场实现了跨越式的发展。第一，汽车市场规模表现出井喷式的增长；第二，汽车消费结构出现积极变化；第三，汽车市场体系不断完善；第四，我国汽车产业的整体竞争力得到不断提升。值得关注的是，针对汽车产业的政策措施密集出台是促成这一时期汽车产业飞速发展的重要原因，分析其政策效应并对“十二五”时期汽车产业做出合理预期对实现“十二五”的可持续发展具有重要意义。在此基础上，本报告将提出相应的政策建议。

一 “十一五”期间国内汽车市场发展状况

（一）汽车市场产销量与保有量

我国国民经济已经连续多年保持快速增长，人均 GDP 于 2009 年突破 3700 美元，促进了居民收入水平的不断提高，2000 ~ 2009 年间我国城镇居民可支配收入平均增速达到 11.8%，2009 年全国职工平均工资达到 29229 元，从而带动了“十一五”期间我国汽车产销量的迅速增长和市场规模的不断扩大。除 2008 年受国际金融危机因素的影响汽车产销量增速有所减缓外，其余年份均保持了高速增长态势。平均来看，整个“十一五”期间我国汽车销售的平均增速有望达到 27% 左右，2009 年更是达到 46.15%。从规模上看，我国汽车销量在 2009 年达到 1364 万辆，全球排名从 2003 年的第四位提高到第一位，成为世界最大的汽

* 冯永晟，中国社会科学院财政与贸易经济研究所，助研，博士。

车消费市场，产销量占世界份额达1/5。整个“十一五”期间，我国总共销售汽车超过5000万辆，远远高于“十五”期间2000万辆的规模。2000年我国城镇地区百户居民家庭家用汽车保有量仅为0.5辆，到2009年这一指标已经达到10.89辆，年均增速达到40.8%，同时私人汽车占汽车总保有量的近85%。具体参见表1和表2。

表1　2005～2010年中国汽车产销量

单位：万辆

年份	汽车产量			汽车销量		
	中国	世界	占比(%)	中国	世界	占比(%)
2005	571	6655	8.58	576	6688	8.61
2006	728	6922	10.52	722	6913	10.44
2007	888	7627	11.64	879	7190	12.23
2008	935	7053	13.26	939	—	—
2009	1379	6099	22.61	1364	—	—
2010	1826	7761	23.53	1806	—	—

注：2005～2009年数据来源于《中国汽车产业发展报告（2010）》，2010年数据来源于中国汽车工业协会。

表2　2005～2010年中国汽车保有量

年份	汽车保有量（万辆）	私人汽车(万辆)		
		保有量	占总量比例(%)	轿车保有量
2005	3159	1848	58.5	861
2006	3697	2333	63.1	1149
2007	4358	2876	66.0	1522
2008	5099	3501	68.7	1947
2009	6288	5218	82.9	2605
2010	7802	6539	83.8	4029

注：2005～2009年数据来源于《中国汽车产业发展报告（2010）》，2010年数据来源于中国汽车工业协会。

（二）汽车消费结构

1. 汽车市场消费车型状况

“十一五”期间，我国居民购买力的提升使得汽车消费需求迅速启动，乘用车市场需求快速释放，销售增长明显快于商用车。2006～2010年，我国乘用车销量的平均增速为28%，比商用车销量年均增速高11个百分点。2010年1～10月份我国乘用车销量同比增长35.53%，比同期商用车销量增速高3个百分点（见表3）。乘用车需求快速增长，是“十一五”期间汽车市场迅速发展的主要原因。同时，乘用车的市场份额进一步提升，对汽车销量快速增长的贡献明显增大。2005年，我国汽车市场乘用车的销售比重为69%左右，而到2010年末已经达到约76%，提高了7个百分点。

表3　2005年以来乘用车和商用车的销售量及增速

年份	商用车销售量		乘用车销售量	
	累计值（万辆）	同比增长（%）	累计值（万辆）	同比增长（%）
2005	178.7	-0.8	397.1	21.4
2006	204.0	14.2	517.6	30.3
2007	249.4	22.3	629.8	21.7
2008	262.5	5.3	675.6	7.3
2009	331.4	26.2	1033.1	52.9
2010	430.4	29.9	1375.8	33.2

注：数据来源于中国汽车工业协会。

就排量而言，1L～1.6L乘用车一直是市场主流产品，2009年由于政府政策推动，1.6L以下小排量乘用车销量呈现快速增长态势，同比增速达到70%以上。具体见表4。

表4　2008～2009年乘用车分排量销量及同比增速

排　　量	2008年（辆）	2009年（辆）	同比增速（%）
排量≤1L	710691	1257696	77
1L<排量≤1.6L	3482136	5922004	70.1
1.6L<排量≤2L	1651508	1998817	21
2L<排量≤2.5L	771223	972057	26
2.5L<排量≤3L	100717	139706	38.7
3L<排量≤4L	25408	22480	-11.5
4L≤排量	5777	2604	-54.9
合　　计	6747460	10315364	—

注：数据转引自《中国汽车产业发展报告（2010）》。

2. 汽车进口有所起伏

2009 年，作为中国整体汽车市场的重要组成部分，中国进口汽车市场在没有政策惠及的情况下，随着经济回升和消费信心恢复，在适应市场变化和消费税调整等政策变化过程中总体实现较快增长。虽然 2009 年全年海关进口量为 41.9 万辆，与 2008 年相比仅增长 2.8%，但进口车上半年达 35.3 万辆，同比增长 30.9%。受 2008 年底市场低迷影响，2009 年上半年海关进口量大幅下滑，且进口量低于上牌量，市场呈现去库存化特征；下半年海关进口量开始回升，并且回到超过上半年的正常水平（见表 5）。

表 5　2005～2010 年我国汽车进口量

单位：万辆

年份	乘用车	商用车	年份	乘用车	商用车
2005	15.48	0.65	2008	39.58	1.40
2006	21.83	0.95	2009	40.92	1.16
2007	30.21	1.20	2010	79.11	2.22

注：数据来源于《中国汽车产业发展报告 2010》和中国汽车工业协会。

3. 消费群体与区域

从统计关系上看，家庭年收入与乘用车销量呈现显著正相关关系。根据国务院发展研究中心的研究①，中国当前购车家庭主体收入区间在 5 万～15 万元间，而年收入 8 万～12 万元以及 15 万～20 万元是历年用户购车的主要价区间，而其中低价位段比例明显提升；就人口结构与乘用车保有量及价位之间的关系而言，20 世纪 70 年代出生的人为现阶段中国乘用车保有的主要人群，且由于经济条件较好，这是中高端乘用车主要消费群体，而“80 后”、“90 后”人群则是未来中国乘用车消费的潜在巨大市场。

就区域结构而言，经济较为发达地区乘用车保有量高，东部地区一直是中国乘用车的主要消费市场，但是随着政府政策的推动，二、三线城市以及城镇农村等地区的乘用车保有量开始不断上升。据国家信息中心分析，2009 年一线城市的汽车销量增长率为 42.6%，而二、三线城市的汽车销量增长率分别达到

① 《中国汽车产业发展报告（2010）》，社会科学文献出版社，2010。

56.5%和67.7%；从市场份额来看，2009年三线城市的汽车市场份额已经达到29.3%，一线城市的汽车市场份额近几年则每年下降2~3个百分点，2009年已经下降到30.8%，而二线城市的市场份额2009年已经达到39.9%。

（三）国内汽车市场体系不断完善

首先，国内的“二手车”市场不断发展。目前我国的“二手车”市场以国产车、私家车为交易主体。2009年国产车占总交易量的96%；私家车占85%，其中轿车占54%。异地转移登记比例继续扩大，跨区域流转开始活跃，全国市场一体化发展态势开始显现。三年以内的“二手车”交易逐渐增多，提升了国内“二手车”市场的总体质量和性价比。载货车交易量猛增。截至2009年底，“二手车”交易量同比增长保持了20%以上的增长幅度。全国31个省区市共交易“二手车”333.86万辆，与2008年同期相比增加了60.13万辆，同比增长21.97%。“二手车”交易额累计达到1488.32亿元，同比增长25.85%。

其次，在汽车消费金融服务方面也有所突破。截至2009年8月，中国共有汽车金融公司10家，资产总额378亿元。2009年中国汽车消费贷款的比重达到10%左右，比2007年提高了3个百分点。在汽车租赁方面，北京梅赛德斯—奔驰汽车金融有限公司宣布其汽车租赁业务正式推出，标志着汽车金融公司进入汽车租赁业。此外，东风日产“易租车”服务已在北京、广州、深圳、东莞进行试点，汽车租赁已开始从大、中城市向小城镇普及。

（四）中国汽车产业整体竞争力得到提升

1. 汽车产业兼并重组步伐加快

为了改变国内汽车产业过于分散的局面，《汽车产业调整和振兴规划》提出了通过兼并重组，形成2~3家产销规模超过200万辆的大型汽车企业集团，4~5家产销规模超过100万辆的汽车企业集团，产销规模占市场份额90%①以上的汽车企业集团数量由目前的14家减少到10家以内的目标。自《汽车产业调整和振兴规划》以来，不到两年时间里已有五起较大的兼并重组。

---

① 需要注意，以汽车企业集团销量计算的市场集中度不等同于以汽车生产企业销量计算的市场集中度，理论上讲，后者更加合理。可参阅下文。

(1) 2009 年 5 月 21 日，广州汽车工业（集团）有限公司收购长丰（集团）有限责任公司 29% 的股份，一举成为长丰汽车第一大股东，而长丰汽车降为第二大股东；同时，长丰汽车更名为“广汽长丰汽车股份有限公司”；重组后的公司具备了年产 50 万辆汽车的产能规模。

(2) 2009 年 7 月 25 日，比亚迪以 6000 万元人民币价格收购美的三湘客车 100% 的股权，并在长沙建设新能源客车生产基地。此次顺利完成收购，不仅使比亚迪一举获得客车生产的资格，同时随着比亚迪长沙基地的建设投产，比亚迪汽车的产能有望进一步提高。

(3) 2009 年 11 月 10 日，中国航空工业集团、中国兵器装备集团携手重组中国长安汽车集团股份有限公司。中航集团以其持有的昌河汽车、哈飞汽车、东安动力、昌河铃木、东安三菱的股权，划拨兵装集团旗下的中国长安汽车集团；兵装集团将旗下中国长安汽车集团 23% 的股权划拨中航集团。两集团重组成立新的中国长安汽车集团股份有限公司，兵装集团持股 77%、中航集团持股 23%，重组后的新长安汽车具备了年产 220 万辆汽车的产能。

(4) 2009 年 12 月 4 日，上海通用汽车有限公司将其 1% 的上海通用股份出售给上海汽车工业（集团）总公司，后者持有 51% 的上海通用股份，从而实现控股。双方计划按照 50∶50 的股权比例成立通用上海汽车香港投资公司，着力拓展印度等地的亚洲新兴汽车市场。

(5) 2010 年 3 月 28 日，中国浙江吉利控股集团有限公司正式从美国福特汽车公司收购沃尔沃汽车公司。吉利按 18 亿美元的价格获得沃尔沃轿车 100% 的股权以及相关资产（包括知识产权）；同时保留沃尔沃瑞典总部、沃尔沃瑞典及比利时工厂；并计划在北京投建沃尔沃中国工厂，年产能将达 30 万辆。

2. 自主品牌不断发展

自主创新是“十一五”中国汽车工业发展的重要着力点。2009 年中国自主品牌乘用车销量达 457.7 万辆，占乘用车销售总量的 44%，比 2008 年提高 4 个百分点。与此同时，中国主要 30 家汽车企业迅速形成整车产能 1359 万辆的巨大规模，在市场占有率方面领先日、德、美、法、韩系乘用车。在国内轿车市场中，2008 年外资品牌占 74%，自主品牌不到 26%，2009 年由于汽车需求快速增长，尤其是低端汽车需求旺盛，带动了自主品牌汽车企业的发展，自主品牌轿车的市场占有率提高到近 30%（见表 6 和表 7）。

表6　自主品牌轿车销量及市场占有率

年份	轿车总销量(万辆)	自主品牌销量(万辆)	市场占有率(%)
2004	231.26	48.37	20.92
2005	276.77	72.66	26.25
2006	386.95	98.35	25.42
2007	479.77	124.53	25.96
2008	504.69	130.82	25.92
2009	747.10	221.73	29.67
2010	949.43	293.30	30.89

注：数据来源于中国汽车工业协会。

表7　2009年国内主要自主品牌汽车销量及增速

自主品牌	2009年销量(万辆)	同比增长(%)	自主品牌	2009年销量(万辆)	同比增长(%)
奇　　瑞	50.0	41.0	长城汽车	15.5	77.0
比 亚 迪	44.8	162.0	江淮乘用车	12.3	106.9
吉　　利	32.9	48.0			

注：数据来源于中国汽车工业协会《中国汽车工业产销快讯》。

3. 中国汽车出口稳步增长

随着中国汽车产业战略重组的稳步推进，中国汽车的整车出口也保持了稳定增长。虽然受到国际金融危机影响，2009年的汽车出口受到较大阻力，但从2010年8月起，出口回苏态势明显。截至2010年底，整个“十一五”期间汽车出口的平均增长率达到27%（见图1和表8）。

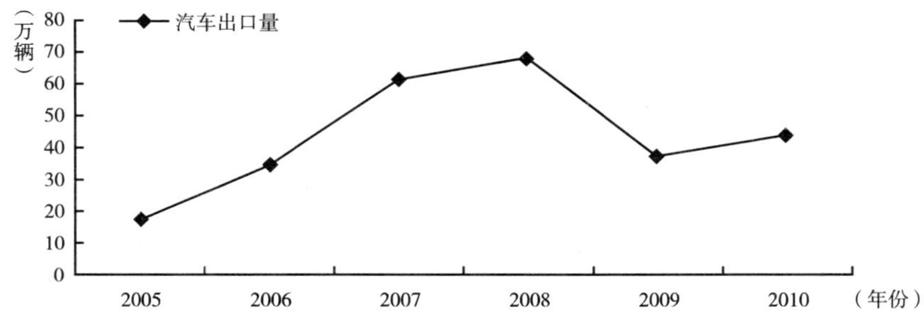

图1　2005～2010年中国汽车出口趋势

表 8　2005～2010 年我国汽车出口量

单位：万辆

年份	乘用车	商用车	年份	乘用车	商用车
2005	3. 88	12. 55	2008	31. 86	36. 24
2006	11. 55	22. 79	2009	13. 46	23. 51
2007	26. 45	34. 99	2010	28. 29	26. 19

注：数据来源于中国汽车工业协会。

二　“十一五”期间国内汽车市场的政策效应分析

2007 年我国发布《汽车工业“十一五”发展规划》，2009 年推出《汽车产业调整和振兴规划》，并实行了“减征乘用车购置税”、“汽车下乡”、“以旧换新”、“节能补贴”等消费刺激政策；2010 年初始，财政部、商务部又联合印发了关于允许同时享受汽车以旧换新补贴与车辆购置税减征政策的通知。一系列政策为我国汽车市场抵御国际金融危机影响、迅速摆脱衰退发挥了重要作用。

（一）减征乘用车购置税

2009 年初，我国对 1. 6L 及以下乘用车购置税实施了优惠政策，该政策一经出台，便取得了明显效果。2009 年 1. 6L 及以下车型销售 719. 55 万辆，同比增长 71%，占乘用车的比重较 2008 年提高了 8 个百分点，增长贡献度为 70%，购置税减免政策被评为最有效的救市政策。2010 年前两个月，该类车型继续表现良好，在乘用车中市场份额又有提高，达到 72%，比 2009 年提高 2 个百分点，其中 1. 6L 及以下排量的轿车占轿车的比重达到 70%，比 2009 年提高 1 个百分点。① 2009 年 3 月，1. 6L 及以下乘用车销售 86. 83 万辆，比上月增长 28%，低于乘用车增速 6 个百分点；占乘用车总量比重为 69%，比上月下降了 3 个百分点，降幅明显，且低于上年平均水平。

（二）“汽车下乡”

2009 年 3 月 1 日，“汽车下乡”政策出台，各大汽车厂商纷纷抓住机会扩大

① 信息来源：http：//business. sohu. com/20100310/n270711966. shtml。

市场份额，在全国农村市场迅速掀起微车下乡的高潮，扩大了二、三级市场覆盖面和影响力。根据中国汽车流通协会的数据显示，自国家实施“汽车下乡”政策以来，微型客车、微型货车和轻型货车市场均超常规大幅增长。其中，共销售微型客车195.05万辆，同比增幅达83.39%；销售微型货车50.57万辆，同比增长70%；销售轻型货车155.96万辆，同比增长30%。上述三种车型2009年全年净增长150万辆以上，对全国汽车销售增量的贡献率达到34%，真正起到了扩大汽车消费、拉动经济增长的作用。

（三）汽车“以旧换新”

2009年6月开始实施汽车“以旧换新”政策，并于2009年底调整了贴补办法，该项政策计划施行到2010年底。根据商务部最新统计数据，2010年1～10月，全国共办理汽车“以旧换新”补贴车辆近28.4万辆，发放补贴资金40亿元，拉动新车消费326亿元，月均受理补贴车辆约为2009年月均补贴车辆数量的7.5倍。其中，10月份办理汽车“以旧换新”补贴车辆3.8万辆，比9月份增长5.6%，日均办理补贴车辆比9月份增长30.6%。汽车“以旧换新”补贴车辆数量居前5位的是江苏、浙江、山东、河北、四川，合计占补贴总量的52%。其中，江苏、浙江、山东补贴数量均超过3万辆。

（四）“节能补贴”

2010年6月开始实施“节能补贴”政策，根据该项政策，凡购买“节能产品惠民工程”节能汽车推广目录上车型的消费者，可以凭发票到买车的4S店领取国家规定的3000元人民币补贴。截至2010年10月底，“节能产品惠民工程”仅涵盖了部分在售车型，两批共132款车型。这将对1.6L以下车型销售起到一定刺激作用，总体政策效应仍有待观察。

三 “十二五”中国汽车市场发展预期

（一）国内汽车市场规模稳步扩大，但增速放缓

“十二五”时期，中国汽车市场规模将稳步扩大，销量将保持较高速度增

长。首先，宏观经济的整体向好和人均 GDP 持续提高为汽车市场发展创造了基础性条件。2009 年全国人均 GDP 已经突破 3700 美元，北京、深圳、上海、广州等一线城市的人均 GDP 已经超过 1 万美元，2010 年底中国人均 GDP 已达 4283 美元。[①] 预计“十二五”时期人均 GDP 将突破 5000 美元。国际经验表明，当一国汽车的平均价格水平与人均 GDP 之比小于 3 时，轿车消费开始在普通居民家庭普及，而中国加入 WTO 后，我国一线城市的车价和人均 GDP 的比值已低于 2，二、三线城市也陆续降到 3。[②] 其次，汽车产业已经列为我国重点培育产业，“十二五”期间汽车产业将进一步深化改革、调整结构，可以预期汽车产业的整体技术水平和服务水平将得到进一步增强。最后，在“十二五”期间，收入分配制度改革，医疗、教育、社保等改革的推进，将为汽车消费创造有利条件。

“十一五”时期我国汽车市场产销量保持了高速增长，不过考虑到多方面社会经济的因素，以及汽车保有量的提高和销售基数的扩大，可以预期“十二五”时期的汽车销量水平将适当放缓。首先，“十二五”时期是中国经济的战略转型期，GDP 平均增速将有一定程度的放缓，预计维持在 8% ~9%，受此影响，居民收入水平的增速也将放缓，从而影响购车需求。其次，“十一五”时期针对刺激汽车产业发展的干预政策可能陆续退出。根据目前规定，“以旧换新”政策将施行到 2010 年底，“节能补贴”将施行到 2012 年底，届时，总体政策效应必然弱化，比如 2010 年国家就把 1.6L 及以下汽车的购置税从 5% 提高到了 7.5%，这对小排量汽车市场已经产生了一定影响。再比如，北京的摇号政策将影响北京汽车消费大约 600 亿元。

综合以上因素的考虑，我们预期到 2015 年中国汽车销量规模将达到 2500 万 ~3000 万辆，而销量增长速度将呈总体衰减趋势，平均增速约在 11% ~14%。

从汽车保有量上来看，2009 年我国东部地区的城镇家庭百户汽车保有量已经达到 17.33 辆，而中部地区、西部地区和东北地区的城镇家庭百户汽车保有量仅为 5.08 辆、7.47 辆和 5.64 辆，远低于东部地区，市场潜力依然很大。整体上，北京、上海等一线大城市的汽车保有量正在逐渐接近城市的承载容量极限，

① 国际货币基金组织统计数据。

② 国家信息中心：《经济预测分析》第 48 期。

而二、三线城市的汽车保有量还比较低，增长空间还十分广阔。预计未来五年，二、三线城市仍将是汽车市场增长的主力，汽车需求逐渐扩大到中小城市和广大农村地区是我国汽车市场能继续保持较快增长的强劲动力。

（二）兼并重组趋向深入，市场集中度不断提高

截至“十一五”末，中国共有168家汽车生产企业①，其中被纳入中国汽车工业协会统计口径的车企有79家，其中，产能达到1万辆以上的只有57家。②2009年，国内前10大乘用车生产厂商的销量占乘用车市场总销量的比重仅为51%③，相比之下，美国市场2008年前五家汽车生产厂商——通用、丰田、福特、本田（美国）、克莱斯勒——的销量占全美总销量的76%，2009年占到73%，市场集中度明显高于中国。同时中国的零部件行业中，百强企业的市场份额仅占整个行业的50%，远低于美国、日本的集中度。④

汽车行业是高技术含量、高附加值的产业，规模经济是企业取得竞争优势的必要条件，而中国汽车企业数量多、产能小的现象则表明我国汽车产业整体市场集中度低和规模经济差的问题，直接影响了我国汽车产业竞争力的提升，且造成资源浪费。虽然“十一五”时期，部分国内汽车企业开始寻求兼并重组的机会，但总体来看，仍远远不够。同时，随着汽车市场竞争激烈程度的加剧，产能持续增长，车辆销售价格将会持续下降，同时原材料、用工等成本价格的上涨也将进一步压缩汽车企业的利润。如何保持自身竞争优势、有效利用产能将是汽车厂商面临的直接压力。因此，“十二五”时期，深入调整产业结构，提高市场集中度，实现规模经济将是国内汽车企业迅速做大做强的根本路径。

考虑到中国汽车市场发展晚、起点低，以及中国加入WTO后，国外汽车企业迅速抢滩中国市场的实际情况，国内企业迅速发展成为可以抗衡国外厂商的大型企业仍有困难，但兼并重组的趋势将不可逆转。预计“十二五”时期我国汽车市场的兼并重组数量将有较大提升，汽车生产厂商数量也将减少至100家以内，同时，以前10大企业销量计算的市场集中度应达到70%以上。

---

① 此处指汽车生产企业，而非汽车企业集团。

② 2010年9月4日，“2010中国汽车产业发展国际论坛”报告数据。

③ 根据中国工业汽车工业协会《中国汽车工业产销快讯》数据计算得到。

④ 2010年9月4日，“2010中国汽车产业发展国际论坛”报告数据。

（三）国内自主品牌升级进入机遇期

虽然“十一五”时期国内自主品牌建设取得了很大成绩，但必须注意到，这一成绩主要得益于中低端小排量汽车市场的迅速扩张。根据中国汽车行业协会数据，2009年汽车销量中，小排量汽车销量的贡献水平最高，1.6L以及以下排量的汽车销量719.55万辆，占总销量的一半还多，同比增长71%，销售增长贡献率为70%。同时，这一扩张同这一时期国家鼓励小排量汽车，实施了购置税减半等刺激政策紧密相关，这也表明，自主品牌汽车销量的增加在很大程度上得益于政策推动，而反观中高端汽车市场则仍由国外品牌占据主导地位，因此，中国汽车自主品牌建设仍面临艰巨的任务。同时，总结“十一五”期间汽车品牌建设的经验可以明确：首先，自主品牌将对我国汽车业发展起到越来越重要的推动作用；其次，掌握核心技术是品牌建设的根本保证；最后，充分发挥本土市场优势是自主品牌崛起的根本途径。

因此，“十二五”期间，我国汽车自主品牌建设必须抓住中国市场规模迅速扩大的历史机遇，形成具有核心竞争力的自主品牌，唯此才能实现中国由汽车大国向汽车强国的转变。为提高我国自主品牌汽车企业的竞争力，国内汽车企业将会进一步加快汽车行业的结构调整，首先是加快兼并重组，提高单个企业的生产规模，实现现代化、集约化生产，降低成本，并提高行业的生产集中度，减少低水平扩张；其次是加快研发自主核心技术，升级自主品牌汽车产品结构，提高技术含量，使自主品牌的汽车逐步向高端迈进。预计“十二五”期间，吉利、奇瑞、比亚迪、长城、江淮等自主品牌建设将会取得较大进展，自主品牌的市场占有率应该会突破并稳定在50%水平以上。

（四）新能源汽车产业进入市场培育期

“十一五”时期我国新能源汽车产业化初露端倪，不过目前的新能源汽车销量仍然很低，截至2009年仅有9800多辆，市场总体保有量也仅有1万多辆。尽管如此，新能源汽车产业化的进程已经起步。过去5年时间里，国家颁布了多项针对新能源汽车产业的支持政策，众多汽车厂商也增大了新能源汽车的研发、生产和推广力度。目前新能源汽车生产企业已达60余家，新能源汽车产品达到240多个，13个新能源汽车示范推广城市的实验工作取得了积极进展，节能与新能源汽车项目共申请专利2000项，部分技术已经具备国际先进水平。①

加快新能源汽车产业化将是我国汽车产业对国外汽车产业实现跨越式赶超的绝佳契机，而且面对我国日益加剧的能源、交通和环境压力，加快新能源汽车产业化进程已是刻不容缓。根据刚刚公布的《节能与新能源汽车产业规划》征求意见稿，未来5年我国新能源汽车将初步实现产业化发展，纯电动汽车和插电式混合动力汽车市场保有量达到50万辆以上，中/重度混合动力乘用车保有量达到100万辆以上。同时，国家对新能源汽车的购买提供了补贴，采取直接补贴给消费者的形式，对新能源汽车的推广将产生积极的推动作用。

可以预期，“十二五”期间，国内汽车企业将会进一步加大对新能源汽车产业的投资力度，新能源汽车产业化进程将会进一步加快，整个市场处于培育阶段，随着技术条件、配套设施、商业模式和消费环境的不断改善，“十二五”将为我国新能源汽车的未来发展打下良好基础。鉴于目前传统燃料汽车保有基数庞大，未来五年里，新能源汽车保有量份额不会有显著提高，但其销量水平会呈现递增式的变化，预计到“十二五”末，新能源汽车平均年销量将达到30万辆左右。

（五）汽车出口与海外投资并购双增长

随着国家对自主品牌汽车产品出口的政策支持力度增大，国内汽车企业开拓国际市场的步伐将明显加快。国际金融危机过后，世界主要汽车生产国都调整了海外市场布局，特别是从部分低端市场退出，同时我国在同期国内低端汽车市场形成了较强的竞争力，因此有能力填补跨国公司从低端市场，特别是发展中国家退出的市场空间。考虑到国际经济形势的复杂性，特别是人民币面临升值压力，美元由于增发而持续贬值因素的影响，我国汽车产业出口将面临一定压力，因此预计“十二五”时期的出口平均增速低于“十一五”时期，达到20%左右。

在大力推动汽车出口增长的同时，国内企业也将凭借在国内市场积累的资本实力和运营能力，加大在国际市场的并购力度，以投资直接带动技术的转移和产品的出口，并获得更通畅的国际营销渠道和服务体系。奇瑞在阿根廷、吉利在印尼、江淮在越南、长城汽车在保加利亚都有了投资和合作的动作。同时，吉利并

---

① 国家信息中心：《经济预测分析》第48期。

购沃尔沃的成功实践，则为我国汽车企业从事海外并购提供了很好的借鉴。同时需要注意，在以往我国汽车企业海外并购中也不乏失败的案例，如上汽收购双龙，其中管理水平、文化差异、技术壁垒、人力问题都是影响并购失败的主要因素。这些成功经验和失败教训都是将来国内汽车企业“走出去”所依靠的宝贵财富。可以预期，“十二五”时期中的中国汽车海外并购案中，国内汽车厂商将更加成熟、更加理性，从而更加有效地带动汽车出口和品牌塑造。

（六）汽车售后服务市场成为市场热点

根据相关统计，在国外成熟的汽车市场销售额中，配件占39%，制造商占21%，零售商占7%，服务占33%；而国内汽车市场销售额中，配件占37%，制造商占43%，零售占8%，服务占12%。[①] 由此可见，在国内汽车销售额中制造商比重偏大，而服务比重偏小，汽车售后服务还有很大的发展空间。随着中国汽车市场竞争形势的不断加剧，整车销售的利润空间将不可避免地被压缩，国内汽车生产厂商将更加关注汽车售后服务市场的开发。

可以预期在“十二五”期间，汽车售后将成为各大厂商重点发力的服务领域，汽车市场的售后服务体系将不断完善，目前我国汽车市场中的“重整车，轻配件；重售中，轻售后”现象有望得到显著改观。同时，汽车售后服务市场的完善需要经历一个探索的过程，在这一过程中，我国汽车市场需要建立起适应中国市场特点的售后服务发展模式。究竟是以集整车销售、售后服务、零件供应和信息反馈于一体，并已经在中国生根发芽的“4S”店模式为主，还是形成专注于汽车售后服务，集汽车配件供应、维修、快速养护为一体的综合性服务商模式，仍需要关注。总体来看，“十二五”期间的中国汽车售后服务市场在保持快速发展势头的同时，将更加注重品牌的建设和人才的培养，从而为我国总体汽车体系的健全完善作出贡献。

（七）汽车与城市的协调问题将进一步凸显

近年来一线城市汽车保有量大幅度增长，由此产生的交通拥堵问题日益突出，在此背景下，许多城市出台了治理交通拥堵的综合性措施，个别“治堵”

---

① 葛郢汉：《汽车售后服务的国内外现状及发展趋势》，《公路与汽运》2007 年第 6 期。

形势严峻的城市甚至出台了非常严厉的措施。比如，北京于2010年底出台了“摇号购车”的政策，并制订了严格的汽车销量控制目标。这一政策在社会上也引起了极大的争论。

从北京的治堵方案来看，尽管其在客观上对北京汽车市场有着明显的抑制作用，但是长期内，其对于改善北京的交通状况和汽车消费结构都有长期的积极作用。同时，治堵措施必须是一个系统的综合性工程，在限购的过程中，大力发展公共交通，并采取差异化管理政策，才是根本之道。从这个意义上说，北京的治堵方案不会是长期政策，当然在中短期内也不排除微调的可能。

预计在“十二五”期间内，会有更多城市面临严重的交通问题，在城市布局和规划难以调整的条件下，专门的治堵政策很可能会继续出现。不过北京的限购政策具有特殊性，不具有普遍推广的意义，面临治堵问题的各个城市会依据各城市问题的具体表现而采取不同的方式。二、三线城市在扩大汽车消费市场和合理规划城市交通方面也会更加谨慎，在“十二五”期间内，汽车市场与城市化发展之间有望摸索出一条协调发展的道路。

四　政策导向

（一）市场配置与政府调控相配合，推动产业重组和自主品牌建设

要充分发挥市场引导资源配置的基础性作用，引导企业根据市场状况和自身需要寻求并购重组。政府要明确定位、合理规划、科学指导、协调监督，进一步推动跨地区、跨所有制的并购重组，促进汽车产业结构调整。要重点培育形成一批具有规模经济效益、较强自主研发能力和自主知识产权产品的大型汽车企业，大力推行品牌经营战略，增加自主品牌的科技含量和价值含量，重点培育中高端车型的自主品牌，全面提升消费者对民族自主品牌的认知度和认同感。

政府部门既要推进汽车产业结构调整，也要保持汽车产业的良性竞争秩序；产业重组政策应注意与国内竞争政策协调，以实现提高企业竞争力与保持良好市场秩序的理想局面。同时，政府部门还应在做好规划、指导、监督工作的同时，在具体政策落实层面，如资金扶持、税收减免、资产处置、土地房产、项目审

批、技改贴息、职工安置和分离企业办社会等方面，为国内汽车企业的兼并重组和品牌建设做好配套服务。

（二）明确新能源汽车产业化的方向，合理规划，稳步推进

新能源汽车产业化战略是“十二五”中国汽车产业发展的根本方向，为保证这一战略转型的顺利推进，政府部门应专门针对新能源汽车发展制订详细规划。建议规划确定以电动汽车技术为主，其他类型的新能源汽车（混合动力汽车、燃料电池电动汽车、氢发动机汽车、其他新能源汽车）技术为辅整体定位，并设计各类技术路线的发展路径，以及与之配套的商业运作模式，从而合理引导资源配置。由于新能源汽车技术开发对企业而言仍存在较大风险和不确定性，因此可通过政府或协会引导组织企业联合攻关，突破新能源汽车整车和零部件的技术瓶颈，帮助企业规避或分担风险。与此同时，要尽快制订并完善新能源汽车整车和零部件、试验认证、安全检验、配套设施等技术标准和评判体系，并调整汽车行业准入门槛，降低规模准入标准，提高技术准入标准，以适应新能源汽车发展的特点和需求。要加快充电系统等基础配套设施建设，继续做好公共服务领域的节能与新能源汽车的示范推广试点工作等。

作为我国汽车市场战略转型的风险缓冲机制，大力发展传统燃料的节能环保汽车将是“十二五”期间的重点工作，同时也是缓解汽车产业快速发展带来的节能环保压力、实现汽车产业节能减排目标的客观要求。要继续采取补贴、税收减免等政策措施鼓励小排量汽车消费，鼓励汽车“以旧换新”，鼓励购买各类节能环保汽车，引导市场需求向节能低耗的车型转移。2010 年 6 月 1 日，国家四部委联合发布《关于开展私人购买新能源汽车补贴试点的通知》，以鼓励新能源汽车消费。这一政策应适时合理地扩大至更大范围，既要保证消费补贴能够促进市场规模扩大，又不能削弱企业的创新激励。同时，针对国内优势技术产品，购置补贴政策可适当加大补贴力度。

（三）鼓励支持国内汽车企业实施“走出去”战略

随着我国汽车产业整体竞争力的提高，国内企业“走出去”将更为普遍。政府应在政策层面上为企业建立健全海外的营销体系和配套的服务体系，提高公共服务水平，为企业的产品和资本输出创造有利条件。在产品输出方面，“十二

五”期间要进一步规范汽车出口竞争秩序；适当加大汽车产品出口的金融和外汇支持力度；根据《国家汽车及零部件出口基地管理办法》的要求，促进出口基地建设；完善汽车产品的物流体系，特别是推动国内汽车企业与航运企业的战略合作，为汽车出口提供强大的运输保障。在资本输出方面，要鼓励企业对外直接投资，境外建厂，就近销售，同时带动汽车金融等服务贸易发展；鼓励国内企业跨国并购技术和人才等智力资源，提高研发能力；鼓励企业建立海外研究开发中心，在消化引进技术的基础上，开发具有自主知识产权的新产品和新技术。

此外，商务部等相关部门要加快建立针对汽车产业的贸易摩擦预警与应对机制，并跟踪国外汽车行业的并购案件对我国汽车产业的影响展开跟踪调查，切实维护我国汽车企业的利益和市场秩序。

参考文献

国务院发展研究中心：《中国汽车产业发展报告（2010）》，社会科学文献出版社，2010。

国家信息中心：《未来五年我国汽车工业发展展望》，《经济预测》2010 年第 48 期。

中国汽车工业协会，网址：http：//www. caam. org. cn/。

中华人民共和国工业和信息化部，网址：http：//www. mii. gov. cn/。

中华人民共和国商务部，网址：http：//www. mofcom. gov. cn/。

B.13

中国出口转内销现状分析

——分析内外贸一体发展下供应链合作模式的转变

马家华*

摘　要： 在中国"十二五"期间，面对内外贸一体①发展的大趋势，供应链上的成员包括生产商、批发分销商及零售商之间合作和经营模式正发生转变。例如，越来越多的出口生产商透过联盟协作、向产业链上下游延伸等方式，积极发展中国本土销售市场；为更有效连接生产商与零售商，也有批发分销商发挥其桥梁角色，降低内贸交易成本；为适应新的市场环境变化，新的零售业态应运而生，零供关系也日益受到重视。本文首先概述中国在后金融危机的内外部宏观经济环境，然后从生产商、批发分销商和零售商的角度，分析他们在内外贸一体发展下的策略变化，最后展望未来的发展趋势。

关键词： 内外贸一体　出口转内销　供应链　加工贸易

一　后金融危机的内外部宏观经济环境

（一）内部宏观经济环境

1. 转变经济发展方式，调整优化经济结构

作为产业大国，中国企业长期集中产业链低端造成严重的环境污染和社会问

---

* 马家华，利丰研究中心研究人员，大珠三角事务委员会主任，香港大学经济学硕士。利丰研究中心是香港利丰集团旗下的研究机构，专注研究内地商贸经济、分销零售及物流业发展等范围的问题。

① 内外贸一体化是针对内外贸分割而提出的有关内外贸经营方式、中介协调架构和政府管理体制的一个概念。十六届三中全会提出，要按照市场经济和世贸组织规则的要求，加快内外贸一体化进程；2003 年 3 月十届人大一次会议批准组建商务部，从组织上初步解决了内外贸一体化问题。

题，而缺乏自主创新能力也成为产业结构升级的主要瓶颈。2008 年爆发的国际金融危机冲击中国的出口贸易，更暴露经济结构过分依赖贸易和投资等问题。国家领导层深明，必须加快转变经济发展方式、优化经济结构，方可实现持续发展。面对“人口红利”日渐退减、部分省市地方出现“民工荒”现象，国家正积极协助和鼓励企业转型升级、走向产业链的上游和下游较高增值部分，同时，继续扩大内需，提高居民收入与改善收入分配，将成为“十二五”期间的主要政策。

2. 出口退税调整，出口企业压力增加

从 2010 年 7 月中起，中国取消 406 个税号的产品出口退税。这是自 2008 年以来连续 7 次提高出口退税率之后，首次出台取消部分商品出口退税的政策。外界普遍预期，长远而言，中国将逐步减少对出口的税务优惠，特别是针对高耗能、高污染和资源性的产品。面对出口退税的调整，加上通胀预期升温、原材料成本大幅提升、用工成本增加、汇率波动等各种不利因素，将增加出口企业的经营压力，并导致毛利水平进一步下跌。为应对此情况，过去集中经营外贸的企业，纷纷开始考虑涉足潜力庞大的内销市场。

3. 居民收入增加，城镇化加速，本销市场庞大

自 1996 年起，中国城镇化率年均增速为 1.3%，高于世界城市化的年均增速 0.3% ~0.5%。截至 2009 年年底，中国城镇化率已达 46.6%，城镇人口有 6.22 亿。随着中国在“十二五”期间将进入快速城镇化阶段，加上居民可支配收入的增加，将创造大量消费需求，并为中国经济带来长远的增长动力。事实上，中国社会消费品零售总额，由 1978 年的 1559 亿元人民币，增加到 2009 年的 12.5 万亿元人民币，年均增长逾 15%。

（二）外部宏观经济环境

1. 全球经济复苏的基础仍未稳固

尽管全球不少国家的 GDP 增长回升，可是全球经济复苏的基础仍未稳固，债务危机并未完全消除。近期的经济数据表现参差，欧美两个主要经济体的失业率居高不下，消费者态度依然审慎，金融风险还未完全消除，加上各国的退市政策有可能导致投资市场、国际大宗商品价格和主要货币汇率波动，全球各国不断推出贸易保护措施和展开反倾销、反补贴等调查，全球经济复苏还存在许多不确定因素。

目前，企业的库存量仍然偏低，订货量少，而且短期订单增多，这显示消费信心未完全恢复，消费市道未全面好转。故此，距全球经济复苏还有一段时间，过去依赖欧美市场的中国出口企业开始思考“两条腿走路”，并关注中国内销市场的发展潜力。

2. 加工贸易带来巨额贸易顺差，带来沉重的外部压力

2010 年，中国一般贸易的进口额为7679.8 亿美元，出口额则为7207.3 亿美元，已是自2009 年连续第二年出现逆差。目前，中国的贸易顺差来自加工贸易①，2010 年的顺差便为3229 亿美元，相当于同年总体顺差规模的1.76 倍。来自加工贸易的巨大顺差和外汇，成为不同国家向中国筑起贸易壁垒的理由，贸易伙伴对中国金融改革亦提出更高的要求。故此，国家正逐步调整加工贸易政策，减少其占整体出口的比例，以缓和贸易失衡的情况。从企业的角度，尽管近月的外贸情况好转，但经金融危机一役，企业深明必须转变以往依赖出口市场的模式，并采取内外贸兼营的策略，把视线从过去集中“中国制造”和“中国采购”转向“中国销售”。

1981～2010 年中国加工贸易和一般贸易情况见图1 和图2。

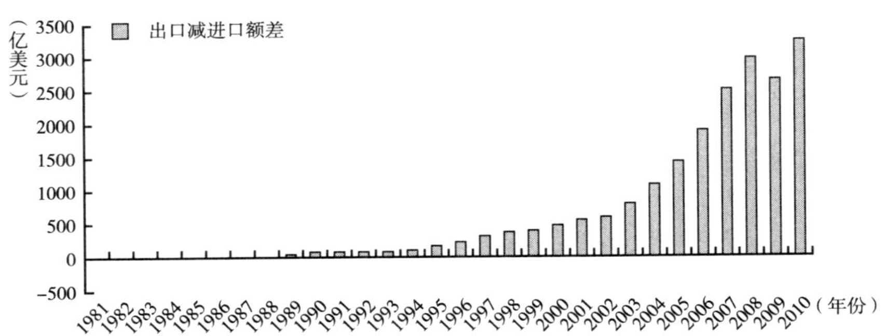

图1　中国加工贸易情况

资料来源：2010 年《中国统计年鉴》；中国海关总署。

---

① 进料加工占加工贸易的比重约96%。

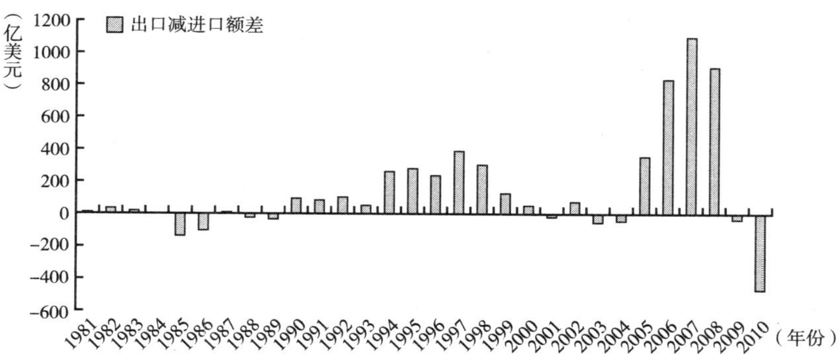

图2 中国一般贸易情况

资料来源：2010 年《中国统计年鉴》；中国海关总署。

二 生产商、批发分销商和零售商之间合作和经营模式的转变

为适应内外部宏观经济环境的转变，特别是在出口转内销的趋势下，供应链上的参与者包括制造商、中间商（如批发、经销代理）和零售商之间的合作模式出现变化。下文将从生产商、中间商和零售商的角度，阐释他们最新的经营策略。

（一）出口主导的生产商

1. 向上下游两端延伸，提升附加值

面对“渠道为王”、零售商掌控话语权的形势，部分生产商为摆脱无品牌、无渠道的弱势，开始向供应链的上游和下游延伸，以提升企业的竞争力。

（1）上游延伸：由 OEM（委托制造）到 ODM（委托设计制造）或 OBM（自主品牌）。强势品牌意味着较强的定价及成本转移能力，品牌商甚至可以主导产业链。不过，长期以来，加工贸易企业多从事贴牌生产，较不注重研发设计和建立自主品牌，不利于打入内销市场。有鉴于此，有部分厂商已开始投入品牌和设计，利用品牌效应辅助产品的推广和销售。

自主品牌的确立需要长时间的经营和大量的资源投入，由 OEM 转向或兼营

ODM 或 OBM 亦不可一蹴而就，故此，有部分尚无品牌的企业或透过代理品牌的方式快速打入市场，借助品牌的影响力迅速拓展销售市场。然而，内地目前对保护知识产权的意识不足，导致假冒、仿制和侵权等现象频频出现，企业开发和设计产品的风险仍很高。

（2）下游延伸：开拓销售渠道。对于实力较强、资金较充裕的加工贸易企业，则筹谋向下游延伸，透过包括自营、加盟或寄售等方式开展零售业务。例如：主营代工生产的鸿海集团早前在内地启动“万马奔腾”策略，计划在未来2~3年内在内地投资约20亿元人民币开设一万家3C①连锁门店。有部分加工企业则借助网上平台、开设工厂店或涉足外贸大集和尾货市场②，以较低的成本开展内销业务，并测试产品的市场反应。

2. 供货商之间更紧密的合作，提升议价能力

（1）中小型加工企业组成销售联盟。从事加工贸易的厂商多为中小企业，资源有限，单凭一己之力实难成功转型。为达到在货源、运输、品牌、管理、营销和宣传等方面共享，从而形成规模经营，降低成本，增加议价能力，有出口厂商透过组成联盟和建立伙伴关系，共同开发市场。例如，佛山有五家家居用品出口企业组成家居用品销售联盟，建立共同的零售品牌门店“几米几何”（Joyhere）③，联手涉足内地的家居用品市场。

（2）行业协会建立内销平台。受到海外订单萎缩及海外市场购买力下降的影响，东莞台资企业也正组织成立新的内销平台“大麦客”（T-Mark）④，目的是希望推广台湾品牌，避免进入其他零售商的种种收费；在香港工业总会的建议下，珠三角港企产品总经销中心也于2010年10月成立，此总经销中心展示珠三角港资企业的产品、技术成果及设备，目的是为内地大型商场、连锁超市及购物中心等商业机构提供“一站式”采购和物流服务，协助港资企业产品开拓内地市场，把产品辐射全国各地。

---

① 3C即计算器（Computer）、通信（Communication）和消费电子产品（Consumer Electronic）。

② 尾货是指在生产和流通环节中产生的库存积压产品，这些货品在功能、安全性等方面符合国家相关标准，通常为过季、断码甚至是残次的产品。从货源看，尾货包括企业订单外生产的产品、由于某些原因取消企业订单的产成品、在流通过程中销售剩余的商品等。

③ http：//www. joyhere. net/.

④ http：//www. joyhere. net/.

此外，为协助品牌以低成本、较低投资风险进入内地零售市场，2009年，香港制衣同业协进会组成香港品牌集团，与内地有20多年零售管理经验的咨询公司合作，在上海建立一首家集合香港原创品牌和设计的概念店香港设计师精品廊，并有计划在未来五年在内地开设40家店铺。由此可见，行业协会有助团结力量，帮助资源有限的厂商开发内销市场。

（3）产业链成员联合融资。开发内销市场的资金成本庞大，往往令中小型厂商望而却步。为解决融资困难的问题，部分企业通过组织“联保体”，整合同行业或产业链资源，借此增加获得融资的可能性。“联保体”中的成员互相提供共同连带责任担保、联合申请贷款，这样，即使没有充足抵押物和担保，也能通过“联保体”的方式获得银行资金支持。这种“联保体”申请贷款最大的好处是让互相熟悉的中小企业自愿组合，帮助他们共同拓宽融资渠道，在一定程度上发挥规模优势，解决了融资难、担保难的问题，从而让“联保体”成员共同发展。

3. 压缩中间环节，减省流通成本

为减省产品的流通成本，部分厂商透过厂价直销方式，以减少中间商销售的层次，打破零售商主导的局面。电子商贸和展览中心的兴起，正为此带来催化作用。

随着电子商贸的蓬勃发展、配套法规和物流基建等进一步完善，部分厂商也开设网站，透过互联网直接接触消费者。例如，富士康推出了B2C网上购物网站“飞虎乐购”①，定位“3C家电网络商城”；对于占据中国网上购物市场份额8成以上的淘宝网，外贸转内销企业亦已成为其重要的供货来源；B2B平台阿里巴巴也在网站构建“东莞制造”等专区，推动加工贸易企业应用电子商务开拓内销市场。

政府为促进流通和鼓励内销，也推进展贸中心的兴起。例如，在广东省政府的支持下，提倡“厂价直营、批零结合、展贸合一”的优粤诚②项目也应运而生。该项目具备展示、销售、物流等一系列交易功能，采取中央统一采购及统一管理，联手厂家及各地区优质经销商，共同开拓广东名优产品内销

---

① http：//www.efeihu.com/.

② http：//china.bagsnet.com/company/？cid=74341.

的新渠道。①

4. 善用政府的政策措施

从事加工贸易的企业，特别是对从事“三来一补”② 业务但不具法人地位的企业而言，要转营内销并不容易，且面对来自成本和市场体制等各种形式的问题（见表1）。有鉴于此，政府推出一系列措施，扶持出口主导的企业开拓内销市场。例如，以加工贸易发展得最早、规模最大的广东省为例，在2010年7月下发《关于实施扩大内需战略的决定》，计划在全国建设8个或以上广东商品销售基地或销售中心。通过销售基地鼓励更多的广东企业拓展国内市场，并在全国推广广东优质、先进的服务理念；广东省《关于加快经济发展方式转变的若干意见》也提到要努力开拓内销市场，措施包括深入推进“广货全国行”，支持企业在内地主要城市建立“广东商贸城”、“广东商品直销中心”等内销平台，并加大对中等城市的市场开拓力度，开展“广东名品进名店”和广货网上销售等。

表1　出口转内销的主要困难

	主要困难	内　　容
成本因素	“三来一补”转“三资”企业门槛过高	政出多门，申请时间冗长：从事“三来一补”，企业不具法人地位，倘要获得内销的自主权，必须转型为“三资”企业，并停止原来“三来一补”厂房的生产。然而，停产让海关进行核算的时间可长达9～12个月，企业在停产期间无法履行订单合约，导致的损失令企业火上浇油。此外，进入内销市场的审批手续也非常烦琐，涉及10多个部门逾40个步骤，需时至少4个月，跨关区内销更为复杂
		补税金额巨大：由于“三来一补”厂房的机器属保税进口，若要将原“三来一补”企业所用的机器转移到新的“三资”企业，必须向海关补缴关税及增值税。在进行核查时，若发现账目与海关不符，或会牵涉漏税的刑责风险。 另外，来料加工厂房的进料过去获享免税，但所有制成产品都必须按加工贸易合同悉数出口。若把这些余料转移至“三资”企业，或把制成品在内地销售，须先经过商务部门审批，并补交税款
		内外贸商品检测标准不一：纵然加工贸易企业的货品已符合海外商品检测标准，但由于中国的质检和认证标准（如3C认证）与外国有异，若有关货品直接转在中国内销，企业须重新向指定的商检监管机关办理登记手续和进行货品质量、卫生及安全等检验，在获发商检合格证书和在产品上加入认证标志后，才可通关销售

① “优粤诚”广东名优产品（重庆）直营中心已投入营运，涉及总投资5亿元人民币。此厂价直营的主题中心商厦集合广东省化妆品、家用日化、服装、家纺、床上用品、皮具、鞋帽、内衣、童服、轻工日用品、家具、家居装饰品、各类小商品等品牌产品。项目的成功经验将复制到沈阳、西安、成都、昆明、武汉等地，是广货“西进北上”的商业平台。

② “三来一补”指来料加工、来样加工、来件装配和补偿贸易。

续表

	主要困难	内　　容
风险因素	贸易信用体制尚未完善	内地销售大多采用"押账"的方式,货物的收账周期为 2 ~ 3 个月不等,这使企业的资金周转困难,更随时可能面对坏账等问题,企业经营内销的风险因而大大增加
	知识产权保护的意识较薄弱	大量冒牌产品充斥市场,抄袭行为层出不穷。新产品的生命周期往往因而缩短,间接增加产品的开发和监察成本,不利于企业打造自主品牌和产品
市场体制因　　素	零供关系有待改善	零售商利用其销售管道的优势,向供货商征取形形色色、名目繁多的费用,包括入场费、上架费、节庆费、促销费和广告费等,不一而足,导致零售商与供货商的关系非常紧张
	内外贸营运模式不同	基于内外贸产品的顾客对象、销售途径、货款和价格不同,营运模式也各异。在订单规模方面,内贸倾向"小批量、多批次",外贸则倾向"大批量、少批次";在交易结算方式方面,内销以押账为主,且收款难、信用不能保证,而外销多为货到付款,且收款较易、信用保证较完善;在税务方面,出口企业过去多享有出口退税,内贸则较少税务优惠

注:"三资"指合资、合作、独资。

资料来源:《中国出口转内销现状分析》,2009 年中国商业蓝皮书。

同时,广东在建设全国加工贸易转升级示范区时,重点扶持一批有规划、有优势的加工贸易企业从贴牌生产、委托设计向自主品牌转型,增强设计研发能力和品牌营销能力,并推动加工贸易市场形态转型,充分利用国际和内地两个市场,鼓励扩大产品内销比例;针对传统"三来一补"转"三资"企业的困难,东莞市政府亦于 2009 年推出了"集中申报"的"一站式"平台①,并在主要通关口岸设立保税仓和出口监管仓,以节省企业的审批和运输成本,提高运作效率。

(二) 批发分销企业

1. 协助加工厂解决内销难题,开拓本销市场,降低交易成本

内外贸的经营模式不尽相同。过去从事加工贸易的企业长期"两头在外",不熟悉内地市场环境和商业模式,缺乏营销人才、经验和销售网络,加之内地市场环境尚未完善,信用市场尚待规范,令许多计划打入内销市场的厂商处处碰壁。有鉴于此,批发代理商正可发挥功能,利用其资源和渠道,把商品统一调

① http://www.dgboftec.gov.cn/wjmj/article.do?act=view&id=6082&encode=gbk.

度，解决加工贸易企业在开拓内销市场时遇到的各种问题，改变中国制造企业在本土市场无渠道、无品牌、无内贸订单的状况。目前，有不少批发代理商积极通过统筹不同商品，提高与零售商的议价能力，另也透过有效对接生产商和零售商，提供便捷货流、信息流和资金流的服务，降低生产商的经营风险和成本。事实上，批发商仍是企业走进内销市场的首选渠道。根据香港生产力促进局在2010年公布的一项有关港商内销的调查显示，有近70%的港商选择透过批发商拓展内销市场，其次为自设门市和透过网上购物平台，各占约20%。[①]

2. 协助海外品牌商开拓本销市场

由于欧美零售市道仍有待复苏，过去集中在中国生产和采购的品牌商也纷纷筹谋打入中国本销市场。然而，中国市场地域广阔、消费模式及水平差异大、网络渠道复杂，很多行业的销售网络建设往往需要投入很多精力和费用。另外，众多海外的品牌商过去只经营欧美市场，不熟悉中国消费市场的情况和消费者的口味，亟须寻找开拓中国市场的途径和方法。有鉴于此，中国的批发经销企业除可协助加工企业打通内销渠道外，亦可帮助海外的品牌商进行营销。对二、三线的外国服装品牌商而言，透过代理开拓销售渠道的成本较低，因为，代理商同时管理一篮子品牌，与零售商的议价能力也较高。据了解，以百货店为例，透过代理谈判的寄售扣点可低出5～10个百分点。

（三）零售商

1. 协助建立内销商贸平台

大型零售商在“内外对接”中表现出主动性，例如，沃尔玛与东莞市政府在2009年签署合作框架协议，帮助出口企业掌握内销政策，了解内地市场和与内地大型零售商的合作方式，将质量安全、有竞争优势的产品直接或间接引入沃尔玛在中国76个城市共140家门店上架销售，以快速拓展销售市场。此外，沃尔玛加强对东莞出口企业的了解和考察，选择部分生产能力强、产品质量好的企业，成为自有品牌的供货商。

金融危机导致企业的货品库存增加，为应对这种情况，在深圳、广州和北京等地，“外贸大集”应运而生。这些新的经营业态有助企业测试产品的市场反应、探

① http：//www.hkpc.org/images/pdf/mrcheng_20100628.pdf.

讨内销的可能。以北京为例，金源燕莎MALL、蓝色港湾、蓝岛、崇文门新世界商场等便相继在金融海啸期间举办“外贸大集”，帮助外贸企业开拓内销市场。这是展示外贸商品的平台，除获得大量消费者垂青外，也吸引大量代理和零售前来洽商。根据我们的企业访谈，其中有数家外贸参展商先后租下商场铺位，开展内贸业务。

2. 关注零供关系

2006年五部委发布了《零售商供货商公平交易管理办法》，明确零售商不得收取供货商各种进场费用等，并对货款结算等都有期限规定，对违规收取费用的商家处以3万元罚款，2008年4月国家工商总局又出台4项措施规范零售企业等促销行为。然而，根据上海商情—供应商满意度测评办公室的《2010供货商满意度调查》报告显示，2010年供货商对零售企业的整体满意度有所下降，其中超市、便利店以及折扣店的满意度下降最多，原因为各种费用的增加及销售的萎缩。这份报告的调查结果显示，零售企业进场费的问题还未得到根本的解决。

然而，越来越多的零售企业也明白，长期与供货商紧张的关系不利于可持续发展。针对出口企业在开拓内销市场上遇到的上架难、进场费高、收款风险大等问题，大型零售商开始改变过去的做法，更有百货店标榜“零租金、零扣率、7天一结账”的经营模式吸引供货商。北京纯本便属一例。该百货直接面对厂家，避免传统模式中多环节的流通现状，从运营层面解决在传统百货商场存在高额扣率（25%～50%不等）及漫长收账期（45天至9个月不等）等问题，并计划于2015年前在全国主要城市开设48家百货商场。虽然此经营模式的成效尚有待观察，但这也反映零供关系开始受到关注。

3. 利用中国强大的制造基础开发自主品牌

随着中国高收入阶层的增加，内地消费者的品位和要求正在提高，对商品品牌和质量也日趋重视。为迎接越来越激烈的竞争，零售业将更关注自主品牌的培育和经营，以提升核心竞争力、突围而出。中国强大的制造基础，正可为这些零售企业培育和开发自主品牌提供支持。

专栏：在中国制造的货品为何在海外市场的售价更便宜

（一）内销流通成本高

除物流、库储和运输费用外，供货商还需要向零售商缴付形形色色的费

用，包括进场费、条形码费、节庆费、促销费、广告费和海报费等，不一而足。高额的进场费和商店租金，最终的结果自然是把成本转嫁到消费者身上。鉴于风险难以控制，很多加工厂宁愿做利润较少的出口单，也不敢接利润较高的内贸单。

此外，内地的信用制度还没有完善建立。资金占用周期长，普遍的做法是先由供货商向零售商提供1～3个月的账期。然而，赊账、拖账、坏账的情况屡见不鲜，对资金不足的外贸企业构成严峻的考验，并大大增加供货商的经营风险和成本。

（二）出口退税优惠

中国对内外贸实施不同的政策，外贸大多享有出口退税优惠。就加工贸易而言，其核心便是保税政策，即对加工贸易企业用于出口产品生产的进口零部件、原材料、中间投入品、机器设备减免进口关税和增值税，对出口产品免征增值税，对鼓励类产业的外商投资企业和民营企业实行进口设备减免税，对外商提供不作价设备进口等政策。内贸则不然。外贸企业改做内销，需要缴纳进口关税、增值税和消费税等，没有明显的税收优惠待遇，这个税制的设计增加内销成本和商品售价。

（三）没有定价权

随着国民消费力的提高，中国的消费者越来越重视品牌。近年来，中国加工贸易的附加值虽然已在逐步提高，但外商仍控制着核心技术和品牌，造成中国加工贸易的真正经营主体是外方而非中国国内经营方。由于品牌由外商拥有，定价权也掌握在外商手上。

三　未来发展趋势

（一）企业

1. 更多企业两条腿走路

中国内外贸一直割裂，这与中国经济发展模式的重点是依赖对外出口有关。经金融海啸一役，以出口主导的企业开始意识到必须根据自身的情况和能力，在持续经营外贸的同时，也须逐步拓展内销市场，利用国内国外“两种资源”和

国内国外“两个市场”，长远达致内外贸兼修，分散单一市场的风险。企业也将更重视研发设计和品牌。事实上，不少企业早在金融危机发生前已开展内销业务，且十分成功。开展内销不可能一蹴而就，也不应被视为应对外贸萎缩的权宜之计，必须经过长时间的经营，才见成效。

2. 供应链之间的协作和竞争增加，批发商和生产商、供货商建立双赢的战略同盟

整条产业链协作者包括上游设计研发、中游的生产、下游的零售经营和市场推广，将进一步加强合作。正如供应链管理学大师马丁·克里斯托夫教授（Martin Christopher）提出，未来的竞争不是企业和企业之间的竞争，而是供应链之间的竞争，如何优化整条供应链，从而提升效率和达致互惠互利，将是企业需要关注的课题。随着网上销售平台和展贸中心的兴起，也将有助于上下游产业链的进一步对接。

3. 内外贸一体发展将壮大批发代理业发展

在计划经济时期，商品是通过“一、二、三”级的批发体系送到市民手上。这个批发系统在商品短缺的时候，发挥了积极的作用。但是，经30年的经济改革开放后，内地已渐由卖方市场走向买方市场，随着商品越来越多，消费者的需求也越来越高，传统的批发商也正积极求变，迎合内外贸一体发展的趋势。

出口转内销非一日之功，为有效建设销售渠道以提升品牌认知度，预期将有更多外贸企业或品牌商借助批发代理进入内地市场，借此提高货物管理效率，降低各项风险和成本。然而，目前内地批发代理的发展仍未成熟，具备专业管理能力的经销商为数不多，在批发规模、辐射能力、分销网络、物流能力、金融支持、品牌管理和引进等方面尚有进一步壮大的空间。有不少品牌商反映，经多年的发展后，中国已形成一批实力较强的区域分销商，但质素参差，有部分代理商目光短浅，为求销量不惜牺牲品牌的形象。

参考日本市场的发展，日本除保留大量中小型批发企业外，也有实力强大的大型综合商社，如伊藤忠商事、住友商事和日商岩井等。这些综合商社集商品采购批发、进出口、仓储运输、市场信息搜集和处理、金融、保险和租赁等多功能于一身，实行内外统筹，针对国内外市场的情况组织进口和出口，进可攻退可守，相当灵活。①

---

① 参考马龙龙《批发贸易演进及发展规律研究》，《财贸经济》2010年第3期；马龙龙：《日本批发业对我国的启示》，2005年1月1日《经济日报》。

（二）政策制度

1. 政府政策进一步完善，理顺流通产业发展

商务部成立以来一直统筹管理内外贸，但长期形成的“重外贸、轻内贸”观念和内外贸分头管理的工作方式依然存在，在一定程度上影响外贸企业对接内地市场的进程。长期“重生产、轻流通”，使目前中国流通成本高、效率低的问题仍然存在，企业的营销方式和手段也有待进一步完善，故此，预期政府将进一步理顺流通体系的发展。事实上，在“十二五”规划建议中提到，要建立扩大消费需求的长效机制，加强市场流通体系建设。有鉴于此，国家正在编制《国内贸易发展规划（2011～2015年）》，重点在于强化内贸流通在国民经济发展中的先导性、基础性和关键性作用，从而构建扩大内需长效机制，促进经济增长向依靠消费、投资、出口协调拉动转变；外界也预期，中国将继续检讨税制，包括进口关税和出口退税等税项，以完善内外贸体制的建设。

2. 国内信用保险进一步成熟

对企业来说，高额的应收账款，不仅占用大量的现金流，也使风险成本大增。有鉴于此，内地已有不少保险公司逐步开展国内信用保险业务，一方面，企业可得到信用保障，同时，还可获得信用保险公司提供的买方信息，使企业可在制订买方信用条件时提供参考。例如，中国出口信用保险公司运用出口信用保险的专业优势，开拓国内信用险市场；安邦财险公司将内贸信用险作为公司战略主业，计划增设专门机构。

3. 加工贸易梯度转移，走向高端

改革开放以来，加工贸易对中国经济发展和对外开放占据举足轻重的地位，至2010年，加工贸易仍占到中国整体出口约50.7%。虽然加工贸易同时衍生社会、环保和劳动保障等问题，但这不等同要全面否定加工贸易的存在价值。加工贸易有助提供大量就业岗位，吸纳庞大的就业人口①，短中期内仍是促进中国经济持续稳定的选择。故此，在着力促进加工贸易向内陆地区转移②、协助过去从

---

① 2009年，中国的加工贸易企业超过12万家，解决约4000万人就业。

② 商务部、人力资源和社会保障部、海关总署于2010年11月联合发布《关于认定第三批加工贸易梯度转移重点承接地的通知》，决定认定福建省龙岩市、江西省宜春市、广西壮族自治区梧州市、北海市等13个地区为第三批加工贸易梯度转移重点承接地。

事“三来一补”的企业获取法人资格的同时，国家亦鼓励加工贸易转型升级，借此淘汰落后的生产方式；商务部、人力资源和社会保障部、海关总署在2010年11月公布的《开展加工贸易转型升级试点工作的通知》也挑选东莞和苏州为“全国加工贸易转型升级试点城市”①，以促进加工贸易转型升级。

参考文献

毕吉耀、张一、张哲人：《“十二五”时期世界经济主要发展趋势》，2010。

陈民利：《弱势制造商营销渠道联盟构建——基于外贸型中小企业转型内销渠道建设的思考》，《经济与管理》2010年2月。

邓福光：《中国加工贸易发展和海关监管创新》，中国海关出版社，2010。

高耀松、张娟：《内外贸融合：后危机时代的重大战略举措》，《科学发展》2009年第12期。

郭冬乐：《内外贸一体化：国外流通组织形式的实证》，《广东商学院学报》2004年第5期。

黄国雄：《论流通发展方式的转变》，《北京工商大学学报》2010年5月。

鲁开垠、史金善、严维石等：《应对国际金融危机广东出口转内销的建议》，2010年7月。

马龙龙：《批发贸易演进及发展规律研究》，《财贸经济》2010年第3期。

马龙龙：《日本批发业对我国的启示》，2005年1月1日《经济日报》。

毛军、路红艳等：《外贸企业开拓内需市场“难”与“解”》，《中国外资》2010年第9期。

孙冬雪：《台资企业产品内销对接之道》，《两岸关系》2009年6月。

王先庆：《广州批发业发展需解决现存问题》，《商品市场》2008年11月。

胡鞍钢、鄢一龙、王亚华：《中国“十二五”发展主要目标与指针》，《清华大学学报（哲学社会科学版）》2010年第1期。

香港生产力促进局：《中国内销商机及成功要素——调查结果》，2010年6月。

俞建国、王蕴等：《“十二五”时期扩大消费需求的思路和对策研究》，《宏观经济研究》2010年第2期。

于培伟：《关于内外贸一体化的再思考》，《中南财经政法大学学报》2005年第3期。

---

① http：//www. mofcom. gov. cn/aarticle/h/redht/201011/20101107252666. html.

B.14

外国商业的最新发展

李晓怡　林景华*

摘　要： 本文介绍了全球经济发展及消费市场概况，并分析了零售企业最新发展趋势等。

关键词： 海外零售企业　全球消费市场

一　全球经济发展简况

（一）全球 GDP 于 2010 年恢复增长，发展中国家增长步伐领先

自 2008 年底金融危机后，各国经济出现了不同程度的下滑。各国政府采取了一系列的货币及财政政策，环球经济状况自 2009 年底逐步改善。根据世界银行（World Bank）的《2011 年全球经济展望》估计，全球 GDP 将由 2009 年的 -2.2% 上升至 2010 年的 3.9%（见表 1）。2010 年，高收入国家经济增长回暖，GDP 按年增长 2.8%；而发展中国家 GDP 增长更理想，达 7.0%；受内部需求推动，大多数新兴市场的经济增长已几乎回复至危机前的水平。世界银行估计，环球经济于 2011 年的增长会略为放缓至 3.3%，其中高收入国家及发展中国家的 GDP 分别为 2.4% 及 6.0%。展望未来一年至两年，发达国家失业率高企、欧债危机阴霾持续、大规模和不稳定的资本流动以及发展中国家通胀问题等负面因素仍将困扰全球经济增长。

---

* 李晓怡，利丰研究中心研究人员，香港中文大学工商管理学院学士；林景华，利丰研究中心研究人员，香港大学经济学硕士。利丰研究中心是香港利丰集团旗下的研究机构，专注研究内地商贸经济、分销零售及物流业发展等范围的问题。

表 1　全球经济概况（同上年相比的百分比变化）

单位：%

	2009 年	2010 年估计	2011 年估计
全球	-2.2	3.9	3.3
高收入国家和地区	-3.4	2.8	2.4
——美国	-2.6	2.8	2.8
——欧元区	-4.1	1.7	1.4
——日本	-6.3	4.4	1.8
发展中国家	2.0	7.0	6.0
——中国	9.1	10.0	8.7
——印度	7.7	9.5	8.4
——巴西	-0.2	7.6	4.4
——俄罗斯	-7.9	3.8	4.2

资料来源：世界银行。

（二）不少发达国家的失业率仍维持在较高水平，消费者普遍仍较审慎

虽然环球经济情况改善，不少发达国家的失业率仍维持在较高水平。表 2 列出部分国家的失业概况。以美国为例，2010 年 11 月份失业率达到 9.8%。根据经济合作与发展组织（OECD）预测，美国 2010 年及 2011 年的失业率将分别为 9.7% 和 9.0%。一些欧洲国家如西班牙、意大利及法国也面临严峻的就业问题。西班牙为欧元区失业率最高的国家，失业率为欧盟平均失业率的两倍。另外，2010 年第二季度意大利的失业率亦达到 8.5%，是自 2003 年以来比率最高的一个季度。德国的就业情况则较为理想。根据德国联邦劳工局数据，2010 年德国整体的失业率呈下降趋势。

失业问题及欧债危机阴霾等因素影响了消费者信心。表 3 列出不同国家于 2009 年 10 月至 2010 年 10 月的消费者信心指数，大多数国家的消费者信心跟上年同期相差不大，消费者普遍仍比较审慎。例如，美国联邦储备局（Fed）数字便指出，2010 年 11 月该国的信用卡贷款已连续第 27 个月下滑，尽管美国经济开始复苏，消费者仍不愿负担更多债务。2010 年美国消费者信贷仍处于近年低位。另外，美国全国零售业联盟于 2011 年 11 月发布《对假期消费者做的行为调查》

亦指出，超过40%的假期消费者（Holiday Shoppers）指出计划主要以借记卡消费，较2005年的34.3%大幅上升。假期消费者减少使用信用卡以避免负担更多债务。

表2　部分国家失业率一览（截至2010年9月）

	2009年		2010年								
	11月	12月	1月	2月	3月	4月	5月	6月	7月	8月	9月
美　国	10.0	10.0	9.7	9.7	9.7	9.9	9.7	9.5	9.5	9.6	9.6
德　国	8.1	8.1	8.1	8.1	8.0	7.8	7.7	7.7	7.6	7.6	7.2
法　国	9.8	9.8	9.9	9.9	9.9	9.9	9.9	9.9	9.9	10.0	10.0
意大利	8.3	8.4	8.3	8.4	8.6	8.6	8.6	8.5	N. A	8.2	8.2
爱尔兰	13.3	13.1	13.2	12.9	13.0	13.0	13.2	13.4	13.7	13.7	13.7
希　腊	N. A	10.3	N. A	N. A	11.7	N. A	N. A	11.8	N. A	N. A	12.4
西班牙	19.0	19.0	19.0	19.2	19.5	19.8	20.0	20.2	20.4	20.6	20.8
中　国	N. A	4.3	N. A	N. A	4.2	N. A	N. A	4.2	N. A	N. A	4.1
日　本	5.3	5.2	4.9	4.9	5.0	5.1	5.2	5.3	5.2	5.1	5.0
韩　国	3.6	3.6	4.8	4.4	3.8	3.7	3.2	3.5	3.7	3.4	3.7

资料来源：Bloomberg，Trading Economics。

表3　部分国家/地区消费者信心指数一览（截至2010年10月）

	2009年			2010年									
	10月	11月	12月	1月	2月	3月	4月	5月	6月	7月	8月	9月	10月
美　国	70.6	67.4	72.5	74.4	73.6	73.6	72.2	73.6	76.0	67.8	68.9	68.2	67.7
欧元区	89.6	91.9	94.1	96.0	95.9	97.9	100.6	98.4	98.9	101.1	102.3	103.2	104.1
中　国	103.2	103.3	103.9	104.7	104.2	107.9	106.6	108.0	108.5	107.8	107.3	104.1	103.8
日　本	40.5	39.5	37.6	39.0	39.8	40.9	42.0	42.8	43.5	43.3	42.4	41.2	40.9
韩　国	117.0	113.0	113.0	113.0	111.0	110.0	110.0	111.0	112.0	112.0	110.0	109.0	108.0
泰　国	68.0	69.1	70.4	71.9	70.9	69.8	67.2	67.6	69.1	71.4	72.8	73.5	71.6
中国台湾	60.56	62.47	65.39	65.98	73.16	74.33	78.68	76.00	77.8	78.64	79.69	80.14	80.19

资料来源：各国家/地区统计局。

（三）全球富裕人士的财富几乎恢复至金融危机前水平

值得注意的是，尽管全球经济复苏挑战重重，然而受惠资产市场强劲反弹，全球富裕人士①的财富已差不多回升至金融危机前水平。根据美林与凯捷于2010

① 指拥有资产净值（不包括房产）达到或超过100万美元的人士。

年6月发布的《全球财富报告》显示，2009年，全球富裕人士的人数回升至1000万人，他们的财富总值上升了18.9%，达39兆美元。美国、日本和德国是全球最多富裕人士的国家，中国排名第四。2009年，中国富裕人士增长三成，成为财富增长最快的国家之一，中国的强劲增长引领亚洲在总财富方面超越欧洲。美林与凯捷相信亚太地区将成为未来全球财富增长的动力之源。

二　全球消费市场概况

（一）全球消费市场回复增长，亚洲及大洋洲地区的零售额增长仍将领先全球平均水平

2010年，全球消费市场回复增长。目前，美国仍为全球最重要的消费市场。根据美国商务部数字，2010年美国零售销售情况改善，全年度零售及餐饮销售额按年增长6.6%，为1999年以来最大增幅。

根据普华永道经济学人估计，全球零售额增长由2009年的-0.4%回升至2010年的3.5%（见表4）。其中，亚洲及大洋洲地区零售额增长（6.5%）最高。普华永道经济学人预测未来几年，亚洲及大洋洲地区的零售额增长仍将领先全球平均水平。表5为亚洲各地区的零售总额增长。根据普华永道经济学人估计的数字，中国、越南及中国台湾于2010年的零售总额增长幅度最高。

表4　不同地区的零售总额增长

地　　区	2007年	2008年	2009年	2010年	2011年	2012年	2013年	2014年
全球	3.3	1.5	-0.4	3.5	3.2	3.7	4.2	4.4
亚洲及大洋洲	5.2	4.7	5.6	6.5	6.0	6.5	6.3	6.6
转型经济体国家	10.5	8.3	-6.2	3.8	4.5	5.2	5.6	5.4
拉丁美洲	5.8	2.2	-1.3	5.2	4.0	5.1	5.8	6.6
中东及北非	5.6	1.6	3.7	3.1	3.6	3.2	3.6	4.0
北美洲	1.2	-1.3	-4.6	2.1	1.2	1.5	2.7	2.6
西欧	0.9	-0.8	-1.9	-0.5	0.2	0.8	1.1	1.0

注：①转型经济体国家包括：保加利亚、捷克、匈牙利、波兰、罗马尼亚、俄罗斯、斯洛伐克、乌克兰。

②2007~2009年为估计数字；2010~2015年为预测数字。

资料来源：普华永道经济学人。

表 5　亚洲各地区的零售总额增长（年度增长）（以销售量计）

单位：%

年　份	2007	2008	2009	2010	2011	2012	2013	2014
澳　　洲	5.5	0.7	1.4	-0.8	0.2	2.0	2.0	2.0
中　　国	11.4	14.7	16.8	14.8	14.6	12.4	11.6	11.7
中国香港	9.0	-0.4	-2.2	5.6	1.3	1.5	2.6	2.4
印　　度	4.6	1.7	3.4	1.5	3.9	5.6	5.6	5.8
印度尼西亚	11.3	7.8	2.7	4.4	4.2	4.6	4.8	4.8
日　　本	-0.2	-0.5	-0.9	1.3	0.8	0.5	0.4	0.4
马来西亚	10.1	7.0	-1.5	2.3	3.3	5.0	3.7	3.8
新 西 兰	2.1	-1.7	-1.3	1.3	2.3	2.4	2.5	2.4
菲 律 宾	5.3	3.0	0.9	7.0	3.2	4.3	4.5	4.7
韩　　国	4.8	0.5	-0.2	0.8	2.0	2.4	2.7	2.2
新 加 坡	7.8	1.2	-2.0	1.6	3.2	2.9	4.4	5.1
中国台湾	4.6	0.3	-1.4	9.4	2.3	1.5	0.6	0.6
泰　　国	7.5	-2.5	-2.7	3.3	4.8	5.2	5.5	6.1
越　　南	9.9	3.6	3.9	13.1	10.6	9.2	8.6	9.8

注：2007～2008 年为实质数字；2009 年为估计数字；2010～2014 年为预测数字。
资料来源：普华永道经济学人。

著名咨询机构 Accenture 报告亦预计，2009～2030 年间，新兴国家包括巴西、中国、印度、墨西哥、俄罗斯及韩国（下称 B6 国家）的消费总额复合增长将达 6.4%，至 2030 年的 32.36 亿美元。B6 国家消费总额的复合增长将高于法国、德国、意大利、日本、英国及美国（下称 G6 国家）的 1.8%（见图 1）。

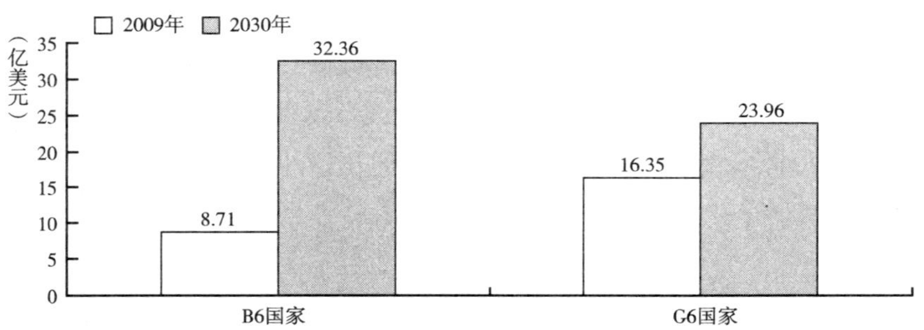

图 1　B6 国家和 G6 国家消费者的消费总额（2009 年及 2030 年预测）

B6 国家 2009～2030 年预测年均复合增长率：6.4%。
G6 国家 2009～2030 年预测年均复合增长率：1.8%。
注：2030 年为预测数字。
资料来源：Accenture，“Redesigning retail：Operating model imperatives for international retailers”，2010 年。

2009 年，美国消费市场总额达 92.35 亿美元，大幅高于位列第二的中国（29.34 亿美元）。肯定的是，新兴市场的重要性将持续提升。Accenture 估计，中国、美国及印度将于 2025 年成为全球前三大的消费市场（见表 6）。

表 6　2025 年 15 大消费市场（私人消费）

单位：亿美元

	2009 年	2025 年	年均复合增长率(%)
中　　国	29.34	133.24	9.9
美　　国	92.35	123.32	1.8
印　　度	19.45	67.93	1.8
日　　本	22.38	24.05	0.5
巴　　西	11.88	21.45	0.5
德　　国	15.08	20.58	2.0
俄 罗 斯	10.83	18.88	3.5
墨 西 哥	9.05	15.76	3.5
法　　国	11.36	15.44	1.9
英　　国	12.72	14.74	0.9
印度尼西亚	5.43	13.97	6.1
意 大 利	9.56	12.56	1.7
伊　　朗	3.70	12.18	7.7
韩　　国	6.59	11.11	3.3
加 拿 大	7.02	10.00	2.2
G6 国家	163.45	210.68	1.6
B6 国家	87.14	268.37	7.3
全　　球	394.67	634.27	3.0

注：2025 年为预计数字。

资料来源：Accenture，“Redesigning retail：Operating model imperatives for international retailers”，2010 年。

（二）全球零售商 250 强于 2009 年财政年度的销售录得轻微增长；发达经济体仍是国际零售巨头的主要业务收入来源

根据德勤与 *STORES* 杂志联合于 2011 年初发布的《2011 年全球零售力量》，不少零售商于 2009 年财政年度（截至 2010 年 6 月）仍受消费者审慎态度及较紧张的消费者信贷影响。扣除汇率因素，全球零售商 250 强的销售于 2009 年财政年度只轻微增长 1.3%。然而，全球零售商 250 强成功透过一系列成本控制和库存策略改善赢利，它们的净利润率从 2008 年的 2.4% 上升到 2009 年的 3.1%。全球十大零售商于 2009 年财政年度依然稳占市场领先地位，它们的总零售额占全球 250 家最大型零售商总零售额的三成。沃尔玛（Wal-Mart）仍然是全球最大的零售企业，其次为家乐福（Carrefour）及麦德龙（Metro）（见表 7）。

表 7　2009 年财政年度全球零售业前 10 强的销售额

榜单排名	企业名称	所属国家	2009 年零售额（百万美元）	2009 年零售额增长幅度(%)
1	Wal-Mart	美国	405046	0.9
2	Carrefour	法国	119887	-1.2
3	Metro	德国	90850	-3.2
4	Tesco	英国	90435	4.8
5	Schwarz	德国	77221	1.4
6	Kroger	美国	76733	1.0
7	Costco	美国	69889	-1.5
8	Aldi	德国	67709	3.8
9	Home Depot	美国	66176	-7.2
10	Target	美国	63435	0.9
前 10 强			1127381	0.2
前 250 强			3763535	1.3
前 10 大零售商占 250 强的份额			30.0%	

资料来源：德勤，*STORES* 杂志：《2011 年全球零售力量》，2011 年。

发达经济体仍是国际零售巨头的主要业务收入来源。根据 2010 年的调查显示，美国仍是全球零售业规模最大的经济体，来自美国的零售额于 2009 年占全球零售商 250 强 42.1% 的销售比重；然而，美国占的销售比重已较金融危机前下跌。来自美国的零售额于 2007 年占全球零售商 250 强 45.5% 的销售比重（见图 2）。

（三）高端零售企业销售强劲反弹

虽然中高端零售企业于金融危机期间面对很大冲击，但高端零售企业于 2010 年的销售已恢复强劲增长。根据贝恩咨询公司在 2010 年 10 月发布的《全球奢侈品市场》估计，2010 年的全球奢侈品（包括名牌服饰、皮包、首饰和手表等）的销售额将达 1680 亿欧元，较 2009 年的 1530 亿欧元上升 10%。2010 年全球奢侈品的销售已差不多恢复至金融危机前的水平（2007 年全球奢侈品的总

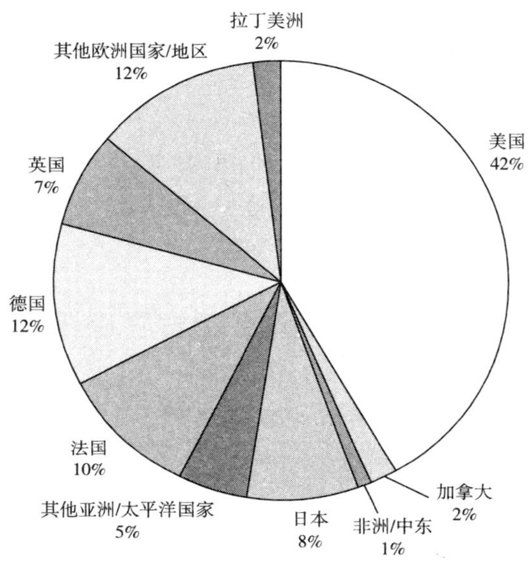

图 2　全球零售商 250 强的业务收入（按地区/国家划分）

资料来源：德勤，*STORES* 杂志：《2011 全球零售力量》，2011 年。

销售额为 1700 亿欧元）。贝恩估计，美国、欧洲及亚洲于 2010 年的奢侈品销售升幅分别为 12%、6% 及 22%；其中，中国的奢侈品销售将上升 30% 至 92 亿欧元，升幅显著高于全球平均水平。事实上，一些国际奢侈品零售集团如路易·威登（LVMH）、Burberry 及爱马仕（Hermes）等的业绩纷录得非常强劲的增长。

另一方面，过去一两年，不少较低价的消费品大受市场欢迎。金融危机期间，外国消费者的消费模式出现很大改变，在北美和欧洲的很多发达国家，一些专门售卖平价产品的超级市场和折扣商店如 Aldi、Schwarz（Lidl）、沃尔玛等，成功透过低价策略吸引消费者。但根据美国全国零售业联盟的资料，随着经济开始复苏，折扣商店的销售增长自 2010 年底开始放缓。

（四）零售房地产空置情况改善

全球消费市场恢复增长，不少零售商对前景的信心提升，零售企业破产倒闭情况减少。零售房地产空置情况改善。比如，根据美国商业房地产研究公司 Reis

Inc. 于 2011 年 1 月发布的数据显示，美国大型区域购物中心空置情况正在改善，大型购物中心的空置率从 2010 年第三季度的 8.8% 下降至第四季度的 8.7%，连续两季度下滑。另外，租金也出现两年来的首次增长，2010 年第四季度大型购物中心的名义租金回复至 2006 年第二季度的水平。然而，专家也指出，零售房地产市况取决于消费者信心及就业问题能否持续改善。

三　零售企业最新发展趋势

（一）零售企业保持较审慎的库存策略

面对销售疲软，不少零售商于过去一两年皆保持较审慎的库存策略，以减少资金积压。根据美国商务部的资料，2010 年，零售企业销售库存比仍处较低水平（见图 3）。这体现在采购策略方面，零售商减少大规模下订单，他们较愿意待产品销情理想才补货。而他们的订单规模较小，要求交货期亦较以往短。此外，不少零售商亦调整了商品结构，减少单品（SKUs）数量。

在精益库存（Lean Inventory）策略下，零售商未如金融危机时期般需要消化大批待销存货，故他们大多能控制折扣幅度，并未展开全面性价格战，保持较理想的利润水平。优化库存策略减少零售商大规模促销，维持较佳毛利。

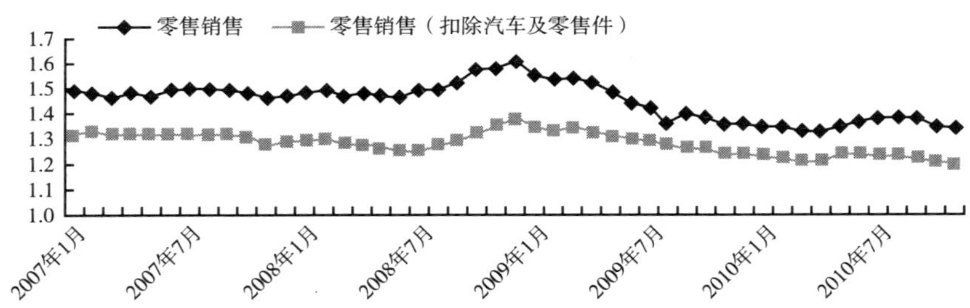

图 3　美国零售企业销售库存比，2007～2010 年

资料来源：美国商务部，2011 年。

（二）调整采购策略

一直以来，由于生产成本较低，中国成为不少品牌商和零售商的生产基地。

近年中国生产成本上升，尤其沿海地区的人力成本上升快速，加上人民币升值等因素，很多品牌商积极考虑减少在中国沿海的生产据点，甚至在中国境外另觅成本较低廉的生产地。更多买家采用“中国+1”策略，调整其现有策略中不同国家的采购比重。部分零售商的采购地点逐渐由珠三角、长三角转移到中国内陆或西北地区，有些则选择搬迁到其他生产成本较低的国家如印度、越南、泰国、柬埔寨、孟加拉国等。

另一方面，部分零售商特别是快速时尚服装零售商如 Inditex（ZARA 的母公司）等则日益重视供应链灵活性。例如为了应对欧洲业务的发展，很多欧洲零售商都考虑把生产基地转移到欧洲本土，增加在欧洲国家（例如土耳其、立陶宛、罗马尼亚等）。对欧洲销售的零售商来说，在欧洲生产的优势在于由产地运到销售店铺所需的物流时间比较短，物流成本较低，可以配合零售商缩短生产至上架的前导时间。当中尤其以一些上架速度快的零售商，例如服装零售商等，更加看重在欧洲本土的采购。

采购服务外包亦日渐成为趋势。企业把非核心业务外包，让承包者提供专业优质服务，企业便可专注于自己的核心业务。不少企业选择加快将全部或部分的采购业务外包给采购商来降低经营成本。其实，很多美国的零售品牌已将采购业务外包给专业的采购商，以便专注于产品设计与开发、零售、市场推广等核心能力。如全球最大零售商沃尔玛在 2010 年 1 月与利丰（贸易）有限公司达成外包采购协议，预期首年合作的采购额可达 20 亿美元。

过去一年，全球原材料价格不断上升，不少企业皆面临更高的采购成本。然而在不少发达国家，消费者信心仍未恢复，零售商在调整商品价格方面仍有一定困难，部分不能把成本升幅转嫁给消费者或拓展新的利润来源的零售商，或会面临边际利润下跌的压力。

（三）积极拓展新的利润来源

国外零售商近年都十分积极拓展新的利润来源。其中加快自有品牌发展获得很大关注。自有品牌有利于提升零售企业的利润空间，并通过差异化竞争增加顾客忠诚度和提高边际利润。由于节省中间环节，亦不需要广告费和入场费，企业大大节省了交易费用和流通成本，因此自有品牌商品的价格一般都比同类产品低 20% ~30%。自有品牌在金融危机时特别受到消费者的青睐，其中日用品的自有

品牌商品最受消费者欢迎。虽然2010年国际经济环境转好，但自有品牌仍然是零售商和消费者的热点。根据尼尔森The Nielsen Co.的报告，2009年在美国，自有品牌占了消费品的22%，比2008年上升了20%。在西欧国家，自有品牌的占比估计会在2010年达到30%。根据尼尔森报告，欧洲零售企业自有品牌的销售额占比十分高，其中，位列前三名的分别是瑞士46%、英国43%和德国32%。日本零售企业自有品牌的比例也达到6%。在很多产品类别中，自有品牌的商品基本上都比传统的品牌带来更高的增长。美国的西尔斯公司（Sears）销售的商品90%以上都是自有品牌，法国的家乐福、英国的马莎百货、特易购（TESCO）的自有品牌商品都已成为其重要利润来源之一。以英国特易购为例，自有品牌的销售达到整体销售的40%，更贡献了近60%的利润。特易购积极开发自有品牌商品，满足不同层次的顾客需求，截至2010年4月，该公司的自有品牌商品已达到1621种。

另外，独家品牌授权合作亦越来越受到零售商的欢迎。很多品牌商采用品牌授权形式与零售商合作，在指定的零售商独家销售品牌的产品，如美国百货公司Macy's跟Madonna's及Material Girl、Target跟D-Signed（Disney）的合作等。零售商与品牌商独家合作，可提升差异化，避免价格竞争。

（四）加快开拓新兴市场

全球消费重心向新兴市场转移，很多零售商都逐渐增加在新兴市场的投资，希望赢得新兴市场消费者，同时减少对发达国家消费者的依赖。根据AT Kearney以市场吸引力、国家风险和市场饱和等因素计算的《2010年全球零售业发展指数》（Global Retail Development Index），2010年全球30个新兴市场中，最具投资吸引力的十大新兴零售市场分别是中国、科威特、印度、沙特阿拉伯、巴西、智利、阿联酋、乌拉圭、秘鲁及俄罗斯。中国排名第一位。2009年前三位分别是印度、俄罗斯和中国（见表8）。

众多海外零售商及品牌商越来越重视开发新兴市场。例如，家乐福便已进军11个新兴国家和地区，包括阿根廷、巴西、中国、哥伦比亚、印度尼西亚、马来西亚、波兰、罗马尼亚、中国台湾、泰国及土耳其。这些新兴国家和地区在2010年占了该集团的全球销售额的33%；沃尔玛亦在2010年11月收购了南非Massmart 51%的股份。另外，ZARA于2009年跟印度的Tata集团组成合资公司，

表 8 新兴市场的零售投资吸引力年度排名（2010 年）

2010 年排名	国 家	地 区	2009 年排名
1	中国	亚洲	3
2	科威特	中东及北非	—
3	印度	亚洲	1
4	沙特阿拉伯	中东及北非	5
5	巴西	拉丁美洲	8
6	智利	拉丁美洲	7
7	阿联酋	中东及北非	4
8	乌拉圭	拉丁美洲	—
9	秘鲁	拉丁美洲	18
10	俄罗斯	东欧	2
11	突尼斯	中东及北非	14
12	阿尔巴尼亚	东欧	—
13	埃及	中东及北非	15
14	越南	亚洲	6
15	摩洛哥	中东及北非	19
16	印度尼西亚	亚洲	22
17	马来西亚	亚洲	10
18	土耳其	中东及北非	20
19	保加利亚	东欧	21
20	马其顿	东欧	—
21	阿尔及利亚	中东及北非	11
22	菲律宾	亚洲	25
23	多米尼加	拉丁美洲	—
24	南非	非洲	—
25	墨西哥	拉丁美洲	12
26	哥伦比亚	拉丁美洲	28
27	萨尔瓦多	拉丁美洲	29
28	罗马尼亚	东欧	23
29	波斯尼亚与黑塞哥维纳	东欧	—
30	危地马拉	拉丁美洲	—

资料来源：AT Kearney：《2010 年全球零售业发展指数》，2010。

股权比例分别为 49% 及 51%，合资公司将在印度的德里和孟买开店。而 2010 年 10 月，沃尔玛与印度 Bharti 组成合资公司，于印度拉贾斯坦邦开设第一家现购自运店。

尽管新兴市场的潜力对海外零售商非常有吸引力，可是文化差异、政府政策、不同市场的消费模式也为零售商带来不少挑战。另外，由于外资零售商通常要投放大量的资源在本地建设供应链、销售管道，他们在价格方面未必能够在短期内与本土零售商竞争。如家乐福便于2010年11月放弃在泰国的业务。乐购在泰国的发展速度亦较预期缓慢。不过，虽然零售商在前期投放在新兴市场的资金可能大于回报，但长远来说零售商都普遍看好新兴市场的增长潜力。

（五）企业越来越重视可持续发展

海外消费者及企业越来越重视可持续发展。零售商纷纷提出可持续发展策略，减少污染及资源浪费。例如，英国的特易购、阿斯达（Asda）与圣伯利（Sainsbury）便于2005～2009年间和其他39家零售商近年设法缩减食品废弃物与产品包装，共减少逾120万吨垃圾量。日化行业巨头宝洁（Proctor & Gamble）亦研发推出标榜“改善人类现在及将来生活”的可持续发展产品，在开发产品时全面考虑产品由原材料到消费者使用及弃置时的环境。家乐福亦订下目标于2015年减少30%用电量，于2012年达到70%废料循环再利用；沃尔玛则研究使用太阳能和风能以减少碳排放，新店将比原有的店减少25%的用电量。其实，越来越多的企业亦把“绿色采购”作为公司实施可持续发展的策略之一。举例来说，沃尔玛承诺在2010年提供标有“碳排放足迹”的产品。

消费者的环保意识亦不断提高。尽管经济情况依然未明朗，最近在美国进行的多项调查显示，美国消费者逐渐偏好绿色产品。例如，Mintel 2010年3月的调查显示，35%的受访者愿意付出较多金钱购买绿色产品。美国棉花公司（Cotton Incorporated）的另一项调查显示，74%的受访者会购买节能电器，而43%则会购买环保服装。

（六）多渠道销售模式备受重视

随着互联网及信息科技日益普及，越来越多消费者通过互联网或手机购物。过去几年，网上购物迅速增长。很多海外零售商同时经营实体及网上业务。国外的百货店发展网上零售相对较迟，但近年网上销售额已抵消了部分零售商传统店铺因人流萎缩带来的损失。以 Macy's 和 JC Penney 为例，网上业务2009年分别带来超过10亿美元收入，约占总收入的5%。沃尔玛也视拓展在线业务为增长点，目前沃尔玛在线网店的增速已超过网络零售商亚马逊。在沃尔玛每年约4000亿美元的销售额中，在线业务每年占了数十亿美元的销售额。事实上，很多品牌商亦已进驻不同的网上商城，例如MANGO、GAP等。从2010年9月2日开始，ZARA的母公司Inditex也开始在西班牙、德国、法国、意大利、葡萄牙和英国进行网上销售。

跟2009年不同的是，网络零售商于2010年进行打折活动较为审慎，向所有的网购提供高额折扣的活动正在减少，他们多通过小心选择商品和客户，有针对性地进行减价，保护边际利润。网上零售商调整商品销售策略，例如购物满一定的金额才给予回赠，鼓励消费者对网站进行更深入的探索；又例如如果某种商品存货太多，或者要加速处理，才推出减价活动。

另外，移动商务（Mobile Commerce）亦是海外零售业的一个发展亮点。随着智能手机的普及，手机购物于2010年获得高速增长。随着手机支付技术的改善，不少零售商如百思买、家得宝和亚马逊等纷纷推出iPhone及Android等平台的应用程序，为用户提供手机购物服务。

网上及手机购物迅速发展，整合多渠道销售成为不少零售商的重大任务。事实上，多渠道销售模式在各方面如配送和库存管理等要求更高的灵活性。

（七）借助社交媒体做宣传推广

近年社交网络大受欢迎，越来越多的消费者利用社交网络接触及交换产品信息。有鉴于此，不少品牌商及零售商通过小区网站来发放品牌消息及培养消费者的品牌意识。例如，梅西百货在Facebook上的关注人数已经超过60万。根据互动营销机构Rosetta在2010年1月的研究，59%的全球前100大零售商在Facebook设有官方粉丝专页。2010年12月，美国前25大零售商中超过一半都和Facebook进行了合作。还有一些网站鼓励购物者在Facebook分享自己的购物信息，希望通过这些信息吸引更多消费者。

另外，Twitter等微博客服务则允许用户通过简明扼要的信息进行沟通，不少品牌商及零售商通过Twitter与消费者进行沟通、宣传、处理投诉或者询问等，获得不少消费者的关注。例如优衣库（http：//twitter. com/JHJ！/UNIQLO_JP）、无印良品（http：//twitter. com/JHJ！/muji_ net）等便利用twitter跟客户沟通和进行推广活动，甚至奢侈品品牌如Gucci也在Twitter上设立账号。沃尔玛通过Twitter的账号通知消费者最新的优惠信息，并针对不同地区不同业态也登记了Twitter账号。

（八）零售商推行更灵活的开店策略

不少零售商近年推行了更灵活的开店策略，其中包括在节日销售的旺季开设短期店（Pop-up Stores）。越来越多的零售商不愿花时间筹划在新地点开设永久店铺，很多大型连锁店也寻找短期租约开设短期店，当中包括玩具反斗城（Toys'R'Us）、JC Penney、American Eagle Outfitters及Gap等零售商。面对较疲软的房地产市道，以及消费信心持续疲弱，Westfield等购物商场集团继续面临商场人流下降及长期租户减少等挑战。更多的商场业主有意与零售商签订短期租约，以维持租用率，并为购物人士带来新鲜感。短期店的经营开支较低，短期租约弹性比较高，租户可获豁免物业税、保险费和长期维修费，亦可减少长期雇员人数。

参考文献

世界银行：《2011年全球经济展望》，http：//go. worldbank. org/RWLJPPA0D0，2010年1月。

美林与凯捷：《全球财富报告》，2010年6月。

科尔尼（AT Kearney）：《2010年全球零售业发展指数》，2010年6月。

埃森哲（Acccenture）：*Redesigning retail：Operating model imperatives for international retailers*，http：//www. accenture. com/NR/rdonlyres/FF5650FE - 25F7 - 4122 - B382 - 75D68C490997/0/Accenture_ Redesigning_ Retail_ Operating_ Model. pdf，2010年7月。

德勤及*STORES*杂志：《2011全球零售力量》，http：//www. deloitte. com/assets/Dcom-Global/Local% 20Assets/Documents/Consumer% 20Business/dtt _ globalpowersofretailing2010. pdf，2011年1月。

香港利丰研究中心：《中国采购发展报告2010：中国制造业的后金融危机对策及企业的采购策略调整》。

香港贸发局：《美国环保趋势及其商机》，http：//www. hktdc. com/info/mi/a/ef/tc/1X072ZTA/1/% E7% B6% 93% E6% BF% 9F% E8% AB% 96% E5% A3% 87/% E7% BE% 8E% E5% 9C% 8B% E7% 92% B0% E4% BF% 9D% E8% B6% A8% E5% 8B% A2% E5% 8F% 8A% E5% 85% B6% E5% 95% 86% E6% A9% 9F. htm，2010年9月。

Research Info Systems News：*2011 Review & Outlook*，http：//risnews. edgl. com/retail-trends/2011-Review – Outlook57189，2011 年 1 月。

Nielsen：*The Global Staying Power of Private Label*，http：//blog. nielsen. com/nielsenwire/consumer/the-global-staying-power-of-private-label/，2010 年 8 月。

Constellation Management Group，*Fruit Bars to Mattresses-Exclusive Retailer Licenses Continue Their Growth Trend*，http：//licensetobrand. typepad. com/license _ to _ brand/2010/09/fruit-bars-to-mattresses-exclusive-retailer-licenses-continue-their-growth-trend. html? utm _ source = feedburner&utm_ medium = email&utm_ campaign = Feed： + LicenseToBrand + （License + to + Brand），2010 年 9 月。

图书在版编目（CIP）数据

中国商业发展报告.2010～2011/荆林波主编. —北京：社会科学文献出版社，2011.5
（商业蓝皮书）
ISBN 978－7－5097－2292－3

Ⅰ.①中… Ⅱ.①荆… Ⅲ.①商业经济－研究报告－中国－2010～2011 Ⅳ.①F72

中国版本图书馆CIP数据核字（2011）第062043号

商业蓝皮书
中国商业发展报告（2010～2011）

主　　编／荆林波
副 主 编／林景华

出 版 人／谢寿光
总 编 辑／邹东涛
出 版 者／社会科学文献出版社
地　　址／北京市西城区北三环中路甲29号院3号楼华龙大厦
邮政编码／100029
网　　址／http：//www.ssap.com.cn
网站支持／（010）59367077
责任部门／财经与管理图书事业部（010）59367226
电子信箱／caijingbu@ssap.cn
项目经理／恽　薇
责任编辑／张景增
责任校对／班建武
责任印制／董　然
品牌推广／蔡继辉

总 经 销／社会科学文献出版社发行部
（010）59367081　59367089
经　　销／各地书店
读者服务／读者服务中心（010）59367028
排　　版／北京中文天地文化艺术有限公司
印　　刷／北京画中画印刷有限公司

开　　本／787mm×1092mm　1/16
印　　张／16.5　字数／281千字
版　　次／2011年5月第1版　印次／2011年5月第1次印刷

书　　号／ISBN 978－7－5097－2292－3
定　　价／49.00元

盘点年度资讯 预测时代前程

从“盘阅读”到全程在线阅读
皮书数据库完美升级

·产品更多样

从纸书到电子书，再到全程在线网络阅读，皮书系列产品更加多样化。2010年开始，皮书系列随书附赠产品将从原先的电子光盘改为更具价值的皮书数据库阅读卡。纸书的购买者凭借附赠的阅读卡将获得皮书数据库高价值的免费阅读服务。

·内容更丰富

皮书数据库以皮书系列为基础，整合国内外其他相关资讯构建而成，内容包括建社以来的700余部皮书、20000多篇文章，并且每年以120种皮书、4000篇文章的数量增加，可以为读者提供更加广泛的资讯服务。皮书数据库开创便捷的检索系统，可以实现精确查找与模糊匹配，为读者提供更加准确的资讯服务。

·流程更简便

登录皮书数据库网站www.i-ssdb.cn，注册、登录、充值后，即可实现下载阅读，购买本书赠送您100元充值卡。请按以下方法进行充值。

充值卡使用步骤：

第一步

- 刮开下面密码涂层
- 登录 www.i-ssdb.cn 点击“注册”进行用户注册

第二步

登录后点击“会员中心”进入会员中心。

第三步

- 点击“在线充值”的“充值卡充值”，
- 输入正确的“卡号”和“密码”，即可使用。

社会科学文献出版社 SOCIAL SCIENCES ACADEMIC PRESS (CHINA) 皮书系列

卡号：9414831186722714

密码：

（本卡为图书内容的一部分，不购书刮卡，视为盗书）

SSDB 社科文献资源库 SOCIAL SCIENCE DATABASE

如果您还有疑问，可以点击网站的“使用帮助”或电话垂询010-59367071。